管理决策熵学及其应用
（第三版）

邱菀华 著

科学出版社
北京

内 容 简 介

本书把熵作为不确定性状态描述的有力工具引入现代科技和风险决策中,这一方法已经引起了全球学者的广泛关注。本书主要介绍管理决策基础、复熵决策理论、群决策熵和管理系统结构熵模型等相关基础理论与方法,并以大量案例为引擎,对管理决策过程、方法及其程序进行了全面的阐述与说明。

本书具有较强的系统性、先进性和实用性,可作为高等院校管理、系统工程、经济与应用数学等相关专业课程教材或参考用书,也可供企业、集团的经理或管理决策人员及工程技术和科学工作者阅读。

图书在版编目(CIP)数据

管理决策熵学及其应用/邱菀华著. —3 版. —北京:科学出版社,2021.9
ISBN 978-7-03-064061-1

Ⅰ. ①管… Ⅱ. ①邱… Ⅲ. ①管理决策–信息熵–研究 Ⅳ. ①C934

中国版本图书馆 CIP 数据核字(2020)第 014622 号

责任编辑:邓 娴 / 责任校对:王晓茜
责任印制:张 伟 / 封面设计:无极书装

科学出版社 出版
北京东黄城根北街 16 号
邮政编码:100717
http://www.sciencep.com
北京中石油彩色印刷有限责任公司 印刷
科学出版社发行 各地新华书店经销

*

2021 年 9 月第 三 版 开本:720×1000 1/16
2022 年 8 月第二次印刷 印张:16 1/2
字数:332 000
定价:152.00 元
(如有印装质量问题,我社负责调换)

第三版前言

"熵"和"能"是热力学中的两个古老且重要的概念。众所周知,无处不在的"能"已经为服务人类做出了巨大贡献。有趣的是,被爱因斯坦认定为自然科学首要法则的熵定律之"熵",相比之下仍鲜为人知。随着现代科技和风险决策研究的兴起和发展,熵作为不确定性状态描述的有力工具已经引起了全球学者的广泛关注。据不完全统计,自 2011 年 1 月本书第二版面世以来,全球共发表与熵相关的成果 97 万篇(部),其中中文成果 2.3 万篇(部),属于运筹管理、经济学等相关人文社会科学领域的有近万篇(部),特别是管理类主流期刊上出现了许多创新性的理论及应用成果。例如,Nakagawa 等采用熵度量方法解决线性和非线性离散决策优化问题;Maglaras 提出用基于极大熵(maximum entropy,ME)分布的处理数据驱动程序解决航空系统的随机容量控制决策问题;我们将信息论之父香农创立的信息熵定义从正数域扩展到全实数域,提出复信息熵及其风险决策理论;等等。有关熵学应用的研究更是遍布航空、航天、计算机、经济管理、控制工程、交通运输、电气工程、水利工程等诸多领域,为防范、预警和降低风险发挥了重要作用。近年来,学者们不仅热衷于解决多目标、多属性、群体性、不确定性的复杂决策问题,并越来越多地结合其他理论形成新的综合决策模型。其中,与模糊理论、偏好理论、灰色理论结合的决策模型是熵决策的热门研究趋势之一。可以预料,人类和科技的进步必将推动熵决策理论及应用日趋广泛,"熵"和"能"都将更科学地造福人类。

我们从管理决策和熵的历史、现状及基本概念出发,深入浅出、循序渐进地阐述其核心理论与方法。为满足各类读者的需求,我们辅以丰富的算例和管理决策案例,使科学的前沿性、可操作性和趣味性融为一体。当然,为满足部分读者的需要,我们仍给出了具体的理论证明过程,对其不感兴趣的读者可以略过相对独立的这些章节,不会影响后续阅读。

本书的第一版和第二版均得到国家科学技术学术著作出版基金的资助。第二版已在三年前售罄。本书能得到读者的如此青睐,我们感到十分欣慰。虽然产学研教用诸事繁忙，但读者的需要是我们最大的动力，因此，我们对本书的撰写高度重视，不敢怠慢，下决心放下一切，静心努力写好书，以顺应新时代的发展和需求并答谢读者的厚爱。

第三版中，我们在近十年产学研教用成果的基础上，新增了对国力标志性项目"大型客机项目供应商风险管理"的重点介绍与分析、相关风险管理熵理论、熵式度量方法和技术，以及实践探索案例成果。另外，我们对全书的文字、语句进行了删减，特别注意了内容的系统性、深广度、先进性和可读性的紧密联系与前呼后应，逻辑结构更加合理与清晰。此外，为遵从保密原则，文中原始数据已做脱敏处理。

管理决策涉及各行各业各领域，其应用非常广泛。因此，本书既可作为高等院校管理决策教材或参考用书，又可作为集团公司、企事业负责人、项目经理、系统决策者，以及相关学者、工程技术人员和学生们的案头常备物。通过系统地对本书进行了解、学习和实践，读者能实时建立规范的决策和风险管理程序，以获得竞争优势，提升决策成功率、管理水平，降低风险及成本。

本书的三版，是三十多年来我们产学研教用的综合成果。它们不仅历尽艰辛，更积淀了我们满溢的感恩之心。借此机会，我们诚挚感谢赵萌、杨继平、程启月、王兆红、贾增科博士、贺庆仁、马昱、雷嘉、马珍珍博士后和杨国平研究员、陈祖明教授等同志的无私帮助和热情支持，科学出版社领导陈亮、马跃和李嘉编辑提出的许多宝贵意见和建议，以及众多的项目经理、企业管理者和学生们、研讨会接触到的老师们的贡献。另外，对所列参考文献的作者——认识的和不认识的老师、管理决策同行们，以及给本书提供过建议的各国专家们的帮助，我们亦将永远铭记、珍惜和感恩；贺庆仁负责本书统稿、集成和联络工作，为此付出了大量艰辛劳动，在此一并致以特别深沉的谢意！最后，谨以此书献给北京航空航天大学及其经济管理学院的领导和同事们，没有他们的极大支持和关爱，本书将留下更多缺憾。

愿本书成为读者一只既易懂又好用的罗盘，造就您厚植于全球的胸怀，助您驾驭一叶小舟在惊涛骇浪中驶向科学决策的理想彼岸；愿我们抛砖能引出读者之玉映照一段科学决策史。由于本人水平和时间所限，书中不足之处在所难免，热切恭候每位读者不吝指教，并敬祝您阖家幸福、读书愉快。谢谢大家。

我的 E-mail 地址：01661@buaa.edu.cn。

邱菀华
2021 年 5 月 28 日星期二
于北京航空航天大学紫菀斋

第二版前言

管理学是系统研究管理活动的基本规律和一般方法的综合性交叉学科,旨在探讨现有条件下,如何通过合理组织和配置人、财、物等因素来提高生产力。决策贯穿管理的全过程:管理就是决策,组织也是决策。管理决策作为管理学的一个分支在当今社会已经取得了长足的发展,而熵进入随机决策领域则进一步丰富了管理决策理论,一个新的学科分支——管理决策熵学也应运而生。

决策是管理的核心内容,是管理者的主要职责。超大型工程项目的管理决策水平,标志着一个国家的科技和管理水平,是综合国力的充分体现。我们以熵为基础知识,对不同层次、不同尺度系统中的组织、管理和决策问题进行综合探讨。在充分调查研究、如实掌握数据资料的基础上,进行定性与定量相结合的系统分析和论证,从而得出正确的判断和科学的决策,以指导各项工作的实践获得理想的效果。随着科技的发展,熵决策理论在工程项目管理中的应用也将日趋广泛。

本书由国家科学技术学术著作出版基金资助,其前身是 2001 年机械工业出版社出版的本人拙著《管理决策与应用熵学》。它作为第一部系统论述管理决策熵理论的专著,同样获得了国家科学技术学术著作出版基金的资助。由于它早已脱销,应多方要求,我们在第一版的基础上增加了最新成果整理成本书出版。为使本书成为一部既好用又易懂的教材,我们在撰写过程中努力以描述性的语言,由浅入深、循序渐进地介绍管理决策工作的实质、过程,以及各项职能活动开展的原理和方法。在内容取舍与安排上,力争做到体系完整而又突出重点,并注重案例分析和反映现实管理决策工作的练习,以使一些重要理论知识能在看书学习、做题思考和联系实际的过程中,给读者留下更深刻的印象。

本书的写作,得到了我的博士生赵萌、朱秀丽、成微、延兵、谢玲红、贾增科及博士后谷晓燕的热情帮助,特此致谢!另外还要感谢我参考阅读过的文章的作者——认识的和不认识的我的老师们,感谢中国电力出版社的周娟和杨淑玲编辑,没有他们的关心和支持,本书将留下更多的遗憾。我热切地期待着读者的不吝指正,并祝各位读书愉快。

邱菀华
于北京航空航天大学紫菀斋

第一版前言

伟大的科学家爱因斯坦称熵定律为整个科学的首要法则。熵是不确定性和信息的最佳度量。科学技术的发展越来越明显地证实了这一点。看来，在当今管理决策领域中注入熵的血液，已是刻不容缓了。

人们不难发现，大型工程项目构筑了人类历史进程的里程碑。中国的长城、埃及的金字塔、美国的阿波罗登月工程等，都是人类文化高度发展的象征。对大型工程项目的管理决策，标志着一个国家的科技和管理决策水平，是综合国力的充分体现。随着科技的发展，工程项目管理已形成其独特的风格。

本书从决策论、项目管理和熵的历史、现状出发，对它们的主要内容和研究方法进行了比较全面的讨论和分析，总结与挖掘了当代已有的和潜在的成果，并展示其发展方向。本书的写作目的主要在于：①引导尽量多的读者走进引人入胜的熵领域中探幽访景，凭借管理的头脑、熵的意识克敌制胜，而不必在深奥的数学语言中踯躅不前；②力图用大众化的语言建立应用熵学的基本理论，填补立足于管理的应用熵学空白，要求它不仅仅告诉人们熵管理决策的主要内容是什么，还要能激励读者运用熵学原理去实现管理科学化；③满足项目、工程、管理和经济及其相关各界众多的新老工作者的热切要求和愿望。

阅读本书，要求读者具备概率和管理的初步知识。本书对熵和决策论的核心内容的阐述是深入浅出的。全书以作者20多年来的教学、科研和国内外学术交流成果为主要内容，是在为北京航空航天大学博士研究生、硕士研究生和大专学生开设课程的讲义的基础上充实、提高而完成的。考虑到管理决策的特点，在全书中列举了大量的例子和项目管理案例，以抛砖引玉。

在此，对总参谋部的曹鸿茂参谋和郑州高炮学院的程启月副教授，还有本书参考文献的全体作者——我认识的和不认识的老师们，我的丈夫陈祖明教授和北京航空航天大学杨爱华副教授，以及所有支持、帮助和与著者合作过的人们，表示最衷心的感谢。没有他们的关心与支持，本书将会留下更多的缺憾。

本书可供项目管理人员、工程技术人员、管理经营人员和决策领导参考阅读，也可作为大专院校相关专业的教材或参考书。鉴于它的新颖性和与学科的交叉性，我相信它会使所有感兴趣的读者大开眼界。

我热切地期待着每位读者的不吝指正。

邱菀华

于北京航空航天大学紫菀斋

目 录

第 1 章 管理决策与熵学理论基础 ·········· 1
  1.1 管理决策科学的历史和现状 ·········· 1
  1.2 熵学理论基础 ·········· 13

第 2 章 管理决策熵学 ·········· 52
  2.1 管理决策中的熵思想 ·········· 52
  2.2 决策风险分析 ·········· 63
  2.3 管理决策熵学及展望 ·········· 76

第 3 章 复熵决策理论 ·········· 92
  3.1 复熵的提出及意义 ·········· 92
  3.2 基于复熵的 IBayes 决策分析 ·········· 104
  3.3 直觉熵方法及其应用 ·········· 107

第 4 章 群决策熵模型分析 ·········· 109
  4.1 群决策理论及熵集结理论 ·········· 109
  4.2 群决策的熵模型 ·········· 136
  4.3 群决策权力分布分析 ·········· 143
  4.4 群决策风险-收益模型 ·········· 154

第 5 章 管理系统结构熵模型分析 ·········· 170
  5.1 管理系统的信息流通结构 ·········· 170
  5.2 系统结构的时效质量熵 ·········· 173

第 6 章 案例 ·········· 182
  6.1 航天器工程项目决策案例分析 ·········· 182
  6.2 航空工程管理应用案例 ·········· 185
  6.3 大型客机项目供应商风险管理 ·········· 194

参考文献 ·· 229

附录 A 熵函数的性质 ·· 239

附录 B 熵函数定义的证明 ·· 241

附录 C 4.4.1.3 节中模型 (M_6)、(M_7) 及引理 4-4~引理 4-6 的证明 ·········· 248

第1章　管理决策与熵学理论基础

1.1　管理决策科学的历史和现状

1.1.1　决策与决策分析的历史及现状

自从有了人,就有了人的决策活动。人类为了生存和发展,进行着大量的生活、生产、经济、教育、科技、政治和军事活动及其他社会活动。这些活动的发展过程,也就是人类历史的发展过程。

我国有文字记载的历史已达 2 000 多年。其中的《二十四史》《资治通鉴》《孙子兵法》等著作都记载了人类在政治、经济、军事等领域的各种决策活动。这些历史文献生动地描述了许多著名的治国安邦、富国强兵的决策者,如被历代传颂的孙武、孙膑、张良、诸葛亮等都是在关键时刻提出过重大决策的、具有远见卓识的英明谋士。诸葛亮在其一生中做出了许多著名的决策,帮助刘备三分天下,被人们喻为智慧的化身。早在隆中隐居时,诸葛亮就饱读经书、纵览历史、审时度势,酝酿了一个治天下的战略。因此,当刘备三顾茅庐,表示对诸葛亮的充分信任之后,诸葛亮提出了著名的"隆中对"策略。他向刘备提出的进取荆、益,结好孙权,革新政治,积蓄力量,准备条件统一全国的政策建议,以及后来的许多关键性的决策,都是比较正确的。显然,这些决策并不是小说中所渲染的那样摇摇羽毛扇,"弹指一挥间"做出的,而是诸葛亮对当时形势深刻分析的结果。

春秋战国时期,齐王与大将田忌赛马,双方规定:每方出上等马、中等马与下等马各一匹,分三个等级进行三场比赛;每场由各方任选一匹马参赛,每匹马只能参加一场。同时还规定,每场比赛输者需付胜者一千金。按同等级的马来看,齐王的马要比田忌的强。于是齐王自以为稳操胜券,以上、中、下顺序出马。田忌问计于军师孙膑,经过巧妙的运筹,田忌用下等马对齐王的上等马,以上等马对齐王的中等马，以中等马对齐王的下等马，结果以输一场胜两场、净赢一千金而取胜。这个例子生动地说明了几千年前的古代中国人民已经懂得运用决策克敌制胜。

我国历史上还有许多经济建设方面的著名决策事例。在北宋时，国都汴梁（今开封）因宫室被大火烧掉，需要迅速重建。这是一项工作量大而复杂的大工程，需要花费大量的人力物力。工程的领导人即决策者丁渭，在全面分析了施工的地理、资源及设计计划后，提出先挖一条通往汴京的运河，其目的有两个：一是利用运河将各地建筑材料运到汴京的工地；二是用挖出来的土烧砖或将其作为建筑用土。这个规划为修建汴京皇宫节省了大量的人力、物力，也大大缩短了修建时间。从系统工程的角度分析，丁渭的施工规划是一项很好地符合管理科学思想的管理决策。

虽然历史上国内外许多决策活动是很有效的，其决策思想用现代科学来分析也是很先进的，但是，这些决策在很大程度上依靠决策者的智慧与经验，取决于他们的个人才能。虽然这些决策方法及决策思想有一定的普遍意义，对后人有启发，也有一定的指导性，但缺乏规范化，没有从科学规律性上去总结，因而没有一套比较完整的，便于他人学习、掌握并能运用的理论与方法。因此，一般将这样的决策称为经验决策。

决策从经验决策发展为科学决策，始于 20 世纪 50 年代。由于世界政治、军事、经济和科学技术发生了很大的变化，现代化、社会化大生产和现代科学技术的飞速发展，对"决策"提出了更高要求，迫切要求经验决策向科学化的方向发展，迫切要求发展一种以决策活动为研究内容、以科学为基础的科学决策理论。

科学技术的飞速发展，要求发展有效而准确的科学决策理论。第二次世界大战以来，科学技术成为一个国家政治、经济和军事发展的根本性的促进因素。科学技术发展速度越来越快，科学技术越来越复杂，规模越来越大，对科学技术的投资也越来越大，对科学技术发展战略和管理决策方面的要求越来越高。科学技术发展决策的失误不仅会浪费大量的人力、物力，还会因丧失时间而影响一个国家、一个企业、一个地区或一个部门的经济、政治等的发展，使其在激烈的竞争中丧失优势。20 世纪 50 年代后半期，美国在导弹发展规划（也就是决策）方面的错误，造成了与苏联严重的差距。20 世纪 60 年代，阿波罗登月计划的成功为美国赢得了军事技术优势。第二次世界大战后，美国科学家预测半导体技术将会有很大发展，于是做出了集中力量发展半导体技术的决策。在 1947 年，贝尔实验室第一次发现了晶体管效应，发明了晶体管，从而开始电子技术的新的发展历程，而此时苏联却做出了发展电子管微型化的决策，这使苏联电子技术在很长一段时期内一直处于落后状态。在电子计算机的发展中，苏联也一直处于竞争的被动地位。高新技术（如空间技术、微电子技术、激光技术等）更是使生产力及经济、军事等有突破性发展的关键因素。高新科技的投资极大，如阿波罗登月计划共耗资240多亿美元，航天飞机花费达350多亿美元，一架B-2隐形飞机的价格达5.3亿多美元。

近年来，随着科学技术的迅速发展，已出现了规模巨大的"大科学——工业综合体"，这种复杂的"大科学"体系，更要求应用科学方法决策。

经济发展规模越来越大，越来越复杂，竞争日趋激烈，迫切要求改变经验决策的局限性，发展一种能尽减少风险损失，避免严重失误，以客观经济规律为基础的管理决策理论。

经济国际化是当代世界经济发展的一个重要趋向。如果一个国家不实行开放政策，不参与国际经济与技术交流，就不可能有较快的发展，并严重地影响现代化的进程。资源缺乏、土地狭小、人口众多的日本，由于实行经济开放政策及一系列经济与产业发展的正确政策（决策），经过30多年的努力，已发展成为经济大国。在我国，党的十一届三中全会以来，实行以经济建设为中心和改革开放的重大决策，使我国经济出现了前所未有的新局面，四化建设日新月异。

随着工农业生产的发展，工农业的生产规模越来越大，生产的集约化与专门化程度不断提高，企业的经营规模越来越大，新产品、新技术不断涌现，市场竞争日益加剧，国家与社会对企业的干预、压力与影响日益加强，使企业及其决策者从事实中强烈地感觉到：改善企业内部管理、提高生产效率、改善产品质量虽然仍是提高企业经济效益与竞争能力的一种有效途径，但已经远远不能满足经济发展与市场竞争的需要，更重要的是把精力集中于提升企业的整体效果，把企业放到复杂的外部环境中去思考各种问题，通过认真的科学分析，做出合理有效的对策，克"敌"制胜。所以"管理就是决策"，管理工作的核心是决策，领导工作就是决策。20世纪60年代，在发展大型民航客机时，曾有两种不同的发展决策：一是以美国波音公司为代表，其考虑了民航飞机研制技术发展水平，更重要的是看到20世纪70年代民航运输市场需求及经济发展水平，认为从技术上看，波音公司有把握研制并生产出超音速大型客机，但是决定民用客机的主要因素应是市场需求和20世纪70年代的经济水平及旅客的经济承受能力等经济性要求，于是决定发展略低于音速的、安全、可靠、经济性好的波音系列宽体式大型客机。二是英法协和式飞机集团较多地考虑了超音速的要求。结果，波音公司获得了很大的成功，在世界民用客机市场上占有很大的份额，获得了数百亿美元（仅1987年波音公司既有50亿美元）的利润。由于协和式飞机销售量很小，协和集团亏损了30亿美元。原航空工业部所属的许多航空工业企业，为适应我国经济建设的新的形势，改变原来单一生产军用航空产品体制，转产民用产品，采取"军转民"的发展决策，经过数年的努力，许多航空工厂不仅为自己工厂的生存发展找到了有力的支柱产品，还为国家生产了许多急需的先进产品，促进了国家的经济发展，还有许多产品出口到国外。沈阳飞机工业（集团）有限公司生产的高级旅游大客车、西安远东机械制造公司生产的电冰箱压缩机、西安飞机工业（集团）有限公司生产的运七飞机等都是根据国内市场的需要，以及工厂本身的生产技术条件，进行认真的论证分析而做出的正确的新产品发展决策。

现代科学理论的发展为决策理论的形成提供了实际可能性。科学技术和生产经济与军事的需要激发了科学决策理论的发展和形成，科学技术的新成就又为科学决策提供了理论与方法。

首先是运筹学以及以后发展起来的系统工程（或称系统分析）等为决策理论的形成与发展奠定了良好的基础。尤其是运筹学与系统工程的主要分支：线性规划与非线性规划、网络分析技术、对策论和统计决策等对决策理论与方法的发展起着直接的作用。

控制论、信息论及系统论的基本理论为决策理论提供了新的概念、新的思维。

电子计算机技术的发展，以及专家系统与人工智能的迅速发展，为决策理论提供了有效的实现手段。

随着生产规模的扩大，竞争性经济活动的日益复杂，科学技术的发展规模越来越大。原来以提高生产和企业内部效率为基本内容的科学管理方法，如泰勒等的以微观管理为基础的管理学，近年来已不能满足生产经济和科学技术的发展要求。为了适应迅速变化的环境对企业的压力，企业的管理者在竞争的实践中逐渐认识到，决定企业兴衰成败的关键性因素是企业的战略决策，它比着力于提高企业内部管理水平、提高生产与工作效率的微观管理更为重要。战略决策错了，即企业的大方向错了，工作效率与生产效率再高也没有用。如果决策失误，决策的执行效率越高，收效越差，效果越恶劣。为了寻求企业的整体效益，企业管理者除了继续提高企业内部管理水平外，要用更多的精力去研究决策活动。实际的需要吸引了广大管理学者和其他学科的科学家去探求决策活动的规律性，研究科学决策的理论与方法。其中比较突出的，就是20世纪60年代初，由美国科学家西蒙提出的现代决策理论。

回顾历史，决策一词源远流长，但作为一个专门领域对决策进行研究，只是近一两个世纪的事情，而真正使其独立成为一个在学术界得到普遍认可的研究领域要得益于20世纪50年代蓬勃发展的统计决策理论，现代决策研究中普遍应用的模型化结构就是在该理论的基础上建立的。20世纪50年代建立决策分析理论体系的具有代表性的科学家如 L. J. Savage、Abraham Wald、P. C. Fishburn 和 R. A. Fisher 等都是统计学家，他们在统计决策理论的基础上建立了相应的具有严格的哲学基础和公理框架的决策理论体系；Raiffa、Schlaifer 等在20世纪60年代进一步发展了统计决策理论，他们主要研究如何通过收集新的信息来改进决策，由此形成了 Bayes 统计决策理论和方法；与此同时，以 Raiffa 为代表的哈佛大学商学院的研究人员把这种理论应用于实际的商业问题，形成了应用统计决策理论。

在统计决策理论发展的同时，决策的概念也在不确定性问题范围外的其他领域得到了很大的发展，1966 年 Howard 在第 4 届国际运筹学会议上首次提出了"决策分析"（decision analysis）这一名词。此后决策研究得到越来越广泛的应用，并渐渐形成了自己的理论体系，而决策分析也逐渐成了决策科学研究的代名词，这时的决策分析在理论基础和研究方法上已经超出了单纯的统计领域，而囊括了规划、优化、行为科学等领域；在应用方面，决策分析也在许多非概率支配的领域得到了极大的发展。20 世纪 70 年代科学家们把决策分析这一方法成功地应用于石油工业，使得决策分析引起人们的普遍重视。关于决策分析的文章和报告在各种学术刊物和会议上也越来越多，并出现了 Theory and Decision、Decision Sciences、Decision Support System、Information & Decision Technologies、Organizational Behavior & Human Decision Processes 等以决策分析为核心研究内容的国际学术刊物；而在国际著名学术刊物如 Econometrica、Science、Operations Research、Management Science 等中，决策分析也成为热门研究课题。我国最早的相关论文出现于 20 世纪 70 年代末，如 1977 年魏权龄、应玫茜和陈光亚在《运筹学报道Ⅱ》上发表了《多目标规划的稳定性》和《多目标最优化有效解的性质及其标量化》。到 20 世纪 80 年代，相关论文如雨后春笋般涌现。1980 年顾基发在《自然杂志》上发表的《多目标决策问题》，吴沧浦在《中国科学》上发表的《多指标动态规划》，周士富在《经济管理》上发表的《经济管理中的决策分析方法》和陈光亚在 20 世纪 80 年代中后期发表的有关向量微分不等式、变分不等式的许多论文，以及董泽清、桂湘云、胡毓达、翟立林等学者们的工作，代表了我国决策分析领域的早期成果。1981 年召开了首届中国多目标决策学术研讨会，该会议至 1998 年共开了 7 届。第 7 届会议讨论了筹备成立中国多目标决策学会事宜。

1982 年王浣尘、邓述慧分别在《系统工程理论和实践》上发表了关于多目标决策方法与应用研究的文章；1984 年，汪寿阳在多目标决策共轭对偶理论、叶第豪在多目标决策方法、徐功仁在多目标多层决策问题的解法等的研究上成绩显著。

我国决策分析的理论成果主要体现在决策以及多目标决策的概念与方法、灵敏度分析、决策的有效化、熵用于决策分析和多目标决策模糊集理论等多个方面，同时应用成果也得到了蓬勃的发展。例如，1986 年顾基发、金超良等将多目标决策用于航天系统；1991 年顾昌耀和邱菀华将熵用于改进 Bayes 决策法，对信息进行了准确度和价值的全方位定义，建立了群决策熵模型；汪应洛和席酉民等于 1989 年、邱菀华和魏存平于 1994 年从不同的角度提出了新的群集结方法；顾基发及其学生刘宝碇、唐锡晋等在引青水利自动化工程项目中提出了水库操作模糊准则模型和相关机会目标规划 dependent chance goal programming（DCGP）模型，1996年邱菀华及其学生阎植林、刘树林研究了多属性决策灵敏度分析，研制了航空项目管理和ZY-1卫星群决策支持系统；侯炳辉、冯允成、黎志成、邱菀华等从20世纪80年代初开始从事仿真与决策相结合的理论与应用研究工作，并取得了引人注目的成果，是我国学者对决策分析的又一重要的贡献。1980年，顾基发、魏权龄在《应用数学与计算数学》上发表的《多目标决策问题》是国内第一次全面介绍多目标决策的文章。它阐述了多目标决策的历史、基本概念和15种求解方法，在国内引文上百篇，为我国多目标决策的兴起和发展做出了重大贡献。

汪寿阳于1984年在非支配解（nondominated solution）定义下建立了多目标最优化共轭对偶理论框架。首次提出了共轭映照A-凸和次微分等概念，证明了多目标最优化共轭对偶理论中的弱对偶、强对偶和鞍点定理，讨论了广义凸多目标数学规划的共轭对偶性，推广了Taninoh和Avriel的结果。之后的10多年还在多层规划、冲突分析、群决策等问题上与陈光亚合作，并在国外杂志上发表50多篇论文，在国际上享有较高的声誉。

顾昌耀和邱菀华（1991a，1991b）将信息论之父香农创立的信息熵定义从正数扩展到全实数域，提出复信息熵、传递熵及其风险决策理论，从而弥补了传统Bayes决策法中后验预分析的缺陷，实现了对信息的全方位评价。1995年，邱菀华及其博士研究生阎植林、魏存平将熵用于管理系统组织结构评价和群决策集结模型，完成有关应用的大型项目5项，如国家自然科学基金项目"复熵及其在决策与信息中的应用"、博士点基金项目"复熵及其应用研究"等，发表论文50余篇，开辟了决策分析熵的新研究领域，是我国学者对决策分析的一大贡献。

从决策分析发展现状来看，存在着两个不同的研究方向：第一个研究方向是从理论上探讨人们在决策过程中的行为机理，这一方向又分为两个问题：描述性决策分析与规范性决策分析。描述性决策分析是研究人们实际上是按照什么准则、什么方式进行决策，这主要是决策心理学探讨的问题；规范性决策分析是研究人们应当按照什么准则、什么方式做决策才是合理的或理性的，期望效用理论就是这一方面研究的主要成果。第二个研究方向是对实际决策问题的研究，如将一些典型的具体问题模型化，以指导实际决策过程。20世纪80年代以来，随着计算机和信息、通信技术的发展，决策分析的研究也得到了极大的发展，并产生了计算机辅助决策支持系统这一新的研究方向，许多大型的决策优化问题在计算机的帮助下也得到解决，复杂的群决策问题在计算机和通信技术的辅助下，在应用方面也取得了很大的进展；决策支持系统在信息系统的基础上增加了模型库和知识库，使得整个系统具有一定的人工智能功能，因此能够在一定程度上代替人们对一些常见的问题进行决策分析。

图1-1简单地勾画出了决策分析发展的历程。

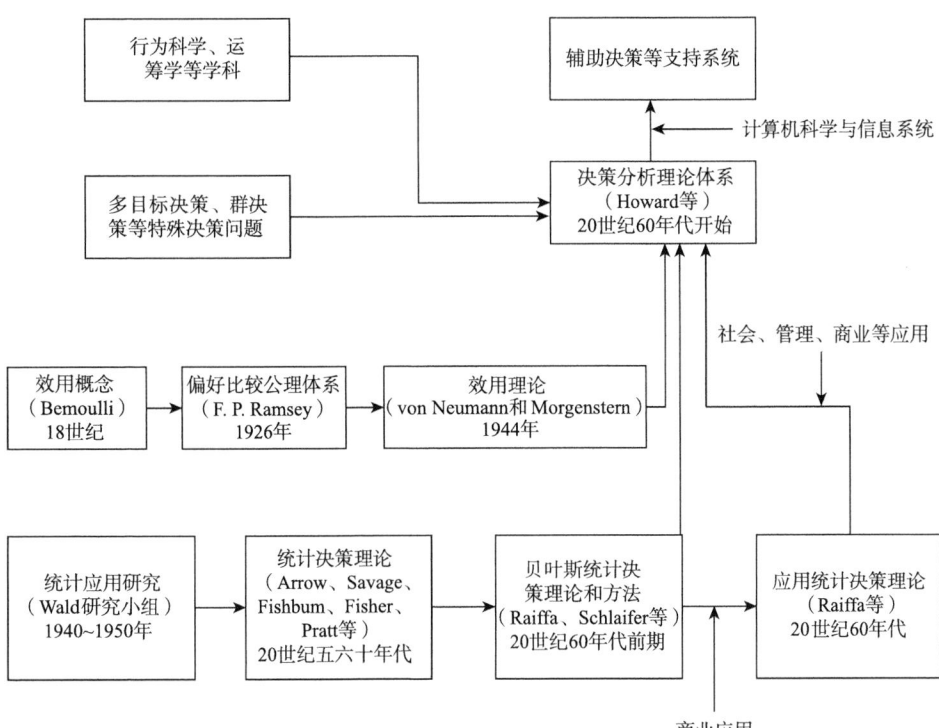

图 1-1　决策分析发展的历程

20世纪60年代以后，决策分析的领域逐步被扩大。例如，多目标决策、群决策、模糊决策、序贯决策（含马尔可夫决策）和决策支持系统等都被引入决策的研究范围。近十年来中外学者仍热衷于解决多目标、多属性、群体性、不确定性的复杂决策问题，并在计算机、经济管理、控制工程、交通运输、电气工程、水利工程等诸多领域进行了应用实践。

1.1.2　多目标决策的历史及现状

多目标决策问题最早是由法国经济学家帕累托（Pareto）于1896年从政治经济学角度提出的，他把很多本质上不可比较的目标转化成一个单一的最优目标进行求解。1944年，冯·诺依曼（von Neumann）和摩根斯特恩（Morgenstern）又从对策论的角度提出了几个有多个决策者、彼此之间有相互矛盾的多目标决策问题。库恩（Kuhn）和塔克（Tucker）又从数学规划角度提出了向量函数极大化问题，并推导出"有效解"存在的最优条件，他们的鞍点定理非常著名。1958年，

Simon 关于有界理性（bounded rationality）的研究可看作多目标决策的一部分。1961 年由 Charnes 和 Cooper 引入的目标规划（goal programming）是早期的多目标决策方法，其准则是使目标值和实际达到值两者之间差的绝对值之和达到最小。1963 年，扎德（Zadeh）从控制论的角度提出了多目标决策问题。1968 年，Geoffrion 从数学规划角度提出了向量优化问题的真有效解的概念，并给出了该解的必要和充分条件。

20 世纪 70 年代末期，多目标决策已成为运筹学/管理科学中的一个最有动力并且广泛应用的领域之一。目前，多目标决策的研究和应用还在继续，交互式规划、描述性决策模型、与决策支持系统和判断心理学的接口、多维风险分析及在战略管理和经济方针制定等方面的应用代表着主要的趋势。

20 世纪 70 年代末至 80 年代初，萨蒂（Saaty）提出的层次分析法可以把定性目标定量化，同时对多准则问题的准则优先序，或对多目标决策方案或策略（一般有限、离散）的优劣进行排序。

我国关于多目标决策的研究主要开始于 20 世纪 70 年代后期，且基本上研究的都是多目标决策。几十年来，不论在理论研究、应用推广，还是人才培养方面都取得了可喜的成绩。自 1981 年以来，已经举行了数届全国多目标决策会议。中国科学院的顾基发、应玫茜、陈光亚、汪寿阳和中国人民大学的魏权龄等从 20 世纪 70 年代后期起发表了一批关于多目标决策的研究论文。顾基发、魏权龄等对多目标决策方法进行了综述。后来，华中理工大学的陈珽，上海交通大学的胡毓达，吉林工业大学的董加礼，江西大学的林锉云，湖南大学的宣家骥，东北工业大学的杨自厚、李宝泽、冯尚友和北京航空航天大学的邱菀华等学者又陆续出版了关于多目标决策的专著。2014 年，郭金维等将熵权法和层次分析法的中间过程相结合，提出了一种改进的多目标决策指标权重计算方法，是近十年被引用次数最多的方法。另外，面向突发事件、应急事件的先进决策模型，结合了模糊理论、偏好理论、灰色理论等内容，是近年来研究的热门方向。

1.1.3 群决策研究的历史及现状

关于群决策的研究始于 200 多年前，法国数学家 Borda 在 1781 年提出了群体对方案排序的 Borda 规则。1785 年法国另一位数学家 Condorcet 提出了 Condorcet 规则，发现了投票悖论。从这以后，许多学者从各个方面对群决策进行了研究。1944 年，von Neumann 和 Morgenstern 对多人对策问题效用函数进行了研究。1951 年，美国经济学家 Arrow 在他的著作《社会选择与个人价值》中提出了著名的不可能定理：在看起来非常可信的公理和条件下，并不存在集结社会中各成员偏爱的社会福利函数，这一结果为群决策奠定了重要的理论基础，并对社会的政治和经济产生了深远的影响。

Arrow 从数学上证明了给定合理性假设，没有任何决策是公正的。Arrow 的不可能性定理是群决策研究的一个里程碑，成为群决策研究的经典性结论。其后，Fishburn 对 Arrow 定理进行了研究，证明了当群体中的个体成员为无限集时，Arrow 不可能性定理变为可能定理。早期群决策理论的基本原则为，决策群体的最优选择应该是使社会福利达到极大，或群体效用极大。20 世纪 70 年代以后，群决策研究主要分别由两类学者沿两条不同的途径进行：一条途径是社会心理学家通过实验的方法，观察分析群体相互作用对选择转移的影响；另一条途径是经济学家对个体偏好数量集结模型的研究。

妥协、谈判和群决策理论在 20 世纪 70 年代和 80 年代获得了很大的发展。群决策在信息收集、信息处理、方案结果评价及产生新方案等方面比个体决策有许多重大优势。同时群决策也有缺点，其主要的缺点是在决策时群体成员的意见必须取得一致。

20 世纪 80 年代，群决策理论研究和方法应用发展到了一个新的阶段，群决策理论拓展为几个不同而又相互联系的研究领域：偏好分析、群效用理论、社会选择理论、委员会决策理论、投票理论、一般对策论、专家评估分析、量化因子集结、模糊群体决策理论、经济均衡理论和群决策支持系统等。

20 世纪 90 年代，由于计算机技术、网络通信技术快速发展，为消除或减少决策个体之间信息交流的障碍提供了可能，群决策的绩效也得到了较大的改善。群决策支持系统成为当前研究的热点。

对群决策问题的研究虽然起步比较早，但是由于群决策问题内在的复杂性，群决策理论既是决策理论的前沿，也是决策理论最为薄弱的部分。目前，群决策理论和方法的研究还很分散，尚未形成一定的框架体系。因此，群决策理论的研究还存在很多问题，而且群决策在实践中的应用也还需要进一步研究。此外，鉴于群决策理论研究的主要是静态的偏好集结模型，但实际上群决策是一个信息反复交流最终达成一致的动态过程，所以应该加强对群决策过程的研究。

我国对群决策理论的研究是从 20 世纪 80 年代开始的，从那以后许多学者从不同的角度对群决策理论进行了研究。1995 年群决策理论研究引起了学术界的重视。从国内对群决策进行的研究来看，主要是对群决策数学模型方法、群决策支持系统及社会选择理论的研究。这些研究的一个共同特点是模型方法、理论研究的文章较多，而群决策的实证研究文章较少，这也从侧面说明我国群决策的研究还很不成熟，还处于概念和实验室的学术研究阶段，仍没有达到案例实证的研究阶段。从群决策支持系统研究和应用的现状来看，目前群决策支持系统强调的是对构成群的成员间的沟通过程及对各成员决策结果的集结方法和过程的支持，大多是对群决策中委员会决策这种决策类型的支持,针对群决策中其他类型决策的群决策支持系统尚不多见。近年来,《中国管理科学》《控制与决策》《系统工程理论与实践》等相关期刊上发表了很多关于群决策的论文,解决了供应商选择、企业价值评估、信用体系评价等方面的实际问题,开始向应用的方向发展。

1.1.4 项目管理的历史与现状

1. 项目管理的历史

中国的长城、都江堰、埃及的金字塔,以及全长只有172.5千米却缩短了西欧到印度洋10 000千米航程的苏伊士运河等,都是人类历史上工程项目管理成功的象征。但是,工程管理作为一个项目,作为一门科学,只有到现代社会才促进了其理论与方法的发展。从20世纪20年代起,美国开始有人研究工程项目管理,在当时科学管理与经济学领域的成就的基础上,项目计划管理方法和经济分析方法有了一定进展。1936年,美国在洪水控制水利工程中提出了目前仍在沿用的效益与费用比的基本准则。

20世纪50年代,各种学科的科学家从不同角度开发了许多理论与方法,如美国在"北极星导弹计划"中,利用计算机管理,开发出计划评审技术(program evaluation and review technique,PERT),这一技术的出现被认为是现代项目管理的起点;美国在其他项目中还开发了武器系统费效分析方法等技术。由此,项目管理的理论与方法逐渐发展成为管理科学领域的一个重要分支,为项目管理学科的进一步发展奠定了基础。

20世纪60年代,美国在"阿波罗计划"中,通过立案、规划、评价、实施,开发出著名的矩阵管理技术,美国还成功开发了国防部计划规划预算系统(planning,programming,and budgeting system,PPBS)。1962年,为解决航天技术落后于苏联的问题,美国召开了全国先进技术管理会议,出版了会议文献汇编《科学、技术与管理》。根据项目管理理论与方法的发展和学术研究的需要,欧洲于1965年成立了一个国际性组织——国际项目管理协会(International Project Management Association,IPMA),几乎所有欧洲国家都是其成员。美国于1969年成立了项目管理学术组织——项目管理协会(Project Management Institute,PMI)。

20世纪70年代,美国在"能源自主计划"中,将以前积累下来的管理技术进一步完善和系统化,形成新的评估方法。

20世纪80年代,从项目管理实践中提炼出来的理论性著作开始出版,如1983年美国出版了由30多位教授、专家和高级管理人员撰写的《项目管理手册》,论述了项目组织、项目寿命周期、项目规划、项目控制、项目管理中的行为尺度等问题。同年，美国国防部防务系统管理学院组织编写了《系统工程管理指南》，该书理论与实践结合，是美国 30 多年实践经验的总结，并得到不断的补充，该书基本上是以美国国防部指令 DODD5000.1《重大和非重大防务工程项目采办》和 MIL-STD-98A《工程管理》为基础编写的，对实现武器装备系统的费用、进度、性能的综合优化，提高系统效能和战备完好性，起到了重要的作用。美国项目管理协会从 1976 年开始进行将项目管理的通用惯例上升为"标准"的工作，经过 20 年的努力，于 1987 年正式出版了《项目管理概览》。

在我国，由著名数学家华罗庚倡导，于 20 世纪 60 年代开始对网络技术进行研究，并在一些部门进行了试点应用。华罗庚教授将网络技术概括为统筹法，并于 1965 年出版了《统筹方法平话》等书。同时，钱学森等科学家致力于系统工程理论与方法的推广，十分重视重大科技工程的项目管理。从那时起，我国国防科研部门一直在有计划地引进国外大型科技项目的管理理论和方法，通过各部门、各单位的工作，国外系统工程领域的最新发展都能被迅速引入国内，并编辑出版了丛书，开发了决策分析方法，积累了系统的资料和技术。例如，20 世纪 60 年代在研制第一代战略导弹武器系统时，引进网络计划技术、规划计划预算系统、工作任务分解系统（work breakdown structure，WBS）等项目管理技术，并结合我国国情建立了一套组织管理理论，如总体设计部、两条指挥线等。

20 世纪 70 年代，引进了全寿命管理概念，派生出全寿命费用管理（life cycle cost management）、一体化后勤管理（total logistics management）、决策点控制（milestone control）等；许多大型工程相继应用系统工程管理方法，如上海宝钢工程、北京电子对撞机工程、秦山核电站工程等，保证了项目按期完成。

20 世纪 80 年代，项目管理取得新成果，如开展了航天工程项目管理的研究，航空工业在歼 7Ⅲ、歼 8Ⅱ等型号研制中推行系统工程，实行了矩阵管理。20 世纪 80 年代末，引进了美国《系统工程管理指南》，形成了"武器装备研制管理译丛"系列丛书。进入 20 世纪 90 年代，我国国内特别是国际合作项目的不断上马，促进了项目管理理论研究和学科的发展，国防科学技术工业委员会组织了一批与项目管理有关的研究课题，如"美国 PPBS 在中国应用的可行性研究""重大科技工程项目投资强度的比较研究""西方主要国家国防科技管理研究"等。

2. 项目管理的现状

进入 20 世纪 90 年代，项目管理科学有了很大的发展，学术研究活跃。1992 年，IPMA 在意大利召开了第 11 次国际学术会议。1993 年 10 月，IPMA 召开了第 24 次国际学术会议。1995 年 9 月中旬，在俄罗斯的圣彼得堡召开了国际项目管理会议，主题是促进世界各国特别是发展中国家和正处于经济转变中国家的项目管理的发展，评价与讨论全球国际项目管理的合作问题（包括专业术语、知识体系、项目管理人员教育等）。1996 年 6 月，在法国巴黎召开了 IPMA 的又一次国际项目管理会议，主题是"迎接 21 世纪的挑战"。1996 年 12 月，印度项目管理联合会举办了国际项目管理学术会议，这是其 1995 年成功组织第一次国际项目管理学术会议后的继续。

随着学术研究的进展，项目管理的理论和方法趋向成熟，在许多国家项目管理已成为一门多维、多层次的综合交叉学科，项目管理的范畴也发展为全寿命管理，即从项目的需求论证、前期决策、实施运营，直到项目淘汰为止。在项目管理中，已广泛应用了工业工程、系统工程、决策分析、计算机技术与软件工程理论等，发展成为一门综合交叉学科。管理理论与方法不断有新的突破，如在理论上，已形成了复杂巨系统（高度不确定性、多目标、多维变量）的决策和各种资源配置与控制运行等理论。在方法上，已形成了许多有效的随机网络与风险评审方法（VERT、Q-GERT），开发了专用软件，并与计算机结合起来形成了项目信息管理系统（project information management system，PIMS）、项目管理决策支持系统等。

进入 20 世纪 90 年代以来，我国项目管理的学术研究有了很大进展，项目管理学术研究委员会于 1991 年 6 月正式成立，已于 1992 年、1995 年和 1997 年召开了三次学术会议，并出版了论文集。其中 1995 年 9 月，在西安市西北工业大学召开了由我国项目管理研究委员会组织的首届项目管理国际学术会议，名为"项目管理的时代——中国和世界"，IPMA 主席、俄罗斯项目管理协会主席参加了会议。美国、英国、俄罗斯、芬兰等国家和地区的 112 位代表参加了会议，收录论文 126 篇，出版了有较高水平和应用价值的英文版论文集。

1991 年在上海宝钢召开了国内第一次项目管理的大型会议"新时期大型工程项目管理理论与实践"。1993 年，我国自然科学基金委员会立项开展"重大科技工程项目管理理论与方法研究"。作为国家重点项目，北京航空航天大学管理学院和航空系统工程研究所等 11 个单位 3 年完成 100 多万字的研究报告，出版了《项目管理学》和《核电站建设的项目管理》两部专著，并获教育部科技进步奖。其主要研究内容概括如下：

（1）工程与工程项目管理的基本概念、规律性研究；
（2）高科技项目的系统管理与群决策技术及应用研究；
（3）多属性决策和多目标决策研究；
（4）工程项目风险管理技术与应用研究；
（5）交通工程项目网络平衡分析；
（6）军用系列飞机研制工程管理案例分析；

(7) 核电站、战略导弹工程项目管理。

项目管理起源于工程管理,并经由其发展成为一门学科。到现在,项目管理仍以工程(项目)管理为主力军。人们可以毫不费力地用"项目"替代"工程"二字而不会引起紊乱。目前,项目有扩充到社会、经济等人文科学领域的趋势。正像 20 世纪 90 年代创立的"金融工程""人体工程"等新学科一样,也只是工程管理、高科技工具和手段在其中的应用与发展而已。故本书为精炼文字,常用"项目"表示"工程项目"。

1.2 熵学理论基础

1.2.1 熵理论的产生和发展

1.2.1.1 熵的产生与发展

物理学知识告诉我们:世界的总能量守恒,宇宙的熵趋于最大。

当 17~18 世纪广为流行的永动机设计屡遭失败以后,科学家们为彻底解开永动机之谜,转而研究自然界物态及其关系问题,发现了自然界普适的热力学第一定律和第二定律。

"熵"(entropie)一词的西文,是 1856 年由德国物理学家克劳修斯(Clausius)提出的。他是在《热之唯动说》一书中,为了将热力学第二定律格式化而引入这个概念的。热力学用熵表示一个物质系统的混乱程度。能的衰竭,或熵的增加,是分子随机运动和碰撞的统计学上可以预测的结果。热力学第一定律对于理解一个给定过程中的能量流动是很有效的。然而,它不能使我们预测在一组给定条件下系统将处于什么状态。熵却能说明物质或场所构成系统的状态量,是用以判别自发过程的一个状态函数。它像其他描述系统状态的函数一样,在系统处于某一状态时,它具有确定的值,它的量值由处于一定热力学状态的物质的量决定。

物理学中熵常用 S 表示,用熵表示的热力学第二定律常写成 $dS \geq dQ/T$ 的形式。T 为该系统的热力学温度,而 dQ 为热力过程中该系统吸收的元热量。熵变(dS)在可逆过程时,与 dQ/T 相等;在不可逆过程时,则大于 dQ/T。在绝热过程中,系统与外界没有热量交换,$dQ=0$,$dS \geq 0$,即系统经可逆绝热过程后熵不变,经不可逆绝热过程后熵增加,绝热条件下系统的熵永不减少,该原理被称为熵增原理。它揭示了系统内部一切不可逆过程的自发进行方向是熵增加的方向。

克劳修斯认为既然熵与能类似，都是状态的函数，那么这两个概念在字形上也应该类似。能的德文字为 energie，他就用 entropie 表示熵。我国物理学家胡刚复教授于 1923 年首次把 entropie 译为"熵"。

1870 年玻尔兹曼在分子运动论的基础上研究发现，分子处于不同能级状态的个数 Ω 的对数值应当与熵成正比。这一发现为熵提供了微观的物理图像，使人们加深了对熵的理解。于是，熵表示分子运动的无序程度（玻尔兹曼）或混乱程度（吉布斯）的提法开始流行。

热力学熵的研究不仅推进了热机效率的研究，而且经过亥姆霍兹（Helmholtz）、吉布斯和麦克斯韦等的努力，在熵与其他的热力学函数的联系，及熵如何用于判知化学反应的进行方向与程度等方面都取得了重大进展。熵因而跨出热力学领域而进入理论化学领域。

普朗克和爱因斯坦都利用熵原理做出过出色的工作，他们扩大了熵的物理阵地，量子论的创始人之一薛定谔于 1945 年又把熵引入生物学领域。

20 世纪 30 年代后，熵理论冲破了平衡态的局限，推进到了非平衡态。这一进展首先由线性非平衡态的两个成果：昂萨格发现的倒易关系和普里高津发现的最小熵产生的定理开始，而后再发展到非线性非平衡态。这是熵理论发展史上的第二个阶段。

1948 年，维纳和香农创立了信息论。香农把通信过程中信息源的信号的不确定性称为信息熵，把消除了多少不确定性称为信息。信息论针对通信需要两个等概率状态对应的熵定义为 1Bit（比特）的计值方法不仅在通信中十分有用，而且在后来兴起的电子计算机技术中的存储量单位中也得到了应用。维纳和香农将前人的成果进行总结，强调了"信息量"这个概念。尤其是后者的文章超出了以往的研究范围，阐述了许多重要定理，把信息熵与统计力学熵概念相联系，把信道定理看作热力学第二定律在通信理论中的特殊形式，使信息熵成为信息论的一个正统的分支。现代信息论基本上仍围绕着香农的思路。

香农当时突破"信息量"这一关键概念时的思路是，能否定义一个量，这个量在某种意义上能度量这个过程所产生信息的多少，或者更理想一点，所产生的信息率是多少。他把信息量作为信息论的中心概念，在这样的思想指导下，他用马尔可夫过程的统计特性，即它的"熵"来表征信息的特性，给出了信息熵公式：$H = -\kappa \sum P_i \log P_i$，用来表述选择和不确定性与随机事件的连带关系，一举解决了定量描述信息的难题。接着他解释道："$H = -\kappa \sum P_i \log P_i$（常数 κ 仅等于度量单位的选择）在信息论中起着重要的作用，作为信息、选择和不确定性的度量，H 的公式与统计力学中熵的公式是一样的。式中，P_i 表示一个系统处在向量空间中第 i 个元的概率。因此，这里的 H 就是玻尔兹曼著名的 H 定理中的 H"。如此熵概念再次得以扩展，"信息量的平均具有熵的各种性质"这一点意味着熵通过信息论，将会应用于自然科学以外的一些领域。

香农开始用的名称不是熵而是"不定性"。他对热熵理论并无直接兴趣，也没打算解决两种概念的内在联系。但这种同一函数形式与同一名称的出现，引起了玻尔兹曼的极大兴趣。他先将信息论推广到物理学领域，后来又把信息与具体的物理过程相联系建立了信息的物理模型,解决了一些测量问题和1871年后悬而未决的"麦克斯韦妖"佯谬。

经过近40年的发展，信息熵仍在不断完善之中，它不仅被广泛应用于几乎所有学科，而且提出了将信息的量与质统一量度的理论和将概率熵概念移植到模糊集合上定义非概率的模糊熵。从科学发展史角度来看，今天人们对熵与信息的理解恰如牛顿力学建立前夜人们对力的理解。因此，笔者认为综合各种形式的熵表述进行研究，在今后的科学发展中也许会产生一门统一的广义熵理论，协调各门科学应用理论解决本学科面临的某些难题。

20世纪50年代，杰尼斯用信息论中阐述的熵极大原理返回去论证由玻尔兹曼等在19世纪导出的统计物理学中的正则分布。这项工作不但把统计物理中的重要成果纳入信息熵的体系中，也说明了脱离了"热"的熵的一般原理的强大力量。20世纪60年代的最大熵谱的提出则是又一个实例。

在信息论的带动下，熵概念首先进入了概率论、通信和计算机等领域。20世纪后半叶，以电子计算机为代表的信息革命方兴未艾，推进了与信息密切相关的熵概念的史无前例的大扩展。

熵定律被伟大科学家爱因斯坦称为"整个科学的首要法则"。这一著名预言，现已逐步在自然科学、社会科学及人体学等领域里得到证实。人们称熵为新的世界观、真理观，是现代新文明观的科学基础，21世纪将是熵世纪。但是，熵在各领域的广泛使用，造成了其概念的混乱，也应引起重视。表1-1给出几种学科中熵的概念。热力学中熵的变化dS表示在可逆过程里，一个微小的元过程单位热力学温度变化所需的吸热量；玻尔兹曼熵S反映了物质系统的无序程度；试验熵H表示试验所提供的信息量，又称信息熵。为了尊重历史，本书在描述熵时，仍保留原学科的习惯：信息熵用H表示，其他熵用S表示。

表1-1 几种熵的概念

学科	熵计算公式	说明
热力学	$dS = dQ/T$	在卡诺循环中，熵的变化等于单位热力学温度的吸热量
统计物理学	$S = K \ln N$	物质系统的玻尔兹曼熵S，等于玻氏系数K与系统物质状态个数N的对数的积
信息熵	$H = -C \sum_{i=1}^{n} P_i \log P_i$	某项试验的第$i \in [1,n]$种状态出现的概率为P_i（C为待定常数），它所提供的信息量为熵值H

1991年,我国学者顾昌耀和邱菀华首次定义了复熵,并将它应用于决策分析。1994年,邱菀华研究了群决策复熵模型,得到一系列有价值的结论。

熵最初是判定热力学中物质状态的一个参量,之后又植根于统计物理学、信息论等学科中,直至被理解为表征物质系统状态的复杂程度而作为探索自然界复杂性的工具。从方法论和认识论的角度看,这是一个人类思维不断变革,同时这样的变革又影响了熵理论探索的双重过程。无论是从自然科学领域还是从整个科学范围,甚至从人类文化结构来说,熵理论都必将产生重要影响。对此美国的Rifkin等有许多令人信服的观点,虽然我们并不同意他的所有观点。人们对熵理论的不断探索证明了熵概念是一个非常复杂的、含义相当丰富的综合体,尚有许多我们未曾认识的意义。尽管现在熵概念较它产生的时候更加通俗明了,但它的神秘色彩似乎并不比我们已认识的内容少。

纵观熵的发展历史,可以说,熵是对"不确定性"的最佳测度。20世纪40年代末首次出现的Shannon熵,50年代末以解决遍历理论经典问题而崭露头角的Kolmogorov熵,以及60年代为研究拓扑动力系统而产生的拓扑熵都是以对不确定性的数学度量的不同身份出现的。它们是现代动力系统和遍历理论的重要概念,在自然科学和社会科学中的应用也日趋广泛。

1.2.1.2 熵

1. 熵的定义

热力学第二定律告诉我们,自然界中与热现象有关的宏观过程都是不可逆的,即任何一个热过程都不可能自动恢复原状态。例如,某一系统中,热量总是自发地从高温物体传递到低温物体直至热平衡,而不可能自发地从低温物体向高温物体传递至恢复初始阶段的状况。气体膨胀与收缩现象也与此类似。为了描述并研究这一自然现象,必须认识系统初状态、终状态的某种属性在本质上的差异,并把这种属性用某一物理量表示出来,它的量值变化能精确地表示自发过程的不可逆性。当系统自发地从初状态向终状态过渡时,这个函数的值也只向着一个方向变化。这个函数单向变化的数值性质,就能判断实际系统过程的进行方向。由于理想气体自发膨胀的不可逆性,且在整个过程中内能不变,故已知物理量"能"是不具备该性质的。我们必须定义一个新的物理量,这就是熵,"熵"与"能"一样,是热力学中的一个重要概念。

理想气体卡诺热机的效率为

$$\eta = \frac{Q_1 - Q_2}{Q_1} = \frac{T_1 - T_2}{T_1}$$

式中，T_1、T_2 分别为高温热源、低温热源的温度；Q_1 为循环吸热量；Q_2 为循环放热量，上式等价于

$$\frac{Q_1}{T_1} - \frac{Q_2}{T_2} = 0$$

式中，Q_1 为从高温热源吸取的热量；Q_2 为低温热源放出的热量。如果把 Q_2 也定义为从低温热源吸取的热量，上式则可以改写为

$$\frac{Q_1}{T_1} + \frac{Q_2}{T_2} = 0$$

类似地，对于一个卡诺循环，有

$$\sum \frac{Q}{T} = 0$$

任何一个可逆循环，都可以近似地看成由许多卡诺循环组成，且卡诺循环的数值越高，就越接近于实际的循环过程。当这个数目趋于无穷大时，和数为积分。

所以，对任一可逆循环，都有

$$\oint \frac{\mathrm{d}Q}{T} = 0$$

式中，$\oint$ 表示积分区间为循环全过程；$\mathrm{d}Q$ 表示在无限短的等温区间所吸收的微小热量。例如，循环过程由阶段 1—a—2—b—1 组成，其中状态 a、b 分别表示从状态 1 到状态 2、从状态 2 到状态 1 的任意状态，则

$$\oint \frac{\mathrm{d}Q}{T} = \int_{1a_2} \frac{\mathrm{d}Q}{T} + \int_{1b_2} \frac{\mathrm{d}Q}{T} = 0$$

或

$$\int_{1a_2} \frac{\mathrm{d}Q}{T} = \int_{1b_2} \frac{\mathrm{d}Q}{T}$$

上式说明 $\int_1^2 \frac{\mathrm{d}Q}{T}$ 与积分路径（或过程）无关。这就是说，系统确实存在一个像内能那样重要的状态函数——熵函数 S。熵函数 S 仅是状态的函数，其值的变化只取决于初态和终态。

用 S_1 和 S_2 分别表示系统在状态 1 和状态 2 时的熵函数值，则在可逆过程中，系统由状态 1 变到状态 2 时熵的增量为

$$\Delta S = S_2 - S_1 = \int_1^2 \frac{\mathrm{d}Q}{T}$$

只要过程无限小，就有

$$dS = \frac{dQ}{T}$$

综上所述，可得如下定理：

定理 1-1 可逆循环中系统的熵变等于零。

2. 熵增原理

理想气体的自由膨胀是一个不可逆过程。膨胀前气体的体积、压力、温度和熵分别记为 V_1、p_1、T 和 S_1。膨胀后体积和熵变化到 V_2 ($>V_1$) 和 S_2，压力降为 p_2 ($p_2 < p_1$)，温度不变。由于熵只与初态和终态有关，与所经历的过程无关，为计算方便，我们设想一个可逆过程，使气体从状态 2 恢复到状态 1，然后来计算该过程的熵变，所得结果是相同的。恢复过程，实际上是一个等温压缩过程，外界对系统做功，同时气体向外界放出热量（吸热 Q 为负值），熵变为

$$S_2 - S_1 = \int_1^2 \frac{dQ}{T} = \frac{1}{T}\int_1^2 dQ = \frac{Q}{T} < 0$$

说明前不可逆过程使系统的熵增加了。

一个封闭的热传导系统，与外界没有能量交换，温度分别为 T_1、T_2 的两个物体相接触，这是一个不可逆过程。在一个无限短时间内，有能量 dQ 从物体 1 传到物体 2（温度的变化可以忽略不计），同时物体 1 和物体 2 的熵变为 $-\frac{dQ}{T_1}$ 和 $\frac{dQ}{T_2}$，总熵变为

$$\frac{dQ}{T_2} - \frac{dQ}{T_1} > 0$$

上式说明，封闭系统内的不可逆过程也引起熵的增加。总之，在一般情况下

封闭系统与外界有能量交换 $\begin{cases} 可逆过程, S_2 - S_1 = \int_1^2 \frac{dQ}{T} \\ 不可逆过程, S_2 - S_1 > \int_1^2 \frac{dQ}{T} \end{cases}$

封闭系统与外界无能量交换 $\begin{cases} 可逆过程, S_2 = S_1 \\ 不可逆过程, S_2 > S_1 \end{cases}$

定理 1-2 封闭系统中任何不可逆过程导致熵的增加，熵只有对可逆过程才是不变的。

例 1-1 设冰的溶解热为 3.35×10^5 J/kg，试计算 1kg 0℃的冰融化成 0℃水的熵变。

由于初态与终态的整个过程中温度保持不变，即 T=273K，故

$$S_w - S_i = \int_i^w \frac{dQ}{T} = \frac{Q}{T} = \frac{1 \times 3.35 \times 10^5}{273} \text{J/K} = 1227 \text{J/K}$$

冰从高于 0℃的环境中吸热才会融化,冰增加的熵高于环境所损失的熵。把系统和外界环境看作一个整体,本过程中熵是增加的。

若使水结冰,水将向低于 0℃的环境放热,对于水和环境统一考虑的整体系统,同样会导致熵增加。

例 1-2 已知某理想气体膨胀前后的体积分别为 V_1 和 V_2,试计算它在可逆等温膨胀过程中的熵变。

根据热力学第一定律,$\mathrm{d}Q = \mathrm{d}E + p\mathrm{d}V$。因为理想气体的内能仅决定于温度,而在等温过程中温度不变:$\mathrm{d}E = 0$,故

$$\mathrm{d}Q = p\mathrm{d}V$$

$$\mathrm{d}S = \frac{\mathrm{d}Q}{T} = \frac{p\mathrm{d}V}{T}$$

而 $pV = nRT$,所以

$$\mathrm{d}S = nR\frac{\mathrm{d}V}{V}$$

$$S_2 - S_1 = \int_1^2 \mathrm{d}S = \int_{V_1}^{V_2} nR\frac{\mathrm{d}V}{V} = nR\ln\frac{V_2}{V_1}$$

由于 $V_2 > V_1$,所以气体的熵是增加的。

要实现这个过程,气体必须同温度为 T 的恒温热源接触,并吸收热量,而热源的熵要减少同样的量。这个例子说明,在可逆过程中,气体和环境(热源)组成的系统的熵不变,这正是可逆过程的特点。

统计物理学已经证明,系统的熵

$$S = k\ln P$$

式中,k 为玻尔兹曼常数;P 为系统的状态发生的概率,又叫热力学概率。在非平衡条件下,热力学系统中各微观状态出现的概率不相等,构成分布函数 f,则系统熵值

$$S = -k\sum f\ln f$$

式中,求和符号 $\sum$ 遍及系统分布函数 f 中自变量所有可能值,当自变量连续时求和变为积分。上式并不要求满足大数定律。

伟大的科学家爱因斯坦说过,熵定律是自然科学的第一定律。然而,历史对熵并不像对能那么公平。熵长期以来禁锢在热力学理论中未受重视。随着科技和经济的发展,熵似乎才被人们发现,并重新认识,得以在自然科学之外的各学科中应用。

3. 信息熵

和温度、体积一样,熵是表征物质系统状态的一个函数。温度表示物体状

态是冷还是热，体积则表示物体是大还是小。那么熵表示什么状态呢？它表示系统的混乱程度。引入熵这一物理量后，热力学第二定律的内容就可以用熵函数来描述。

热力学第二定律告诉我们，热量总是由温度较高的物体流向温度较低的物体，而不能自发地由低温物体传向高温物体。在封闭的系统中实际发生的过程，总使整个系统的熵的数值增大，所以只可能发生 ΔS 大于零的过程，而 ΔS 小于零的过程是不存在的，所以熵增加原理是热力学第二定律中最常见也最容易接受的表述。熵在热力学中是用来说明热运动过程不可逆性的一个物理量，反映了自然界出现的热的变化过程是有方向性的，是不可逆的。

尽管克劳修斯对熵做了严格的数学推导，但很多科学家仍感到它很抽象，熵代表系统的什么状态？反映了系统的什么微观本质？1872 年，玻尔兹曼在研究气体分子运动过程中，对熵首先提出了微观解释，后经吉布斯进一步研究，解释更为明确。他们认为：在由大量粒子（原子、分子）构成的系统中，熵就表示粒子之间无规则的排列程度，或者说，表示系统的混乱程度，系统越"乱"，熵就越大；系统越有序，熵就越小。维纳曾说过："一个系统的熵就是它的无组织程度的度量。"如前所述，根据热力学第二定律，一个系统在孤立的情况下，总是自发地由有序到无序，熵总是增加的。例如，在一个封闭的系统中装有一个容器，内有两种气体，一种气体停留在容器的一端，另一种气体停留在容器的另外一端，这时，两种气体内的分子分别处于有序状态，系统的熵最小。但这种状态不会保持很久，不一会儿，它们就混合起来，随着两种气体分子逐渐在整个容器内扩散，分子之间的排列越来越无序，熵就越来越大，在两种气体完全混合时，分子混乱程度达到最高点，这时，熵达到最大值，所以熵是系统的无序状态的量度。

熵作为不确定性程度的量度，就要容易理解得多。例如，在评价预测技术时，不能仅注意它的精确性（即预报正确的次数占预报总次数的百分比，它等于预报准确的概率）。否则，我们就会过高地评价有较多机会正确的任何预报。因此，衡量预测的质量，不仅应考虑它的准确性，还要注意到有效预报的困难性，这种困难性可用相应实验的不确定性程度来表征。

从有 k 个等概率结局的实验来着手研究，其概率为 A_i（$i=1, 2, \cdots, k$）。当 $k=1$ 时，表明实验的结局是确定的，根本就不存在随机性。k 越大，预言实验的结果就越困难。因此，要寻求的描述不确定性程度的特征函数 f 应该依赖于 k，也就是说是 k 的函数。当 $k=1$ 时，应该有 $f(k)=0$；当 k 增大时，这个函数值 $f(k)$ 也增大。

为了更完全地确定函数 $f(k)$，必须对它提出进一步的要求，我们来考察两个独立的实验 α 和 β（即这样的两个实验，关于其中之一的结局的任何消息，一点也不改变第二个实验的结局的概率）。设实验 α 有 k 个等概率的结局，而实验 β 有 l 个等概率的结局。现在考虑由 α 和 β 这两个实验同时进行所组成的复合实验 $\alpha\beta$。显然，实验 $\alpha\beta$ 的不确定性大于实验 α 的不确定性，因为在这里，对 α 的不确定性，还要增加实验 β 结局的不确定性。我们自然认为：实验 $\alpha\beta$ 的不确定性程度等于 α 和 β 这两个实验所规定的不确定性程度之和。又因为实验 $\alpha\beta$ 显然有 kl 个等概结局（假若把实验 α 的 k 个可能结局中的每一个都和 β 的 l 个结局组合，就可得到这些结局），于是得到 $f(k)$ 应该满足如下条件：

$$f(kl) = f(k) + f(l)$$

这个条件促使我们想到用数 $\log k$ 作为有 k 个等概率结局的实验的不确定性的度量（因为 $\log kl = \log k + \log l$）。这样定义不确定性的度量与下面的条件也是相符的：当 $k=1$ 时，它等于零；而当 k 增大时，它也增大。

这里我们指出，取对数系统的底是无关紧要的，因为根据熟知的公式 $\log_b k = \log_b a \log_a k$，只要用常数因子（转模 $\log_b a$）乘以函数 $f(k) = \log k$，即相当于不确定性程度的度量单位的简单转换，就可以从一个对数系统转换到另一个对数系统。在工程应用中总是利用以 2 为底的对数（即设 $f(k) = \log_2 k$），这意味着在这里是取有两个等概率结局的实验（如抛掷硬币看它哪个面朝上的实验）的不确定性，作为不确定性程度的度量单位，这种单位常称为二进制单位，用 Bit 表示。但今后我们将总是采用较熟悉的十进制对数，换句话说，我们取有 10 个等概率结局的实验的不确定性作为不确定性程度的度量单位（如从装有编号的 10 个球的箱子中取球的实验，或者在有同样被猜中概率的 10 个数字中猜一个数字的实验，都属于这样的实验）。这个单位（可以称为十进制单位）大约是二进制单位的 $3\frac{1}{3}$ 倍（因为 $\log_2 10 \approx 3.32 \approx 3\frac{1}{3}$）。

有 k 个等概结局的实验概率见表 1-2。

表 1-2 有 k 个等概结局的实验概率

实验结局	A_1	A_2	A_3	...	A_k
概率	$\frac{1}{k}$	$\frac{1}{k}$	$\frac{1}{k}$	...	$\frac{1}{k}$

对于有 k 个结局的实验，令 k 个结局的概率为 A_i，则其不确定性的度量为

$$-P(A_1)\log P(A_1) - P(A_2)\log P(A_2) - P(A_3)\log P(A_3) - \cdots - P(A_k)\log P(A_k)$$

我们把这个数称为实验 a 的熵，并用 $H(a)$ 表示。

现在转入研究熵 $H(a)$ 的性质（也可参见附录 A）。首先指出，它是连续函数，不可能取负值：因为恒有 $0 \leqslant P(A) \leqslant 1$，所以 $\log P(A)$ 不可能是正的，因而

$-P(A)\log P(A)$ 就不可能是负的。进一步指出，若 $P(A)$ 很小，则 $P(A)\log P(A)$ 也就非常小，虽然 $-\log P(A)$ 是较大的正数。事实上，如果设 $P=\frac{1}{10^n}$，这时 $\log P=-n$。因而当 n 很大（相当于 $P=\frac{1}{10^n}$ 很小）时，分数 $\frac{n}{10^n}$ 就很小（10^n 这个数是 $n+1$ 位数，当然，它比 n 本身大得多）。由此可见，当 $P\to 0$ 时，乘积 $-P\log P$ 无限地减小，故 $\lim_{P\to 0} P\log P=0$。

图 1-2 为函数 $y=-P\log P$ 的图形，由图可以看出，当 $P=0$ 时，这个函数的值等于零。所以，若结局 A_i 的概率 $P(A_i)$ 等于零（即结局 A_i 不可能发生），那么对应的项 $-P(A_i)\log P(A_i)$ 在熵的表示式中可以忽略不计［严格地说，这一项没有意义，因为这时 $\log P(A_i)$ 不存在；正因为这样，我们才必须求表示式 $-P\log P$ 在 $P\to 0$ 时的极限］。在相反的情况，即当 $P(A_i)$ 很大（即接近于 1）时，$-P(A_i)\log P(A_i)$ 这一项也将很小，因为当 $P\to 1$ 时，$\log P$ 趋向零；若概率 $P(A_i)$ 正好等于 1（即实验结局 A_i 的出现是必然事件），那么 $\log(A_i)=0$，这就表示 $-P(A_i)\log P(A_i)=0$。

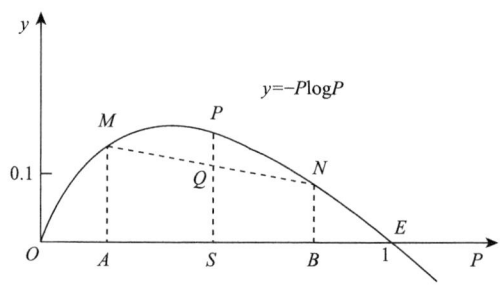

图 1-2 $y=-P\log P$ 曲线图

因为只有当 $P=0$ 或 $P=1$ 时，$-P\log P$ 才等于零，于是显然可知：实验 a 的熵 $H(a)$ 只有当概率 $P(A_1)$，$P(A_2)$，$\cdots$，$P(A_k)$ 之一等于 1，而其余所有的都等于零时，才等于零［$P(A_1)+P(A_2)+\cdots+P(A_k)=1$］，这种情况和量 $H(a)$ 作为不确定性度量的意义是完全符合的；事实上，只有在这种情况下，实验才根本不存在任何不确定性。

在所有有 k 个结局的实验中，具有概率表 1-3 的实验是最不确定的，我们用 a_0 表示它：这时要预先断定实验的结局是最困难的，与此相应的是实验 a_0 有最大的熵（如果 a 是有 k 个结局 A_1，A_2，$\cdots$，A_k 的任意实验），那么

$$H(a) = -P(A_1)\log(A_1) - P(A_2)\log(A_2) - \cdots - P(A_k)\log(A_k)$$
$$= -\frac{1}{k}\log\frac{1}{k} - \frac{1}{k}\log\frac{1}{k} - \cdots - \frac{1}{k}\log\frac{1}{k} = H(a_0) \leqslant \log k$$

并且等式只有当 $P(A_1) = P(A_2) = \cdots = P(A_k) = \frac{1}{k}$ 时才成立。我们暂且撇开这个结果的全面证明（见附录 B），只限于用 $k=2$ 时的例子来解释，需要证明下面的不等式成立：

$$-P(A_1)\log(A_1) - P(A_2)\log(A_2) \leqslant \log 2$$

表 1-3 概率表

实验结局	A_1	A_2	A_3	...	A_k
概率	$\frac{1}{k}$	$\frac{1}{k}$	$\frac{1}{k}$	...	$\frac{1}{k}$

正如我们已经指出过的函数 $F(x) = -x\log x$ 的值，当 $x \to 0$ 时趋向零；另外，当 $x=1$ 时，这个函数的值也等于零，而当 $0 < x < 1$ 时，这个函数是正的（因为这时 $\log x$ 是负的）；当 $x > 1$ 时，函数 $-x\log x$ 是负的。这个函数的图形如图 1-2 所示，其中 $OE=1$，$OA=P(A_1)$，$OB=P(A_2)$，而线段 AM 和 BN 则分别表示 $-P(A_1)\log(A_1)$ 和 $-P(A_2)\log(A_2)$ 这两个数。因为，

$$OA + OB = P(A_1) + P(A_2) = 1 = OE$$

因而从原点到线段 AB 的中点 S 的距离 OS 就等于 $\frac{1}{2}$，所以在图 1-2 上，线段 SP 等于 $-\frac{1}{2}\log\frac{1}{2} = \frac{1}{2}\log 2$。但是线段 AM 与 BN 之和的一半等于梯形 $ABNM$ 的中线 SQ，它不比 SP 长，因而 $\frac{1}{2}[-P(A_1)\log(A_1) - P(A_2)\log(A_2)] \leqslant \frac{1}{2}\log 2$，$-P(A_1)\log P(A_1) - P(A_2)\log(A_2) \leqslant \log 2$ 式中，只有当线段 OA 和 OB 都与 OS 相同时等号才成立。因而，我们证明，具有两个结局的实验的熵

$$H(P) = -P\log P - (1-P)\log(1-P)$$

这个函数，当 $P = \frac{1}{2}$ 时，取最大值（等于 $\log 2 \approx 0.30$）。图 1-2 表示出了这个函数的图形，它指出了当 P 由 0 到 1 变化时熵 $H(P)$ 如何改变。

在具有 k 个可能结局的实验的情形，熵由以下公式决定：

$$H(P_1, P_2, \cdots, P_k) = -P_1 \log P_1 - P_2 \log P_2 - \cdots - P_k \log P_k$$

式中，$P_1, P_2, \cdots, P_k$ 为各个结局的概率，因此恒有 $P_1 + P_2 + \cdots + P_k = 1$；这个函数当

$P_1 = P_2 = \cdots = P_k = \dfrac{1}{k}$ 时达到最大值（等于 $\log k$）。为了想象这个函数依赖于各个概率 $P_1, P_2, \cdots, P_k$ 的特征，我们来更细致地考察函数 $-P\log P$（$0<P<1$）的图形（图 1-3、图 1-4）。从图 1-4 可以看出，当 $P<0.1$ 时，$-P\log P$ 的值增长得特别迅速；所以在这个范围内，概率 P_i（其中 $i=1, 2, \cdots, k$）即使减小得很少，也将引起函数 $H(P_1, P_2, \cdots, P_k)$ 的表示式中对应的项 $P_i \log P_i$ 非常显著地减小，这可使我们得到这样的结果：对应于概率 P_i 的很小值的项 $P_i \log P_i$ 在 $H(P_1, P_2, \cdots, P_k)$ 的表示式中只有比其他项小得多的分量，计算熵的时候常常简单地不计小概率结局也不会有很大误差。反之，P 在 0.2~0.6 时函数值的变化比较平缓。所以在这个范围内，即使概率 P_i 改变得十分显著，对熵的值影响也不大。我们还指出，从函数 $-P\log P$ 的图形的连续性可得：熵 $H(a)$ 连续地依赖于实验 a 的各个结局的概率，即当这些概率改变很小时，熵的改变也很小。

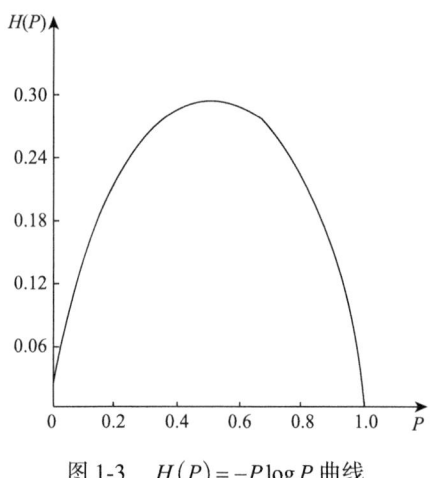

图 1-3　$H(P) = -P\log P$ 曲线

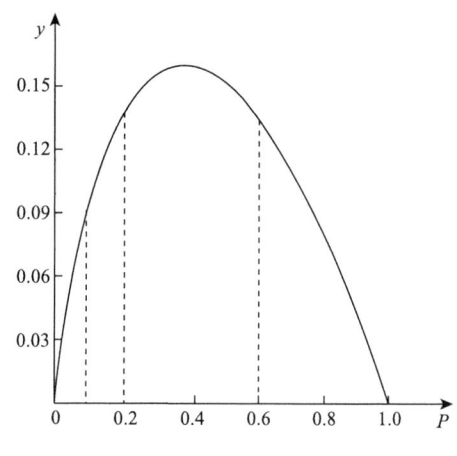

图 1-4　较大尺度的 $y = -P\log P$ 曲线

例 1-3　设有两个各装有 20 个球的箱子，第一个箱子里有 10 个白球、5 个黑球和 5 个红球，而第二个箱子里有 8 个白球、8 个黑球和 4 个红球。若从每个箱子里各取出一个球，这两个实验中哪一个的结局有较大的不确定性？

对应的实验（用 a_1 和 a_2 表示）的概率见表 1-4 和表 1-5。

表 1-4　实验 a_1 的概率

取出球的颜色	白球	黑球	红球
概率	$\dfrac{1}{2}$	$\dfrac{1}{4}$	$\dfrac{1}{4}$

表 1-5 实验 a_2 的概率

取出球的颜色	白球	黑球	红球
概率	$\frac{2}{5}$	$\frac{2}{5}$	$\frac{1}{5}$

第一个实验的熵为

$$H(a_1) = -\frac{1}{2}\log\frac{1}{2} - \frac{1}{4}\log\frac{1}{4} - \frac{1}{4}\log\frac{1}{4} \approx 0.4515 \text{（十进制单位）}$$

而第二个实验有稍大的熵

$$H(a_2) = -\frac{2}{5}\log\frac{2}{5} - \frac{2}{5}\log\frac{2}{5} - \frac{1}{5}\log\frac{1}{5} \approx 0.4581 \text{（十进制单位）}$$

所以，如果用熵来估计实验结局的不确定性程度，那么第二个实验的结局比第一个的结局较不确定。

例 1-4 设从多年观测天气的经验可知：对于某确定的地点，6 月 15 日下雨的概率等于 0.4，而在这天不下雨的概率等于 0.6，且设对于这同一地点，11 月 15 日下雨的概率等于 0.65，11 月 15 日下雪的概率等于 0.15，而 11 月 15 日雨雪全无的概率等于 0.2。假若在全部的天气特性中，我们感兴趣的只是关于雨雪的有无及其特性（在有雨雪时，还要区分是雨还是雪）的问题，那么，在我们考察的地点，所指的两个日子中，应认为哪一天的天气的不确定性较大？

根据这里对"天气"的理解，调查 6 月 15 日和 11 月 15 日天气状况的两个实验 a_1 和 a_2，分别以表 1-6 和表 1-7 的概率表为特征。

表 1-6 实验 a_1 天气概率表

实验结局	雨	没有雨雪
概率	0.4	0.6

表 1-7 实验 a_2 天气概率表

实验结局	雨	雪	没有雨雪
概率	0.65	0.15	0.2

所以这两个实验的熵各等于

$$H(a_1) = -0.4\log 0.4 - 0.6\log 0.6 \approx 0.292$$

$$H(a_2) = -0.65\log 0.65 - 0.15\log 0.15 - 0.2\log 0.2 \approx 0.385 > H(a_1)$$

因而在我们所考察的地点，应认为 11 月 15 日的天气比 6 月 15 日的天气有更大的不确定性。

当然，所得到的结果本质地依赖于怎样理解"天气"这两个字，对这两个字不给出确切的解释，我们的问题就根本没有意义。若我们所感兴趣的仅在于所考察的日子是否有雨雪，而不管究竟是雨还是雪，那么实验 a_2 的两个结局"雨"和"雪"就应该合并成一个结局。这时，用 a_2' 代替 a_2，它的熵等于

$$H(a_2') = -0.8\log 0.8 - 0.2\log 0.2 \approx 0.217 < H(a_1)$$

所以当这样理解天气时，应认为 11 月 15 日的天气比 6 月 15 日的不确定性小。而假若我们所感兴趣的不仅是雨雪，而且需要知道气温，那么解这个问题就变得更复杂，并且需要补充所考察的地点，6 月 15 日~11 月 15 日的气温分布的资料。

1928 年，哈特利（Hartley）曾建议用 $\log k$ 来描述有 k 个不同结局的实验的不确定性程度。当然哈特利确切地了解他所提出的不确定性程度的度量虽然在某些实际问题中是很方便的，但在很多情况下是不大能表征一切因素的，因为这种度量完全忽略了存在于各结局的特征之间的差别（在这里，几乎不可能的结局和几乎必然的结局有同样的值）。然而，他错误地认为个别结局之间的差别是由"心理学因素"决定的，所以应该考虑它们的只有心理学家，而无论如何也不会是工程师或数学家。香农指出了哈特利观点的错误，他提议取数量

$$H(a) = -P(A_1)\log(A_1) - P(A_2)\log(A_2) - \cdots - P(A_k)\log(A_k)$$

作为有 k 个可能结局 A_1，A_2，$\cdots$，A_k 的实验 a 的不确定性程度的度量。其中，$P(A_1)$，$P(A_2)$，$\cdots$，$P(A_k)$ 是各个结局的概率；他称这个量为"熵"。换句话说，按照香农的观点，实验 a 的结局 A_i 应有等于 $-\log P(A_i)$ 的不确定性（在均有概率 $P = \frac{1}{k}$ 的 k 个等概结局的情形，和按照哈特利的观点取数量 $\log k = -\log P$ 作为不确定性度量是一样的）。其次，取各个结局的不确定性平均值作为实验 a 的总的不确定性度量〔即分别以概率 $P(A_1)$，$P(A_2)$，$\cdots$，$P(A_k)$ 取值 $-P\log(A_1)$，$-P\log(A_2)$，$\cdots$，$-P\log(A_k)$ 的随机变量的平均值〕。根据定义，这个平均值就等于 $H(a)$。这样一来，哈特利所说的"心理学因素"在这里借助于具有纯数学（更正确地说是纯统计学）特征的概率概念而被消除了。

利用数量 $H(a)$ 作为实验 a 的不确定性的度量，对于很多目的来说都是极其方便的；本书的以下部分基本上就是揭示这种情况的。但是应该注意，香农的度量也像哈特利的度量一样，不能顾及在生活中可能遇到的任何意义上确定"实验的不确定性"的全部因素。例如，度量 $H(a)$ 只依赖于实验的不同结局的概率 $P(A_1)$，$P(A_2)$，$\cdots$，$P(A_k)$，而根本不依赖于这些结局本身怎样——它们在某种意义上彼此是否"靠近"或者离得"很远"。所以对于由表 1-8 和表 1-9 给出的概率表所描述的随机变量，或者对于两种治病的方法，第一种治病方法使得 100 个病人中有 90 人完全恢复健康，且其余 10 人病情显著好转；第二种治病方法也使 100 个病人中有 90 人完全恢复健康，但同时其余 10 人并无显著的好转，而它们的"不确定性程度"将是同样的。这种两个实验之间的本质区别应该用不同

于香农信息熵的完全另外特征来估计。

表 1-8 第一种治病方法的概率表

值	0.9	1	1.1
概率	$\frac{1}{4}$	$\frac{1}{2}$	$\frac{1}{4}$

表 1-9 第二种治病方法的概率表

值	−200	1	1 000
概率	$\frac{1}{2}$	$\frac{1}{4}$	$\frac{1}{4}$

随着熵理论在各门科学技术中的推广、应用和深入研究，熵概念在 20 世纪中叶又得到进一步的发展。1948 年，香农从全新的角度上对熵概念做了新定义。香农定义了一个对离散信息源"产生"的信息量进行度量的公式

$$H = -K \sum_{i=1}^{n} P_i \log_2 P_i$$

式中，H 就是玻尔兹曼的 H 定理中的 H，移用到此就是概率集 $P_1, \cdots, P_n$ 的熵。这里，H 的值是用二进位表示的信息的不确定程度。这样，"信息"就与熵产生了联系。香农将熵概念引进了信息论中，赋予熵广义的概念，开拓了人类知识新的应用领域。因而，熵理论从热力学领域脱颖而出，开始渗透到人类思想、文化和科学技术的各个领域，实践证明它具有重要的意义。但是，广义的熵概念的完整意义似乎尚未得到充分研究，熵理论在较新领域中应用的可能性还没有得到充分的发挥，有待于进一步的发掘。

综上所述，熵概念主要有三条思路。在热力学中，把可逆过程中物质系统中吸收的热量与热力学温度的比值看作该系统的熵增量。人们发现这个量仅是物质热力状态的函数，而与经历的热力路径无关。在统计力学中，在一定条件下，如果得知某物质系统的微观单元的运动状态共有 N 种，那么该物质系统的 $\ln N$ 就恰好与前述的热力学熵 S 成正比。其比例系数就是著名的玻尔兹曼常数 k，即

$$k = \frac{S}{\ln N}$$

第三种思路来自信息论。这里可能根本不使用热力学概念和物质分子（微观）运动的知识。信息论把熵直接理解为一个信息源发出的信号的状态的不确定程度。

例 1-5 有 I、II 和 III 三个射手，他们的射击情况见表 1-10。A 表示射中，$\overline{A}$ 表示没射中（$i =$ I、II、III）。

表 1-10 随机事件概率表

事件	A_I	$\bar{A}_I$	A_{II}	$\bar{A}_{II}$	A_{III}	$\bar{A}_{III}$
概率	0.5	0.5	0.99	0.01	0.7	0.3

显然三个射手能否射中目标的不确定性为 Ⅰ>Ⅱ>Ⅲ，它们的熵分别为

$$H_I = -0.5\log 0.5 - 0.5\log 0.5 = 0.3010$$

$$H_{II} = -0.99\log 0.99 - 0.01\log 0.01 = 0.0243$$

$$H_{III} = -0.7\log 0.7 - 0.3\log 0.3 = 0.2653$$

例 1-6 若空格和 26 个英文字母共 27 个符号是等概率出现的，接收一个信号，判断它是这 27 个符号之一的熵为

$$H_0 = \log 27 = 1.4314$$

如果考虑各字母出现的概率不等（如空格出现的可能性是 Z 出现的 200 倍），则熵值就要小得多，即不确定性减小。

下面我们分变量连续和离散两种情况来研究信息熵。

1）离散型分布的熵

熵的获得，意味着信息的丢失。一个系统有序程度越高，其熵越小，所含的信息量越大；反之，无序程度越高，熵越大，信息量越小。信息和熵是互补的，信息就是负熵。所以用来表示信息熵的公式与热力学熵公式有一区别，在信息熵公式中有负号，而热力学中没有。这一点恰恰表明，它与热力学公式所代表的方向相反，不是刻画系统无序程度，而是表示系统有序程度，表示系统获得信息后，无序状态的减少或消除，即消除不定性的大小。例如，一个实验有多种可能的结果：成功、失败、部分成功部分失败等。在未得知结果前，思想上处于一种不确定的、无序的混乱状态。当得知成功的消息后，思想上的不确定性（无序状态）也就消除了。

信息量是信息论的中心概念。信息论是量度信息的基本出发点，是把获得的信息看作用以消除不确定的东西。因此，信息数量的大小可以用被消除的不确定性的多少来表示，而随机事件不确定性的大小可以用概率分布函数来描述。

我们考虑一个随机实验 a（随机事件），设它有 n 个可能的（独立的）结局：$a_1, a_2, \cdots, a_n$，每一结局出现的概率分别是 $P_1, P_2, \cdots, P_n$，它们满足以下条件：

$$0 \leqslant P_i \leqslant 1 \ (i=1,2,\cdots,n) \ \text{及} \ \sum_{i=1}^{n} P_i = 1$$

随机事件的主要性质如下：对它们的出现与否没有完全把握，当进行和这些事件有关的多次实验时，它们的出现与否具有一定的不确定性。概率实验的这个不确定性，本质上和该实验可能结局的概率分布有关。为了量度概率实验 A 的不确定性，香农引入函数

$$H_n = H(P_1, P_2, \cdots, P_n) = -k\sum_{i=1}^{n} P_i \ln P_i \qquad (1\text{-}1)$$

作为随机实验 A 实验结果不确定性的量度，式中 k 为一个大于零的恒量，因此，$H_n \geq 0$。量 H_n 叫作信息熵或 Shannon 熵。它具有这样的意义：在实验进行之前，它是实验结果不确定性的量度；在实验完成之后，它是我们从实验中所得到的信息的量度（信息量）。事实上，在实验 A 中，如果任何一个 P_i 等于 1，而其余的都等于零，则 $H_n = 0$，因为这时我们可以对实验结果做出决定性的预言，而不存在任何不确定性；反之，如果事先对实验结果一无所知，则所有的 P_i 都相等（ $P_i = 1/n$，$i = 1, 2, \cdots, n$），这时 H_n 达到极大值

$$(H_n)_{\max} = k \ln n$$

很明显，在这一极限情况下，实验结果具有最大的不确定性。显然，由式（1-1）所定义的信息熵 H 是分布概率 P_i 的单值函数，且具有可加性，证明如下：设由两个独立事件 A 和 B 组成的复合事件 C，A 和 B 的分布概率分别为 u_i 和 u_k（$\sum u_i = 1$，$\sum u_k = 1$）。根据独立事件的概率乘法原理，复合事件 C 的概率为 $P_{ik} = u_i u_k$，所以

$$-\sum\sum P_{ik} \ln P_{ik} = -\sum u_i \ln u_i - \sum u_k \ln u_k$$

即由独立事件组成的复合事件的信息熵具有可加性。

由式（1-1）所定义的信息熵是一个独立于热力学熵的概念，但具有热力学熵的基本性质（单值性、可加性和极值性），且与热力学熵相比，信息熵具有更为广泛和普遍的意义，因此又称广义熵。

例 1-7 某个被传递的消息由 A~H 8 个英文字母（又称信源）构成，采用二进制表示，由于 $2^3 = 8$，即 $\log_2 8 = 3$，故每个字母至少需要 3 位数巧妙传递，例如

A 111，B 110，C 101，D 011，E 010，F 100，G 001，H 000

由例 1-7 可以设想，用 $\log_2 8$ 来平均地表示该消息（或称信息）中每个字母的信息量是合理的。

用概率来描述一个信息源中各个信息码（如字母、空格）出现的可能性大小，以及这些信息码组合的可能性就称为该信息源的统计结构。这种结构可以根据大量的统计结果来发现。它是由语法、内容、作者风格等因素决定的。用电子计算机可以分析出莎士比亚所用英语的统计结构特点，它体现了莎士比亚本人的风格。这种风格虽然不如他那风趣隽永的语言风格容易为人们所欣赏，然而对于我们研究语言、历史、文学和莎士比亚本人都有不可估量的价值。

齐普夫发现了一条有趣的定律：如果把单词按照出现频率的次序排列，那么词序和出现频率的对数就呈线性关系，也就是说，第 r 个词出现的概率为 $P(r) = 0.1/r$。图 1-5 给出了几个英文单词的例子。

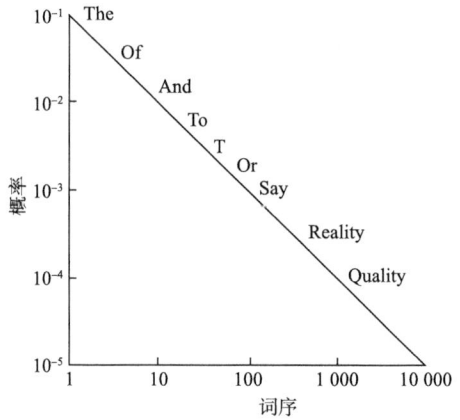

图 1-5　词信息量工序示意图

我们从一个消息中获得了一定量的信息,如何计算它信息量的大小?假设某一事件发生的概率为 P,消息告诉我们该事件已经发生了。那么,这个消息告诉我们的信息量 I 的大小应当与 P 密切相关:P 越大,获得的信息量就越小,可以用公式 $I = -\log_2 P$ 表示。图 1-6 表示信息 I 与 P 的关系。

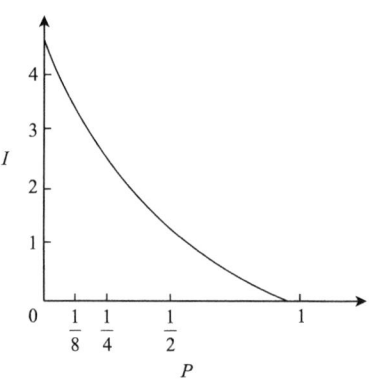

图 1-6　信息 I 与 P 的关系

如果我们事先约了一位朋友来做客,而这位朋友又很守信用,那么当我们在约定的时间听到他那熟悉的敲门声时获得的信息量并不大。相反,如果一位 10 年不见的老朋友出乎意料地走进门来,由此带来的信息量就要大得多,因为这样的老朋友在我们生活中出现的概率并不大,越是意外的消息,带给我们的信息量也就越大。

作为一种极端情形,如果 $P=1$,就是事先知道这件事确定会发生,那么告诉我们这件事的确发生了的消息所带来的信息量为 0。如果有人每天告诉你,世界上又有人诞生了,你一定会感到厌烦,因为它对你没有意义,不会给你带来任何新的信息。按照上述公式计算的结果也是如此,如果 $P=1$,则 $I = -\log_2 1 = 0$。

在更一般情况下，人们从不确定到比较确定再到完全确定，其实就是从不知道到比较知道再到完全知道，要实现这个过程，必须收集信息，信息量较多就比较确定，获得了足够的信息量，就变成完全确定。因此，很容易直观地将信息量定义为

$$I（信息量）=不确定程度的减小量$$

也就是说，人们收到一个消息后，不确定程度减小的原因是收到消息前后概率空间的概率分布改变。

为了进一步研究熵的性质和定义信息量（熵），我们引进条件熵的概念。

假设由发出信号 $x_1, x_2, \cdots, x_m$ 组成了信息源 x，其概率空间为 $P(x)=\{P(x_1), P(x_2), \cdots, P(x_m)\}$。接收信号 $y_1, y_2, \cdots, y_n$ 的集合 y 的概率空间为 $P(x|y)=\{P(x_i|y_j)|i=1,2,\cdots,m, j=1,2,\cdots,n\}$。在多数情况下，$m=n$。$P(x_i|y_j)$ 表示收到信号为 y_j 后原发送信号是 x_i 的概率。由于传输信号的信道中存在干扰和噪声等原因，y_j 与 x_i 可能相同，也可能不同，这里存在不确定性。信息源 x 的这种不确定性，用熵

$$H_{yj}(x) = -\sum_{i=1}^{n} P(x_i|y_j) \log P(x_i|y_j)$$

表示。它称为在收到信号 y_j 条件下信息源 x 的熵。其平均值

$$H_y(x) = \sum_{j=1}^{n} P(y_j) H_{yj}(x) = -\sum_{j=1}^{n} P(y_j) \sum_{i=1}^{n} P(x_i|y_j) \log P(x_i|y_j)$$

称为收到信号后信息源 x 的条件熵，或称在收到信号的条件下信息源的条件熵。有时候记为 $H(x|y)$。它具有以下重要性质：

性质 1-1 $H(xy) = H(x) + H(y|x)$。

证明：

$$H(xy) = -\sum_{i,j} P(x_i y_j) \log P(x_i y_j) = -\sum_{i,j} P(x_i) P(y_j|x_i) \left[\log P(x_i) + \log P(y_j|x_i) \right]$$

$$= -\sum_{i} P(x_i) \log P(x_i) \sum_{j} P(y_j|x_i) - \sum_{i} P(x_i) \sum_{j} P(y_j|x_i) \log P(y_j|x_i)$$

$$= H(x) + H(y|x)$$

性质 1-2 $H(x|y)$ 是非负的。当对 $j=1,2,\cdots,n$ 有 $P(y_j)>0$ 时，则当且仅当 $H(x|y_j)=0$（$j=1,2,\cdots,n$）时，$H(x|y)=0$ 成立，且 $H(y|x)=H(y)$。

该性质说明，当接收信号 y 的任何结果都使信息 x 的不确定性消除时，才有 $H(x|y)=0$，这时接收信号 y 的结果完全决定了信息 x 的结果。

性质 1-3 $H(x|y) \leqslant H(x)$。

该性质说明，收到信息 y 之后，一般对发送信息源的了解会增加，而消除了部分不确定性。只有当 y 与 x 独立时，$H(x|y) = H(x)$。这时 y 的结果无助于减少 x 的不确定性。所以，$H(x) - H(x|y)$ 为信息收到后信息源 x 不确定性的减少量，即收到信息 y 而获得了有关信息源 x 的情况，故此定义收到信息 y 里有关信息源 x 的信息量为

$$I(y|x) = H(x) - H(x|y)$$

由前述定义可知

$$H(yx) = H(xy), \quad I(xx) = H(x)$$

故

$$I(yx) = I(xy)$$

显然有

$$0 \leqslant I(xy) \leqslant H(x), \quad 0 \leqslant I(xy) \leqslant H(y)$$

当且仅当 x 与 y 独立时，$I(xy) = 0$，x 与 y 的信息不通。相反，当理想的信道中 y 的结果完全决定了 x 的结果时，$H(x|y) = 0$，故 $H(x) = I(xy)$。

信息量的单位根据对数底的不同而异，见表 1-11。对信息的度量是熵，它可以看作概率的对数的负数。获得熵就意味着丢失信息。

表 1-11 信息量的单位

对数的底	2	e	10	3
信息量的单位	Bit（比特）	Nat（奈特）	Hartley（哈特利）	Tet（铁特）
进制名称	二进制单位	自然单位	十进制单位	三进制单位

例 1-8 假设某电报系统里一类消息发送 12 个信号，其中 6 个为 M，6 个为空号 S，即 $P(M) = P(S) = \frac{1}{2}$。在传输时，使 1/6 的 M 收成空号 S，有半数的空号收成 M。求收信者收到一个消息后所获得的平均信息量。

解：根据题意，发送一个消息为 $MMMMMMSSSSSS$

收到的信息为 $MMMMMSSSSMMM$

$$P(发M) = \frac{1}{2}, P(发S) = \frac{1}{2}$$

$$P(收M|发M) = \frac{5}{6}, P(收S|发M) = \frac{1}{6}$$

$$P(收M|发S) = \frac{1}{2}, P(收S|发S) = \frac{1}{2}$$

$$P(\text{收}M) = P(\text{发}M)P(\text{收}M|\text{发}M) + P(\text{发}S)P(\text{收}M|\text{发}S) = \frac{1}{2} \times \frac{5}{6} + \frac{1}{2} \times \frac{1}{2} = \frac{2}{3}$$

$$P(\text{收}S) = P(\text{发}M)P(\text{收}S|\text{发}M) + P(\text{发}S)P(\text{收}S|\text{发}S) = 1 - P(\text{收}M) = \frac{1}{3}$$

$$P(\text{发}M|\text{收}M) = \frac{P(\text{发}M)P(\text{收}M|\text{发}M)}{P(\text{收}M)} = \frac{\frac{1}{2} \times \frac{5}{6}}{\frac{2}{3}} = \frac{5}{8}$$

$$P(\text{发}S|\text{收}M) = \frac{P(\text{发}S)P(\text{收}M|\text{发}S)}{P(\text{收}M)} = \frac{3}{8}$$

$$P(\text{发}M|\text{收}S) = \frac{P(\text{发}M)P(\text{收}S|\text{发}M)}{P(\text{收}S)} = \frac{1}{4}$$

$$P(\text{发}S|\text{收}S) = 1 - P(\text{发}M|\text{收}S) = \frac{3}{4}$$

$$H(y) = -\sum_{j=1}^{2} P(y_j) \log P(y_j) = -\frac{2}{3} \log \frac{2}{3} - \frac{1}{3} \log \frac{1}{3} = 0.2764 \text{ 哈特利}$$

$$H(y|\text{发}M) = -\sum_{j=1}^{2} P(y_i|\text{发}M) \log P(y_i|\text{发}M) = -\frac{5}{6} \log \frac{5}{6} - \frac{1}{6} \log \frac{1}{6} = 0.1957 \text{ 哈特利}$$

$$H(y|\text{发}S) = -\frac{1}{2} \log \frac{1}{2} - \frac{1}{2} \log \frac{1}{2} = 0.301 \text{ 哈特利}$$

$$H(y|x) = \frac{1}{2} \times 0.1957 + \frac{1}{2} \times 0.301 = 0.24835 \text{ 哈特利}$$

$$I(xy) = H(y) - H(y|x) = 0.02805 \text{ 哈特利}$$

$$H(x) = -\frac{1}{2} \log \frac{1}{2} - \frac{1}{2} \log \frac{1}{2} = 0.301 \text{ 哈特利}$$

$$H(x|\text{收}M) = -\frac{5}{8} \log \frac{5}{8} - \frac{3}{8} \log \frac{3}{8} = 0.2873 \text{ 哈特利}$$

$$H(x|\text{收}S) = -\frac{1}{4} \log \frac{1}{4} - \frac{3}{4} \log \frac{3}{4} = 0.2442 \text{ 哈特利}$$

$$I(yx) = H(x) - H(x|y) = 0.301 - \left(\frac{2}{3} \times 0.2873 + \frac{1}{3} \times 0.2442\right) = 0.02806 \text{ 哈特利}$$

于是验证了：

$$I(xy) = I(yx)$$

2）连续型分布的熵

设信息源 x 和 y 发送信号 x 和 y 具有连续分布的密度函数 $P(x)$ 和 $q(y)$，联合密度函数为 $f(x,y)$，则熵值：

$$H(x) = -\int_{-\infty}^{\infty} P(x) \log P(x) \mathrm{d}x$$

$$H(y) = -\int_{-\infty}^{\infty} q(x) \log P(y) \mathrm{d}y$$

分别称为信息源 x 和 y 的信息熵。它们表示其不确定性——信息量。相应的联合熵为

$$H(xy) = -\iint f(x,y) \log f(x,y) \mathrm{d}x\mathrm{d}y$$

条件熵为

$$H_x(y) = H(y|x) = -\iint f(x,y) \log \frac{f(x,y)}{P(x)} \mathrm{d}x\mathrm{d}y$$

$$H_y(x) = H(x|y) = -\iint f(x,y) \log \frac{f(x,y)}{q(y)} \mathrm{d}x\mathrm{d}y$$

它们具有如下性质：

（1）当 x 在有限集合 S 中均匀分布时的熵最大。例如，$P(x)$ 是在 $[a,b] \in R$ 上的均匀分布，此时熵达到最大值 $\log(b-a)$。

（2）对于密度函数 $P(x)$，当 $x \leqslant 0$ 时，$P(x)=0$，且均值为 a，则指数分布

$$P(x) = \frac{1}{a} \mathrm{e}^{-\frac{x}{a}}$$

达到极大熵为 $\ln a$。

（3）当一维密度函数 $P(x)$ 是方差为 σ^2 的正态分布时的熵最大，最大值为 $\ln \sqrt{2\pi\mathrm{e}}\sigma$。

显然，可以设 $P(x)$ 的数学期望值为零，且

$$\int P(x)\mathrm{d}x = 1, \quad \sigma^2 = \int x^2 P(x) \mathrm{d}x \tag{1-2}$$

要使

$$H(x) = \int P(x) \ln P(x) \mathrm{d}x$$

达到最大，由变分法可知必有

$$\int \left[-P(x) \ln P(x) + \lambda P(x) + \mu x^2 P(x) \right] \mathrm{d}x$$

达到极大。对上式求关于 $P(x)$ 的变分得

$$-1 - \ln P(x) + \lambda + \mu x^2 = 0$$

配合式（1-2）即可求出：

$$P(x) = \frac{1}{\sqrt{2\pi}\sigma} \mathrm{e}^{-\frac{x^2}{2\sigma^2}}$$

$$H(x) = \int \frac{1}{\sqrt{2\pi}\sigma} e^{-\frac{x^2}{2\sigma^2}} \left[\ln\sqrt{2\pi}\sigma + \frac{x^2}{2\sigma^2} \right] dx$$

$$= \ln\sqrt{2\pi}\sigma + \frac{1}{2} = \ln\left(\sqrt{2\pi e}\sigma\right)$$

(4) $H(xy) = H(x) + H(y|x) = H(y) + H(x|y)$

$$H(y|x) \leqslant H(y), \quad H(xy) \leqslant H(x) + H(y)$$

当且仅当 x 与 y 独立时等号成立。

1.2.2 极大熵准则

1.2.2.1 问题的提出

Jaynes 是信息论中的极大熵准则的创导者,他在该领域工作的时间从 20 世纪 50 年代跨到 80 年代,而且这一套思路和方法为社会所公认,一般称之为极大熵准则。

按照极大熵准则,人们应该挑选在一定约束下(常常是某些与随机变量有关的平均值)使得熵(或条件熵)能极大化的那种分布作为选定的分布。这个原理是由科学家 Ingardeu、Jaynes、Kullback 和 Leibler 建立的。这也是 Laplace 的著名的"充足理由律"的重要发展。

在管理决策实际中,有些随机事件不能直接计算其概率,也无法知道其频率,通常只能取得与该随机事件(或随机变量)有关的一个或几个平均值,从理论上讲,对于给定的随机变量,如何获得最为合适的一个分布呢?

在概率论中,各种概率分布函数及其性质是其重要内容,同时也会介绍这些分布适用的实际问题。但很少仔细研究为什么某些自然现象遵循或服从某种分布,中心极限定律也只从数学角度证明了正态分布的情况。难怪日本学者赤池弘次认为,统计学的课本往往被看作应用上有用方法的大杂烩。极大熵准则正好可以解决这类问题。

1.2.2.2 极大熵准则的数学模型

离散型随机变量的熵公式如下:

$$H_n = -\sum_{i=1}^{n} P_i \log P_i \tag{1-3}$$

$$\sum_{i=1}^{n} P_i = 1, \quad P_i \geqslant 0 \tag{1-4}$$

已知 H_n 达到极大值，再加上具体的约束条件，就可以求出 P_i。一般情况下，约束条件通常以变量 x 的某种函数 $f(x)$ 的平均值为已知值的形式出现，再加上必不可少的式（1-4）。

假设有 m 个约束条件（$m<n$），表示 m 个 x 的已知函数 $f_1(x)$，$f_2(x)$，…，$f_m(x)$ 都有事先确定的平均值 F_1，F_2，…，F_m，即

$$F_k = \sum_{i=1}^{n} f_k(x_i) P_i, \quad k=1,2,\cdots,m \text{ 且 } m<n \tag{1-5}$$

现在问题转化为在满足式（1-4）和式（1-5）的约束条件下，P_i 如何取值恰好使式（1-3）的熵 H_n 达到极大值，为此还可以建立如下规划问题模型：

$$(\text{MP}) \max \left(-\sum_{i=1}^{n} P_i \log P_i \right)$$

$$\text{s.t.} F_k = \sum_{i=1}^{n} f_k(x_i) P_i, \quad k=1,2,\cdots,m \text{ 且 } m<n$$

$$\sum_{i=1}^{n} P_i = 1$$

$$P_i \geqslant 0, \quad i=1,2,\cdots,n$$

求解此数学规划问题，用拉格朗日乘子法去构造一个新函数，它是 H_n 与常数 α、β_k 和 F_k 的线性关系：

$$H_n - \alpha - \beta_1 F_1 - \beta_2 F_2 - \cdots - \beta_m F_m$$

而依式（1-3）~式（1-5）有

$$H_n - \alpha - \sum_{k=1}^{m} \beta_k F_k = -\sum_{i=1}^{n} P_i \log P_i - \alpha \sum_{i=1}^{n} P_i - \sum_{k=1}^{m} \beta_k \sum_{i=1}^{n} f_k(x_i) P_i$$

$$= \sum_{i=1}^{n} P_i \left[\log \frac{1}{P_i} - \alpha - \sum_{k=1}^{m} \beta_k f_k(x_i) \right]$$

由 $x = \ln e^x$，当上式中的对数以 e 为底时，可以改写成

$$H_n - \alpha - \sum_{k=1}^{m} \beta_k F_k = \sum_{i=1}^{n} P_i \left[\ln \frac{1}{P_i} + \ln e^{-\alpha} + \sum_{k=1}^{m} \ln e^{-\beta_k f_k(x_i)} \right]$$

$$= \sum_{i=1}^{n} P_i \ln \left\{ \frac{1}{P_i} \exp \left[-\alpha - \sum_{k=1}^{m} \beta_k f_k(x_i) \right] \right\}$$

类似不等式 $\ln x \leqslant x - 1$，将

$$\ln \left\{ \frac{1}{P_i} \exp \left[-\alpha - \sum_{k=1}^{m} \beta_k f_k(x_i) \right] \right\}$$

与

$$\frac{1}{P_i}\exp\left[-\alpha-\sum_{k=1}^{m}\beta_k f_k(x_i)\right]-1$$

比较后代入原式有

$$H_n-\alpha-\sum_{k=1}^{m}\beta_k F_k \leqslant \sum_{i=1}^{n}P_i\left\{\frac{1}{P_i}\exp\left[-\alpha-\sum_{k=1}^{m}\beta_k f_k(x_i)\right]-1\right\}$$

此式可变为

$$H_n \leqslant \sum_{i=1}^{n}P_i\left\{\frac{1}{P_i}\exp\left[-\alpha-\sum_{k=1}^{m}\beta_k f_k(x_i)\right]-1\right\}+\alpha+\sum_{k=1}^{m}\beta_k f_k$$

由于 f_k 是事先给定的函数，α、β_k 是待定系数，所以上式表明 H_n 的值是 $P_i(i=1,2,\cdots,n)$ 的函数，因为 $\ln x \leqslant x-1$ 在 $x=1$ 时等式才成立，所以使上式等号成立，H_n 取极大值时，应该有

$$\frac{1}{P_i}\exp\left[-\alpha-\sum_{k=1}^{m}\beta_k f_k(x_i)\right]=1$$

$$P_i=\exp\left[-\alpha-\sum_{k=1}^{m}\beta_k f_k(x_i)\right], \quad i=1,2,\cdots,n \tag{1-6}$$

如令 P_i 恰满足式（1-6），则熵 H_n 达极大值，这样就初步找出极大熵对 P_i 的要求。余下的是求出待定常数 α、β_k（$k=1,2,\cdots,m$）。利用式（1-4）可将式（1-6）变成

$$e^{-\alpha}\sum_{i=1}^{n}\exp\left[-\beta_1 f_1(x_i)-\beta_2 f_2(x_i)-\cdots-\beta_m f_m(x_i)\right]=1$$

$$\sum_{i=1}^{n}\exp\left[-\beta_1 f_1(x_i)-\beta_2 f_2(x_i)-\cdots-\beta_m f_m(x_i)\right]=e^{\alpha}$$

$$\ln\sum_{i=1}^{n}\exp\left[-\beta_1 f_1(x_i)-\beta_2 f_2(x_i)-\cdots-\beta_m f_m(x_i)\right]=\alpha$$

$$\ln\sum_{i=1}^{n}\exp\left[-\sum_{k=1}^{m}\beta_k f_k(x_i)\right]=\alpha$$

若令

$$Z=e^{\alpha} \tag{1-7}$$

Z 在统计物理中称为配分函数，上式可写成

$$Z=\sum_{i=1}^{n}\exp\left[-\sum_{k=1}^{m}\beta_k f_k(x_i)\right] \tag{1-8}$$

将式（1-7）和式（1-8）代入式（1-6）就消去了 α，使式（1-6）变成

$$P_i=\left\{\exp\left[-\sum_{k=1}^{m}\beta_k f_k(x_i)\right]\right\}\Big/Z \tag{1-9}$$

把式（1-9）代回约束方程有

$$F_k = \sum_{i=1}^{n} \left\{ f_k(x_i) \exp\left[-\sum_{k=1}^{m} \beta_k f_k(x_i) \right] \right\} \Big/ Z, \ k=1, \ 2, \ \cdots, \ m \quad (1\text{-}10)$$

式（1-10）也可简化为

$$F_k = \frac{\partial \ln Z}{\partial \beta_k}, \ k=1, \ 2, \ \cdots, \ m \quad (1\text{-}11)$$

式中，F_k、$f_k(x_i)$ 都是已知值，因而真正的未知数是 m 个 β 值，m 个方程应当能解出 m 个 β 值，这样从原理上讲，就可以求出熵极大时的各个 P_i 值了。这时熵极大值为

$$H_{\max} = \ln Z + \sum_{k=1}^{m} \beta_k F_k \quad (1\text{-}12)$$

由此可以说，在没有历史数据时，利用极大熵准则，加上具体的约束条件，也能把未知的 P_i 求出，因此，最为关键的是约束条件的判断和选取。

如果随机变量不是离散型而是连续型，则上面各式中的 P_i 改为 $f(x)$，而求和变成积分即可。

1.2.2.3 极大熵准则的意义

极大熵准则源于统计物理学。Jaynes 指出：我们的问题是找一个概率分布，使其和我们已有的关于状态集合的（先验）信息一致，并且没有太大的误差，最直观的最容易想到的概率分布就是使熵达到最大并且满足约束条件的概率分布，因为从最小二乘法或最小距离的原理考虑，比较平坦的分布比有峰的分布满足已知的信息集合的可能性更大。

如果决策问题中有关状态集合的信息有较低的熵，那么，对于状态集合，管理决策者也应具有更多的信息。当没有任何关于状态集合的先验信息时，利用极大熵准则得到的概率分布与等概率原则得到的结果一致，因此，拉普拉斯等概率准则只是极大熵准则的特例。

Silviu 认为，虽然极大熵准则有其主观性，不过构造一个随机分布时，应当把它看成最客观的主观准则。实际上，只要承认熵是计量不确定性的最合适的标尺，就完全有权在给定约束下选择不确定性最大的那种分布作为随机变量的分布，从其含有的不确定性的角度看，这种随机分布是最为随机的分布。依照极大熵准则，就要在给定的那些约束下挑选不确定性最大的那种概率分布。

依照现代熵的观点，任何物质系统除了都受到或多或少的外部约束外，其内部总是有一定的自由，这种自由会导致系统内的各个元素处于不同的状态下。而状态的多样性、状态的丰富程度（混乱程度、复杂程度）的定量计量标尺就是熵。

而熵最大就是事物状态的丰富程度自动达到最大值，或者说事物总是在约束下争取（呈现）最大的自由权（自发达到最混乱最复杂）。换句话说，当利用极大熵原理这一数学方法时，实质上是我们承认物质系统内的熵（这可能是某些熵中的一种）自动地应当处于约束条件所允许的最大取值状态。

而上面这种提法就与解热力学问题时所利用的"热力学第二定律"是等价的。人们从不把热力学第二定律看作数学中的"估计"用的判据，而认为它是自然界的根本原理，它是物理原理而不是数学原理。很多自然现象遵守正态分布、指数分布、Γ 分布等也就易于理解了。实际上，正是这些自然现象都在受制于不同的约束的同时，还共同受制于最大熵原理。换言之，极大熵准则是很多自然现象经常遵守几种概率分布的根本原因。

等概率原则认为，如果对于状态集合中不同的状态可能出现的频率一无所知，则在考虑问题时，应当认为每个状态出现的频率或概率是等可能的。其核心是如果没有证据和理由确信一个状态比另一个状态更可能出现或更加不可能出现，则对这两个状态出现的概率的主观判断应当是等可能的。从另一个角度看，这种估计却可能是悲观的，给人信息最少的最不确定的估计。当然，这也是最为客观的最缺少信息的（无知的）估计。上面所指的一无所知，一般是指有关随机变量或者其函数的先验信息。当我们在这方面一无所知时，实际上，我们还可以从另外的途径去获取对象系统的有关信息而为我所用。例如，可以从系统的发展程度方面获取一些信息。虽然这些信息非量化，不能提供精确的数据，但在我们对分布进行估计时可做一些参考。

在系统初始阶段，系统尚不完善，对环境比较陌生，处于不正规、比较幼稚的阶段。在该阶段，可以对某些系统的随机变量按等概率原则进行估计。这就像一个对产品市场一无所知的顾客在超市选商品一样，起初每一种商品（指他想要购买的那类商品）被其选中是等概率的。

然而在系统发展进入平稳成熟阶段，由于某种原因，我们对系统在数字上毫无信息时，如果能确认系统所处的发展阶段为非初始阶段，则可以考虑应用中心极限定理认为其服从正态分布，这是因为如果不能确定哪些因素对系统起决定作用时，只好认为有许多因素共同影响系统，而且没有一个因素起主导作用。

1.2.2.4 极大熵准则的应用

极大熵准则在管理决策、分布函数的界定、分叉与混沌、频谱分析技术和气象预报等领域都有应用。本节主要介绍前两方面的应用。

数理统计中非常重要的一类统计推断就是假设检验，即根据样本的信息来判断总体分布是否具有指定的特征。例如，假设样本来自正态分布总体，检验能否有理由说它的均值为对数正态总体，以及这个假设如何做出。最常见的方法是根据收集到的样本数据做出柱状图来观察其形状，看其最接近哪类分布。这个方法当然具有很好的实用性，但也至少有两点遗憾：第一，为什么它服从这类分布；第二，在没有样本数据之前毫无判断能力。而极大熵准则完全可以弥补这些不足，在没有数据之前，完全可以根据系统和变量的特性，对随机变量的分布类型做出估计。下面提出几点做出这种估计的要点。

（1）考察随机变量的定义域（取值范围）。在某些实际问题中，随机变量取值往往为非负，这样约束条件中就有 $x \geqslant 0$，如所有到达间隔时间均为非负。另外，有些变量还存在上限。

（2）考察随机变量的均值、方差等数字特征的约束条件或性质。有些随机变量的均值虽然未知，但却可以确定其在某一具体系统中为有限确定值（不是无限大）。

（3）考察随机变量的函数的某些特征。有些随机变量的函数具有确定的数字特征，也可以作为约束条件。这时可以考虑对数正态分布、韦伯分布、Γ 分布。例如，某些传销销售量呈指数增长，则其对数函数具有确定值，我们可以考虑其分布为对数正态分布。

（4）确定随机变量是离散型还是连续型。对系统中某一问题进行讨论，以不同的视角考察问题时，所设的随机变量也不一样，离散或连续也发生变化。例如，在排队系统中，对输入流进行描述时，若以单个顾客到达间隔时间为变量，为连续型；而若以单位时间到达顾客数来描述输入流，为离散型。因此，同一问题所设的变量不同，类型不同，分布类型也不同。

（5）约束条件越少，用极大熵准则推出的分布函数中的参数也越少，分布也越简单。

利用以上五条要点可以得到相应的约束条件，将求信息概率分布函数问题化成一个有约束的最优规划问题，然后求出其分布公式。

例 1-9 考察某项目中常用专用备件的备运期 L。因为专用性，大部分配件需要去国内或国外厂家直接订货，从发出订货至货物到达这段时间称为备运期。虽然一般合同都规定了交货日期，但大部分订货总是提前或者延迟到达，因而是个随机变量。那么它是否具有规律性，服从什么分布呢？下面我们利用熵原理做具体分析。

首先设定备运期的单位为月，可以把其认为是连续型随机变量。根据实际情况，备运期一般大于半个月（紧急订货除外），因此，L 取值范围在 $[0.5, +\infty)$，而且知道其数学期望值为有限值 u，不是无限大，因为通过派人到厂家催货或协商，总可以取得一定效果。此外没有其他约束条件。我们可以假设备运期是在给定约束条件下，呈现最大的随机性，即呈现最大熵状态。设其概率密度函数为

$f(L)$，利用极大熵准则建立如下模型：

$$\max H = -\int_{0.5}^{+\infty} f(L)\ln f(L)\mathrm{d}L$$

$$\mathrm{s.t.}\, u = -\int_{0.5}^{+\infty} Lf(L)\mathrm{d}L$$

$$1 = -\int_{0.5}^{+\infty} f(L)\mathrm{d}L$$

可以得出配分系数 Z 和密度函数表达式：

$$Z = \frac{1}{\beta}\mathrm{e}^{-\beta/2}$$

$$f(L) = \beta \mathrm{e}^{-\beta(L-1/2)}$$

将其代入约束条件得到

$$\beta = \frac{1}{u - \frac{1}{2}}$$

由此得到

$$f(L) = \frac{1}{u-0.5}\mathrm{e}^{\frac{L-0.5}{u-0.5}}$$

此为指数分布的密度函数，可见 L 服从参数为 $u-0.5$ 的指数分布。此例表明，若一个变量有下限 a，且有给定的平均值 u，那么熵最大所对应的概率分布恰好是指数分布。

例 1-10 在生产物资库存控制模型中，存在以下多种随机变量，按照上面的要点和步骤，应用极大熵准则对随机变量做了分析，分析结果列于表 1-12 中。

表 1-12 库存系统中的约束条件及可能的分布函数类型

随机变量含义	约束条件	可能的分布函数类型
需求到达间隔时间 t	$t \geq 0$，稳定系统中，间隔时间为有限值，均值给定	指数分布
需求量 D	D 的均值、方差给定连续型	正态分布
备运期（订货到达期）L	$L \geq 0$，均值为有限值连续	指数
易耗品（配件）寿命	均值为给定非负连续	指数
备运期需求量 D_L	$D_L \geq 0$，D_L 为 D 和 L 乘积，且 D、L 均值为给定，因此，$\ln(D_L)$ 固定	Γ 分布

例 1-11

1. 顾客成组到达过程一的分布函数研究

假设一：顾客成组到达的排队系统（如计算机网络系统中的队列）有如下的输入流：

（1）顾客成组到达的组数服从泊松过程，平均到达率为 λ（组/s）。
（2）每组到达对应一个组的顾客数 N，已知 N 服从几何分布，即
$$P\{N=i\} = P(1-P)^{i-1}, \quad i=1,2,\cdots$$
且均值为 $m_N = 1/P$（个/组）。

用 T 表示顾客到达间隔时间，则 T 为一个随机变量，设其分布函数为 $F_T(t)$，概率密度函数为 $f_T(t)$。

每组到达的顾客数多于 1 的概率为 $1-P$，同时这也是顾客到达间隔时间为零的概率，因此

$$P\{t=0\} = F_T(0) = 1-P \tag{1-13}$$

因为成组到达率为 λ，平均组容为 $1/P$，因此，顾客到达率为 λ/P，据此，可以按照极大熵准则得出顾客到达间隔时间 T 的分布函数。

因为 $F_T(t)$ 在 $t=0$ 时等于 $1-P$ 而具有跳跃性，故密度函数可写成如下形式：

$$F_T(t) = (1-P)\delta(t) f_c(t) \tag{1-14}$$

式中

$$\delta(t) = \begin{cases} \dfrac{1}{f_c(t)}, & t=0 \\ \dfrac{1}{1-P}, & t>0 \end{cases}$$

$f_c(t)$ 表示 $f_T(t)$ 的连续部分，熵函数定义如下：

$$H = -(1-P)\ln(1-P) - \int_{0^+}^{\infty} f_T(t)\ln f_T(t)\mathrm{d}t \tag{1-15}$$

从式（1-14）可以导出

$$\int_{0^-}^{\infty} t f_T(t)\mathrm{d}t = \int_{0^+}^{\infty} t f_c(t)\mathrm{d}t = \frac{P}{\lambda} \tag{1-16}$$

归一化条件是

$$F_T(0) + \int_{0^+}^{\infty} f_c(t)\mathrm{d}t = 1$$

再利用式（1-13）可以得到

$$\int_{0^+}^{\infty} f_c(t)\mathrm{d}t = P \tag{1-17}$$

为了求 $f_c(t)$，建立极大熵模型：

$$\max H$$

$$\text{s.t.} \begin{cases} \int_{0^+}^{\infty} t f_c(t) \mathrm{d}t = P/\lambda \\ \int_{0^+}^{\infty} f_c(t) \mathrm{d}t = P \end{cases}$$

引入拉格朗日乘子 β_1 和 β_2，并建立拉格朗日函数：

$$L = -f_c(t) \ln f_c(t) + \beta_1 t f_c(t) + \beta_2 f_c(t)$$

拉格朗日方程

$$\frac{\partial L}{\partial f_c(t)} = -\ln f_c(t) - 1 + \beta_1 t + \beta_2 = 0 \quad (1\text{-}18)$$

可得

$$f_c(t) = \exp(-1 + \beta_2 + \beta_1 t) \quad (1\text{-}19)$$

联立约束方程可以求得

$$\beta_1 = -\lambda$$
$$\beta_2 = 1 + \ln \lambda P$$

把 β_1 和 β_2 代入式（1-19）得

$$f_c(t) = \lambda P \exp(-\lambda t) \quad (1\text{-}20)$$

然后，将式（1-13）、式（1-14）和式（1-20）代入分布函数公式 $F_T(t) = \int_0^t f_t(t) \mathrm{d}t$，可得

$$F_T(t) = 1 - P \exp(-\lambda t)$$

T 的均值为 $\frac{P}{\lambda}$，方差为 $\frac{P^2}{\lambda^2}\left(\frac{2}{P} - 1\right)$，$T$ 可以看作服从普通指数分布的随机变量。

到此为止，得出了批量（成组）泊松到达过程和顾客到达间隔时间为指数分布之间的等效关系。当 $P=1$ 时，$\sigma = \mu = \frac{1}{\lambda}$，等效关系简化为泊松到达过程和到达间隔时间为指数分布的等效关系。

2. 顾客成组到达过程二的分布函数研究

在离散时间情况下，假定排队系统情况如下：

（1）成组到达间隔时间分布服从均值为 $1/\lambda$（秒/组）的几何分布。

（2）每组都对应一个随机顾客数 N，N 服从几何分布

$$P\{N = i\} = P(i - P)^{i-1}, \quad i = 1, 2, \cdots$$

均值为

$$m_N = \frac{1}{P}$$

设 T 为离散型随机变量，表示顾客到达间隔时间，概率分布为

$$T_k = P\{T=k\}, \quad k=0,1,\cdots$$

用 T_k 表示这个输入过程，是怎样的呢？为了确定 T_k，仍然用极大熵准则，建立如下模型：

$$\max H = -\sum_{k=1}^{\infty} T_k \ln T_k$$

$$\text{s.t} \begin{cases} T_0 = 1-P & \text{①} \\ \sum_{k=0}^{\infty} kT_k = P/\lambda & \text{②} \\ \sum_{k=0}^{\infty} T_k = 1 & \text{③} \end{cases}$$

构造不完全的拉格朗日函数（引入拉格朗日乘子 β_1、β_2、β_3）：

$$L(T,\beta_1,\beta_2,\beta_3) = -\sum_{k=0}^{\infty} T_k \ln T_k + \beta_1(T_0+P-1) + \beta_2\left(\sum_{k=0}^{\infty} kT_k - \frac{P}{\lambda}\right) + \beta_3\left(\sum_{k=0}^{\infty} T_k - 1\right)$$

由驻点条件 $\dfrac{\partial L}{\partial T_k} = 0$ 得

$$-(\ln T_k + 1) + \beta_2 k + \beta_3 = 0, \quad k=1,2,\cdots \tag{1-21}$$

即

$$\ln T_k = \beta_2 k + \beta_3 - 1$$
$$T_k = e^{\beta_2 k + \beta_3 - 1} \tag{1-22}$$

将式（1-22）代入约束条件②得

$$e^{\beta_2+\beta_3-1} + 2e^{2\beta_2+\beta_3-1} + 3e^{3\beta_2+\beta_3-1} + \cdots = \frac{P}{\lambda}$$

$$e^{\beta_2+\beta_3-1}\left(1 + 2e^{\beta_2} + 3e^{2\beta_2} + 4e^{3\beta_2} + \cdots\right) = \frac{P}{\lambda}$$

$$e^{\beta_2+\beta_3-1}\left[\left(1+e^{\beta_2}+e^{2\beta_2}+e^{3\beta_2}+\cdots\right) + e^{\beta_2}\left(1+e^{\beta_2}+e^{2\beta_2}+\cdots\right) \right.$$
$$\left. +e^{2\beta_2}\left(1+e^{\beta_2}+e^{2\beta_2}+\cdots\right) + e^{3\beta_2}\left(1+e^{\beta_2}+e^{2\beta_2}+\cdots\right)+\cdots\right] = \frac{P}{\lambda}$$

$$e^{\beta_2+\beta_3-1}\left(1+e^{\beta_2}+e^{2\beta_2}+\cdots\right)^2 = \frac{P}{\lambda} \tag{1-23}$$

将式（1-22）代入约束条件③得

$$1-P+e^{\beta_2+\beta_3-1}+e^{2\beta_2+\beta_3-1}+\cdots=1$$

可整理为

$$e^{\beta_2+\beta_3-1}\left(1+e^{\beta_2}+\left(e^{\beta_2}\right)^2+\left(e^{\beta_2}\right)^3+\cdots\right) = P$$

由展开式
$$\frac{1}{1-x} = 1 + x + x^2 + x^3 + x^4 + \cdots$$
可得
$$e^{\beta_2+\beta_3-1}\left(1-e^{\beta_2}\right)^{-1} = P$$
$$e^{\beta_2+\beta_3-1} = P\left(1-e^{\beta_2}\right) \quad (1-24)$$

把式（1-24）代入式（1-23）并利用公式
$$\frac{1}{1-x} = 1 + x + x^2 + x^3 + x^4 + \cdots$$
得
$$P\left(1-e^{\beta_2}\right)/\left(1-e^{\beta_2}\right)^2 = \frac{P}{\lambda}$$
$$\left(1-e^{\beta_2}\right) = \lambda \quad (1-25)$$
$$e^{\beta_2} = 1 - \lambda \quad (1-26)$$

把式（1-24）和式（1-25）代入式（1-22）得
$$T_k = P\lambda(1-\lambda)^{k-1}, \quad k=1,2,\cdots \quad (1-27)$$

由此，问题的解为
$$T_k = \begin{cases} 1-P, k=0 \\ P\lambda(1-\lambda)^{k-1}, k=1,2,\cdots \end{cases}$$

因此，可以把 T_k 表示成均值为 $1/\lambda$ 的准几何分布。我们建立了复合二项输入过程和联合准几何顾客到达间隔时间分布的等效关系。特别地，当 $P=1$ 时，这个等效关系可简化为二项到达过程和复合几何到达间隔时间分布。

例 1-12 已知 A 厂对产品 b_1、b_2 和 b_3 的现库存量和过去的日平均销售量，见表 1-13。A 厂的日生产量为 300 单位。用 θ_i 和 r_i 分别表示 b_i 日平均销售量和现库存量（$i=1, 2, 3$），$P_i(\theta_i)$ 和 $P(\theta_1,\theta_2,\theta_3)$ 分别表示 b_i 当天销售量为 θ_i 和 b_1、b_2、b_3 三种产品当天销售量分别为 θ_1，θ_2，θ_3 的概率分布函数，其中
$$P(\theta_1,\theta_2,\theta_3) = P_1(\theta_1)P_2(\theta_2)P_3(\theta_3)$$

表 1-13 产品 $b_i(i=1,2,3)$ 的现库存量和日平均销售量

类别	b_1	b_2	b_3
现库存量 r_i	120	200	100
日平均销售量	60	100	20

设该问题的益损函数为损失函数 $L(x)$。当供过于求或供求相等时，$L(x)=0$，

否则 $L(x)$ 为供求之差，记

$$\delta_j(b_i) = \begin{cases} 1, i = j \\ 0, i \neq j \end{cases}$$

$$L_0(x) = \begin{cases} 0, x \leq 0 \\ x, x > 0 \end{cases}$$

损失函数

$$L(\theta, b_i) = \sum_{j=1}^{3} L_0(\theta_j - r_j - 300\delta_j(b_i)), \quad i=1,2,3$$

期望损失为

$$\overline{L(\theta, b_i)} = \sum_{\theta_1=0}^{\infty}\sum_{\theta_2=0}^{\infty}\sum_{\theta_3=0}^{\infty}\sum_{j_1=1}^{3} L_0(\theta_j - r_j - 300\delta_j(b_i)) P(\theta_1, \theta_2, \theta_3)$$

$$\overline{L(\theta, b_i)} = \sum_{j=1}^{3}\left[\sum_{\theta_j=1}^{\infty} L_0(\theta_j - r_j - 300\delta_j(b_i)) P_j(\theta_j) \prod_{\substack{t=1 \\ t \neq j}}^{3}\sum_{\theta_t=0}^{\infty} P_t(\theta_t)\right] \quad (1\text{-}28)$$

$$= \sum_{j=1}^{3}\left[\sum_{\theta_j=0}^{\infty} L_0(\theta_j - r_j - 300\delta_j(b_i)) P_j(\theta_j)\right]$$

式中，$300\delta_j(b_i)$ 表示当天生产 b_i（$i=1,2,3$）为 300 件。损失函数 L 的经济（物理）意义为，若生产供过于求或供求相等，即 $r_j + 300\delta_j(b_i) \geq \theta_j$，则 A 厂（不考虑库存损失）无损失，$L=0$；若生产供不应求，即 $r_j + 300\delta_j(b_i) < \theta_j$，则 A 厂遭受的损失值恰好等于供求的差额。

显然，r_j 与 $P_i(\theta_i)$ 无密切关系。因此，这个先验信息，用极大熵原理去求先验密度时用不上。故由这个先验信息构成的约束条件已取消。于是有如下模型：

$$\max I = \sum_{i=1}^{3} I_i = \sum_{i=1}^{3}\left[-\sum_{\theta_i=0}^{\infty} P_i(\theta_i) \ln P_i(\theta_i)\right]$$

$$\text{s.t.} \sum_{\theta_i=0}^{\infty} P_i(\theta_i) = 1, \quad i=1,2,3$$

由此模型的对称性可知，当 $\theta_1 = \theta_2 = \theta_3 = \theta$ 时，

$$P_1(\theta_1) = P_2(\theta_2) = P_3(\theta_3) = P(\theta)$$

成立。只需考虑式（1-28）给出的损失函数的期望值：

$$\overline{L(\theta, b_i)} = \sum_{\theta=0}^{\infty}\sum_{j=1}^{3} L_0(\theta_j - r_j - 300\delta_j(b_i)) P_i(\theta_j)$$

$$= \sum_{\theta=0}^{\infty}\left[L_0(\theta - r_1 - 300\delta_1(b_i)) + L_0(\theta - r_2 - 300\delta_2(b_i)) + L_0(\theta - r_3 - 300\delta_3(b_i))\right] P(\theta)$$

所以根据表1-13给出的现库存量和L的斜升性,对任何θ要选择b^*使$\overline{L(\theta,b_i)}$达到最小值,则必须$\sum_{j=1}^{3}L_0\left(\theta-r_j-300\delta_j(b_i)\right)$极小,且与$P(\theta)$无关,于是$b^*=b_3$,即最优解为应生产$b_3$。这与直觉一致。

如果得到了过去的日平均销售量的后验信息,即

$$\sum_{\theta_1=0}^{\infty}\sum_{\theta_2=0}^{\infty}\sum_{\theta_3=0}^{\infty}\theta_1 P(\theta_1,\theta_2,\theta_3)=60$$

$$\sum_{\theta_1=0}^{\infty}\sum_{\theta_2=0}^{\infty}\sum_{\theta_3=0}^{\infty}\theta_2 P(\theta_1,\theta_2,\theta_3)=100$$

$$\sum_{\theta_1=0}^{\infty}\sum_{\theta_2=0}^{\infty}\sum_{\theta_3=0}^{\infty}\theta_3 P(\theta_1,\theta_2,\theta_3)=20$$

且

$$\sum_{\theta_1=0}^{\infty}\sum_{\theta_2=0}^{\infty}\sum_{\theta_3=0}^{\infty}P(\theta_1,\theta_2,\theta_3)=1$$

目标函数为

$$\max I=-\sum_{\theta_1=0}^{\infty}\sum_{\theta_2=0}^{\infty}\sum_{\theta_3=0}^{\infty}P(\theta_1,\theta_2,\theta_3)\ln P(\theta_1,\theta_2,\theta_3)$$

使用拉格朗日乘子可解得

$$P_1(\theta_1)=\frac{1}{61}\left(\frac{60}{61}\right)^{\theta_1}$$

$$P_2(\theta_2)=\frac{1}{101}\left(\frac{100}{101}\right)^{\theta_2}$$

$$P_3(\theta_3)=\frac{1}{21}\left(\frac{20}{21}\right)^{\theta_3}$$

代入式（1-28）可得

$$\overline{L(\theta,b_i)}=\sum_{j=1}^{3}\sum_{\theta_j=0}^{\infty}L_0\left(\theta_j-r_j-300\delta_j(b_i)\right)\frac{1}{1+\overline{\theta}_j}\left(\frac{\overline{\theta}_j}{1+\overline{\theta}_j}\right)^{\theta_j}$$

对于$i=1,2,3$,上式中的$\overline{\theta}_j=60,100,20$,记

$$a_j=\frac{\overline{\theta}_j}{1+\overline{\theta}_j}$$

有

$$\overline{L(\theta,b_i)}=\sum_{j=1}^{3}(1-a_j)(b_j)^{r_j+300\delta_j(b_i)}\frac{a_j}{1+a_j}\sum_{j=1}^{3}\frac{a_j^{r_j+1+300\delta_j(b_i)}}{1-a_j}$$

将结果列于表 1-14 中。从表 1-14 中可以看出，产品 b_2 的总损失最小。

表 1-14　各种产品的期望损失

生产产品	b_1	b_2	b_3
期望损失值	13.878 69	9.097 9	21.192 37

例 1-13　有 n 个人要进入 s 个编了号的房间，指定第 i 号房间进入 n_i 人，满足 $\sum_{i=1}^{\infty} n_i = n$。问：共有多少种进入方式？讨论 n_i（$i=1,2,\cdots,s$）很大的情况。这是一个多重组合问题，答案是

$$W = \frac{n!}{\prod_{i=1}^{s}(n_i!)}$$

种。利用 n 充分大时的斯特林（Stirling）公式

$$n! = \sqrt{2\pi n}\left(\frac{n}{e}\right)^n e^{\frac{\theta}{12n}} \quad (0 < \theta < 1)$$

当 n_i 很大时，W 近似为

$$W \approx \frac{n^n}{\prod_{i=1}^{s}(n_i^{n_i}!)}$$

$$\ln W \approx -\left(\sum_{i=1}^{s} n_i \ln n_i - n \ln n\right)$$

$$\frac{\ln W}{n} \approx -\sum_{i=1}^{s} \frac{n_i}{n} \ln \frac{n_i}{n}$$

每个人进入第 i 号房间的概率 P_i 为 $\frac{n_i}{n}$，而 $\frac{\ln W}{n}$ 反映了进入方式的数目取对数后的平均值。以 P_i（$i=1,2,\cdots,s$）为概率分布的随机实验的熵定义为

$$H(P_1, P_2, \cdots, P_s) = -\sum_{i=1}^{s} P_i \ln P_i$$

不同的概率分布 $\{P_1, P_2, \cdots, P_s\}$，$H$ 不同。H 越大，表示进入方式的数目越多。若让 n 个人随机地进入 s 个房间（不指定 P_i），做随机实验的结果，最可能出现的情况必然是使 H 最大的那个分布。$P_i = n_i/n$（最大熵原理）。

用拉格朗日乘子法求极值，构造函数：

$$L = H + \lambda \sum_{i=1}^{s} P_i$$

令 $\dfrac{\partial L}{\partial P_i} = 0$，并注意到 $\sum_{i=1}^{s} P_i = 1$，则

$$P_i = \frac{1}{s}, i = 1, 2, \cdots, s$$

这就是说，当 $P_i = \dfrac{1}{s}$ 时，熵 H 最大。这即意味着，如果让 n 个人（n 很大时）随意地进入 s 个房间，那么最可能出现的结果是每个房间进入一样多人：$n_i = n/s$。因此，可以得出结论，如果对随机实验不加任何限制，则均匀分布对应的熵最大。这一规律符合力学、生物学、物理、化学等几乎一切自然现象。

对于概率分布为连续型的随机实验，若记分布密度为 $f(x)$，则熵定义为

$$H(f(x)) = -\int_{-\infty}^{\infty} f(x) \ln f(x) \mathrm{d}x$$

若 $f(x)$ 只在有限区间 $[a, b]$ 内取值，在 $[a, b]$ 以外处 $f(x) = 0$，则可以证明，当 $f(x)$ 为常数时，H 最大。这与前面所得结果"均匀分布的熵最大"的结论一致。

一个系统称为基本对称系统，是指它的状态受到许多相互独立的、均匀地小的随机因素的影响的系统。最大熵原理是说，对于任何一个基本对称系统，其状态的概率分布，应在表征这个系统状态的约束条件下，使这个分布的熵最大。例如，均匀分布是把系统状态限制在有限区间之内时使熵最大的分布，正态分布是限定状态的方差一定时的熵最大的分布，指数分布是限定系统状态非负，期望一定时的熵最大的分布，等等。

下面我们以正态分布为例证明最大熵原理。

概率论里的中心极限定理告诉我们，如果一个随机实验的结果由大量的、相互独立的随机因素造成，并且每个因素都不起突出作用，那么表示这个实验结果的随机变量将遵从正态分布。正态分布的方差是由表征各个随机因素的随机变量的方差决定的。这说明正态分布是所述的极大熵分布。下面我们对其进行证明。

可以设数学期望为零，方差为 σ^2。问题表示为，在约束条件 $\int_{-\infty}^{\infty} f(x) \mathrm{d}x = 1$，$\int_{-\infty}^{\infty} x^2 f(x) \mathrm{d}x = \sigma^2$ 下，求 $f(x)$，使 $H(f(x)) = -\int_{-\infty}^{\infty} f(x) \ln f(x) \mathrm{d}x$ 的值最大。

利用拉格朗日乘子法构造函数：

$$L(f(x)) = \int_{-\infty}^{\infty} \left[-f(x) \ln f(x) + \lambda f(x) + \mu x^2 f(x)\right] \mathrm{d}x$$

根据泛函尤拉方程，使 H 最大的 $f(x)$ 应满足

$$-1 - \ln f(x) + \lambda - \mu x^2 = 0$$

即

$$f(x) = \lambda_1 \mathrm{e}^{-\mu x^2}$$

代入约束条件可得

$$\lambda_1 = \frac{1}{\sqrt{2\pi}\sigma} \mu = \frac{1}{2\sigma^2}$$

于是

$$f(x) = \frac{1}{\sqrt{2\pi}\sigma} e^{-\frac{x^2}{2\sigma^2}}$$

此即正态分布密度函数公式。

这就证明，一个系统的状态在许多相互独立的、均匀地小的随机因素作用下，保持方差一定，则这个系统状态的概率分布是使它的熵最大的正态分布。

从分子热力学的观点来看，熵反映的是物质内部能量所处的状态。熵最大，表示内能处于稳定的最低状态。所以在不加任何限制时，由讨论对象构成的系统总是处于使熵最大的均匀分布状态，正如前述例子那样。

1.2.3 熵学及其应用

纵观熵的发展历史，人们发现，熵的任何一个方面的进展，都是始料未及的。尤其是近50年，熵的发展更为迅猛。在20世纪40年代，香农定义了信息熵，20世纪50年代为解决混沌现象的遍历理论经典问题而引入Kolmogorov熵，20世纪60年代研究拓扑动力系统而产生了拓扑熵，还有宇宙学的黑洞熵、生命科学的Schrodinger熵、模糊熵，以及我国学者张学文给出的物理场熵、顾昌耀和邱菀华为改进Bayes决策而定义的传递熵、邱菀华和魏存平将相对熵用于群决策等。熵在现代动力系统、遍历理论中扮演着重要角色，同时在自然科学、社会科学、管理科学和决策论（决策分析、多目标决策和群决策等）及气象学中的应用也日趋广泛。熵的应用几乎涉及所有研究不确定性问题的科学领域——的确是前所未有的。

随着科学技术的发展，知识经济与信息网络时代的到来，对不确定（随机）性问题的研究，提出了越来越高的要求。熵既是随机性能的理想度量，又能反映概率的灵敏度。从这个角度看，熵学有灿烂的应用前景，又是必然的了。

熵学的应用前景，可以概括成以下几个方面：

熵思想系统的微观研究是一个很有希望的领域，现今学派林立。如何在传统熵定律的前提下，寻找自然科学、社会科学的各领域中不同的熵的内涵的共性，从而得到一个统一的熵思路，是熵学的重要研究方向。它不仅具有巨大的理论意义，还将为熵学开辟广阔的应用前景。

用熵思想来勾画21世纪世界模型框架和蓝图，从地球演化过程本身、地球对熵的吸收和散发及其收支平衡问题出发，研究熵学用于大气环境规律，揭示宇宙大爆炸学说、宇宙膨胀理论、气象与环保学的新定律。

熵在生命活动中的变化情况、生命细胞的序性研究、生命起源的热力学问题等，是熵学应用的一个重要领域。

经济、金融、信息和管理决策，将是熵学应用最为重要的领域。无论是微观研究还是宏观研究，都将极具活力。在微观研究上的应用，包括网络信息论、风险学和新决策方法的创立等。宏观研究上的应用包括地球系统理论，对经济成长、技术发展、资源开发、能源利用、环境和生态平衡问题做跨学科的综合研究，以熵学为基础，构造时效法及其优化模型。

熵走进概率统计学科（应用数学）中，研究它与分布的本质联系，管理系统常见的分布函数及定理，将焕发该学科的青春。

用熵定义社会的能量，用以解释历史现象、伦理道德的自然科学基础问题，促进东西方文化交融、新文明观的建立和与生物、自然的协调，将是熵的一个十分重要的宏观应用研究领域。

应用熵理论进行组织机构设置和管理跨度设计，时效质量模型的进一步完善，以及熵在信息、决策理论（尤其是 Bayes 风险决策）中引起的革命将深入下去，熵用于数字化、互联网管理和群决策、投资风险分析的天地也愈为广阔。总之，熵学研究将被应用于管理各领域的管理决策实践中。

20 世纪中，诺贝尔经济学奖多次授予了对策论专家。1994 年获奖的 Harasanyi 和 1996 年获奖的 Mirrlees，都是因非合作均衡和不对称信息税收模型等经济领域的创新成果而获奖。这表明对策论正在广泛而深远地改变着经济学家的思维方式；管理决策以自然科学和社会科学交叉学科的身份脱颖而出，越来越重要地在高科技领域发挥着作用。1996 年，欧共体研究项目表明，纯技术 CIMS（computer integrated manufacturing systems，计算机集成制造系统）误导投资决策损失惨重，1997 年在匈牙利的布达佩斯召开了第一届国际经济物理学术会议，标志着人们又在寻找交易厅决策与同步加速器之间的联系，也许，物理学家主宰华尔街的日子又为期不远了。可以预料，21 世纪的管理、风险决策和熵学，将更广泛深入地进入自然与社会科学各领域，并加速它们的相互渗透，所向披靡。近年来，国际主流管理类期刊也刊登了百余篇熵学创新性研究成果，如 Nakagawa 等在 2014 年发表在 *Management Science* 上的成果针对约束数量相对较少但变量较多的线性和非线性离散优化决策问题，通过采用熵度量方法对隐式枚举方法进行分区，并且与改进的约束条件相结合，能够得到一种混合分区枚举解决算法，可以比商业化的计算软件效率高一个数量级。Maglaras 等在 2015 年发表在 *Production and Operations Management* 上的成果通过极大熵原理，提出了一种基于极大熵分布的处理数据驱动的需求估计程序，并将其应用于由航空公司的随机容量控制问题。

第 2 章　管理决策熵学

2.1　管理决策中的熵思想

1850 年德国物理学家 Clausius 提出熵的概念并于 1865 年将熵思想引入热力学中，由于其具有超强的适用性，在各个学科中都得到很好的应用。在热力学中，熵是热力学第二定律的基础，熵值是判断系统是否达到热力学平衡状态的重要依据；在统计物理学中，熵则起到了一种桥梁的作用，在信息论中，熵被称作"香农信息熵"，逐步发展成为现代信息论的基础，熵值越高代表信号源发出的无效信息越多。Einstein 则认为熵理论对于整个科学界具有非常重要的作用。因此，作为复杂系统理论的一个重要方法，熵理论逐渐划分为社会熵、经济熵、状态熵、演化熵、模糊熵、引力熵、黑洞熵等。

熵理论思想被应用到管理科学决策中时称为"管理熵"，管理熵是指任何一种管理的组织、制度、政策方法等，在相对封闭的组织运动过程中，总呈现出有效能量逐渐减少、无效能量不断增加的一个不可逆的过程，这也就是组织结构中的管理效率递减规律。狭义的管理熵指应用到企业管理系统中的管理熵，广义的管理熵则是指应用到整个社会体系和自然体系的管理熵。任佩瑜于 1998 年将熵思想引入国内管理科学中。宋华岭认为：管理熵理论应用于整个社会领域，并且对可持续发展理论有所发展。本章试图从科学哲理和自然法则两个维度将熵思想表述出来，并简单介绍熵思想在实践当中的应用。

2.1.1　熵思想及其内涵

2.1.1.1　熵思想研究的必要性

管理决策理论是决策理论学派提出的"管理就是决策"理论，该理论的特点是把决策作为管理中心，认为一切管理活动都应以决策为中心，其中，确定目标、制订计划及选定方案是经营目标及计划决策；组织机构设计、权限分配是组织决策；计划执行情况的检查、控制手段的选择是控制决策。该学派以曾经荣获诺贝尔经济学奖的赫伯特西蒙为代表，充分将系统理论、运筹学及计算机科学综合运用于管理决策问题，形成了一门有关决策过程、准则、类型及方法的较完整的理论体系。

毋庸置疑，熵被广泛地运用于各学科领域，对于其他工具来讲，有着不可比拟的优势，如线性测量系统的熵描述。同时，熵增和熵减理论将熵的概念又进一步延伸，熵越高的系统就越难精确描述其微观状态，学者们统称与熵相关的规律和原则为熵理论（熵原理），熵理论在实践中对事物及其发展有着其独特的观点和看法，用其特殊的角度帮助人类进行推测、评价并进行指导，这些认识世界和事物的看法称为熵思想。

熵物理本质包括微观和宏观方面，微观方面：熵是系统中微观粒子热运动引起的无序性程度的测度，强调混乱、无序及不可逆性；宏观方面：熵代表了系统接近平衡态的程度，系统平衡性越强，熵值也就越大。经过一百多年的发展后，熵思想已经脱离了狭义的物理范畴，熵概念、公式、定律都有了不同程度的改变，尤其是熵值的计算公式。对于大多数理工科学生或者有理工科背景的学生来讲，熵并不是一个新鲜的名词，在物理、热力学和信息论等课程中都有所涉猎，但熵思想在大多数人眼中仍是一个非常神秘的概念，看不见也摸不到，这主要有以下几个方面原因：

（1）任何一种科学理论，均是经过严谨的论证和科学的实践，理论的每一次蜕变，都是科学理论量和质的改变，每一次在新学科中的应用，都将吸引越来越多的人参与，这是理论对于专家、学者的独特吸引力，亦是理论的魅力所在。

（2）熵理论在学科中的应用常常会出人意料，起到不俗的效果，如熵增原理、热寂说、麦克斯韦妖、玻尔兹曼质疑、宇宙大爆炸理论等。

（3）物理学之外的学科，尤其是管理领域，在研究时会受到一些本学科领域的知识阻力和困惑。

（4）熵理论的作用范围较广，学科之间界限模糊，因此在应用范围和应用领域都不甚明确，一些人在学习过程中一知半解，对熵理论的应用条件和适用范围理解模糊，这些可能导致人们对熵的误解。

因此，对熵思想体系做系统的研究和探讨是十分有必要的。

2.1.1.2 熵思想的主要内涵

经过反复归纳和整理，一般认为熵思想主要包括以下内涵。

1) 熵是时间之矢

爱丁顿称"熵是时间之矢",这主要包括四层含义:①时间以单一方向流动,从过去走向未来;②否定了机械世界观静止观点的表现;③将可逆过程和不可逆过程分开,揭示出不可逆性客观存在;④熵具有科学方法论的含义。

2) 熵是进化的指示器

(1) 进化在熵产生中显示出来,即使是在开放系统中,系统进化在熵产生和熵流的相互作用中显示出来。

(2) 外部环境中的负熵流与系统内部有序的结合,吸取负熵流抵消熵产生,促使系统进化的发展。

(3) 熵无须外界指令,能够自动调节系统的组织和结构,由混沌→有序→新无序→新混沌→新有序循环前进。

3) 熵是科学催化剂

与其他学科相比,熵与不同学科领域之间的联系更为紧密,且这种紧密度越来越强。从熵概念诞生以来,熵渗透到各个学科领域,如薛定谔将熵代入生物学,以物理学的方法分析生命的本质;香农将熵代入信息通信领域;普里高津从非平衡系统的熵出发,将自然、人文和社会科学融为一体;歌莫哥诺等将熵引入数字领域;霍德华将熵引入哲学、心理学、经济学、社会学和西方文化领域……

熵已经不拘泥于单个学科领域,熵理念和熵思想具有普适性,各类学科相互交叉、相互渗透,使熵和其他学科的结合有了可能,加上熵自身的优势特性,在和不同学科交锋和矛盾中占据上风的地位。

4) 熵是系统的状态函数

熵是系统的状态函数,随着系统状态的变化而不断变化,熵值大小的变化标志着系统发展的阶段和层次,状态没有发生变化,熵值也就未发生变化。

熵是系统状态的丰富程度和复杂程度的统称,任何事物在发展过程中都会不断发生变化,且这种变化的混乱程度会逐渐加剧,系统的活力越大,负熵值越高,当系统中的主体散乱分布在系统中时,则表明系统处于高熵状态,如果系统中的主体整齐分布时,表明系统处于低熵状态。在无外力情况下,系统状态自发的变化一定是从整齐到散乱,而从散乱到整齐必须借助外力,通过有意识的活动进行专门的努力。

5) 事物在发展过程中总是具有一种自由的倾向

自由是能够按照自己的意志进行的行为,事物在无意识状态下总是朝着自由散漫的方向发展,这符合热力学第二定律:一切自然过程总是沿着分子热运动的无序性增大的方向进行。例如,明星担任州长的加利福尼亚州,竟然在明星州长任上经济衰退,让人不可思议,要知道加利福尼亚州可是相当有钱的,好莱坞、硅谷都在加利福尼亚州，它是美国经济最发达的州、百万富翁家庭最多的州、拥有国家公园最多的州……然而，除了受到经济危机的影响，加利福尼亚州过度的自由却让它困难重重，税收困难，因为民众希望低税，基础设施建设困难，因为民众不喜欢自己的私人领地被公共设施占用……因为基站较少，加利福尼亚州的电话信号经常不好。

6）熵≠能量

熵在系统运行过程中用来衡量能量价值，科学定律之最的"熵定律"告诉我们，在一个封闭的系统里，能量总是从高的地方流向低的地方，系统从有序渐渐变成无序，系统的熵最终将达到最大值。熵是无序的混乱程度，熵增就是世界上一切事物发展的自然倾向，都是从井然有序走向混乱无序，最终灭亡，这在经典力学上的寓意更容易理解，即世界上没有永动机，最终会走向平衡静止，即熵死。

在不可逆过程中，系统的熵越大，距离终极状态（不可挽回的结局）越近，熵越小，距离终极状态也越远。通常情况下，人们总是希望自己系统中的熵越小越好，而对手的熵越大越好。

人类在生活过程中需要能量，不断向人类系统内部输入能量也会引起系统熵的增加。人类也可以被分成低熵和高熵两类。高速、高能的人是高熵人，这些人想要做的事情太多，把越来越多的事物塞进越来越不够用的时间里，他们生活在快速车道中，结果，快速、高熵的生活方式开始对人的健康造成损害。这种损害可能是溃疡、突发心脏病、精神崩溃等疾病。医生劝这些人放慢生活节奏，降低生活熵值，以低速、低能的方式生活。热力学告诉我们，对某一系统进行增能的方式是加热，加热会使分子运动加快，从而达到系统增熵的目的。在热力系统中，一个较冷的系统比一个较热的系统更有序。一般认为激昂、兴奋的局面就是混乱、危险的开始。热是度量一个系统内部无序和能量的量。因此，在人类的经济活动中，过热经济，即经济整体处于热的状态。当任何一个系统发生过热而失去控制时，我们就用"冻结"来表示为使其进入有序状态而采取的一项措施。

7）影响熵值测度的因素

熵是信息不确定性的一个测度，熵越大则表示信息的不确定程度越高。值大小的确定和测度是了解系统状况的关键。简单来讲，系统不确定性越大，熵值也越大，系统也就越无序，反之，系统不确定性越小，熵值也就越小。基于以上考虑，本章认为以下几部分因素可能会影响熵值测度。

（1）熵随温度升高而增大。在其他因素固定的条件下，温度升高，热力学能增加，因而粒子可占据的能级数也将增多，从而使得可到达的微观状态数变大，故熵值应增大。

（2）熵随体积增大而增大。体积增大，粒子的能级及能级间距变小，从而粒子可占据的量子态增多，即可达到的微观状态数变大，故熵值增大。

（3）同种物质聚集状态不同，其熵值也不同。气体熵值最大，固体熵值最小，而液体熵值居中。固体中的粒子不做平动，主要是振动与电子运动，因而熵值较小。固体变为液体主要增加的是转动熵，而液体变为气体主要增加的是平动熵，由于平动熵较大，所以气体的熵值比液体及固体的都大得较多。

（4）相同原子组成的分子所含原子数目越多，其熵就越大。分子中的电子数、原子核数越多，则分子越大越复杂，该物质的熵就越大。但是也要注意分子的对称性，分子对称性高者，该物质的熵就小。熵的微观实质对于定性的理解或判断一些问题具有很大的指导意义。

（5）组成元素越多，熵值也随之增大。组成元素的多少（系统的规模性）影响系统的熵值，组成元素越多，规模性越大，熵值也随之变大。

（6）系统内元素关系越多，熵值也越大。元素种类及元素间的关系也影响系统的熵值，系统元素间的关系越多、越复杂，熵值也就越大。

（7）系统内有用信息越多，系统熵值随之减少。系统内所拥有的有用信息量（系统的确定程度）越多，系统熵值也就越少。

8）熵的开放性与封闭性

熵增原理告诉我们，一个孤立系统，熵的总量只会增加，不会减少，系统会不断趋于无序，熵增指出了孤立系统的演化方向，阐释了封闭系统不可能自动变得有序。

孤立系统中的熵会不断增加，但是在地球等系统中，系统并不是孤立的死寂状态，而是低熵有序状态，这表明地球系统具有开放性，地球开放性源于太阳源源不断地给地球输送能量，要让一个系统变得有序，需要系统开放，让外界能与系统进行物质和能量交换。

但是一旦孤立系统不存在，熵增原理也不再成立，熵的科学研究具有自律性，既坚实了自己的地盘，又打开了后人继续前进的空间，由于在真实世界里，严格意义上的孤立系统并不存在，只是存在于抽象的理论处理，开放系统则是普遍的、自然的、有序的。

在实际研究过程中，传统的科学研究方法在开放系统中会失灵，因为稳定的东西才可以被测量，只有不受干扰的两者关系才可以发现相互影响，并由此才可以把多组不受干扰的两者关系叠加起来，构成明确的复合关系。因此，只有在开放系统中不断改进熵理论的使用范围，保持熵思想开放性，人在观点的放弃和吸纳中，维持思想低熵灵动的飘逸之态，永葆创新精神。

9）宜疏不宜堵

借用我国古代劳动人民治水的经验：宜疏不宜堵。疏即疏导，使淤塞的水流或阻塞的道路畅通；堵就是迎面拦截。这也可以很好地体现熵思想的内涵。这个思想主要是针对灾难性事物和不利因素而言的。疏导就是释放水（不利事物或对手）的势能，从而增加洪水（不利事物或对手）的熵。堵正好相反，聚集了水（不利事物或对手）的势能，降低了水（不利事物或对手）的熵，增加了灾难发生的潜在危险。对于对策或竞争性问题，增加对手的熵，就是降低自己的熵。我国古代兵书《三十六计》中有共敌不如分敌，敌阳不如敌阴；治兵如治水，锐者避其锋，如导流；弱者塞其虚，故筑堰；困敌之势，不以战；损刚益柔。在敌方处于低熵状态时，不硬碰硬围而攻之，因为敌方具有"一鼓作气，再而衰，三而竭"的特点，而我方应想方设法让其能量（优势）释放，使其熵增加，使敌人处于困难局势，因疲惫而削弱衰竭，而己方由劣势转化为优势，再乘虚歼之。宜疏不宜堵，或疏堵结合，可以应用在许多场合（如水、火等灾害），即使在教育、体育、文化和市场竞争中也大有用武之地。

也有学者认为，要疏也要堵，否则当疏不堵，会发生熵无限增大，系统散乱等问题。故有人提出熵思想对开放或封闭系统都有局限性，很多问题需要研究和探讨。

10）熵是现代文明的基石——人与自然的协调发展

几十年来，人口、粮食、生态环境、资源、能源及核灾难等全球性问题，越来越困扰着人类的文明进步。但这并不意味着发展的终极，而是已发展到需要实行全球性管理时代。人类应当与自然和环境协调发展，而不是与自然斗争，向自然索取和征服自然。这是现代文明继续发展的基石，是熵理论所告诫人们的。我国古代朴素的唯物主义中的"天人合一"就是这个道理。

11）信息离不开人

根据 Shannon 熵原理，信息的输入可以减熵，而人是信息的创造者和载体，所以尊重知识和人才是降熵所要求的。

12）信息不增值原理

对变量做任何变换都不能使信息增值。这是说无论对变量做任何逻辑的、数学的处理，它所带来的关于另一变量的信息量至多是不减少，而不可能增多。这说明，在自然界，使质量、能量和信息增值的办法、机构和机器是不存在的。

2.1.2 企业经营管理中的熵思想

上一节中讲述的是熵思想内涵及熵思想在研究中的必要性和客观规律，本小节以生产企业为例，将抽象的信息直观化。

1. 产品定位

将企业看作系统,从熵思想的角度来描述企业生产经营情况,必然是熵值越低系统情况越好。企业系统作为社会经济发展系统的一部分,为社会提供更好的产品和劳务以满足社会物质文化的需要,在系统内部,企业产品是系统的产出,要想完成企业的最终盈利目标,实现企业的可持续发展,最基本的要求就在于产品是否对社会来说是减熵的,是否能促进社会的发展和人类的进步,应同时满足以下几点:①充分利用可再生资源原则;②要求用较少原料和能源来达到既定经济目的;③产品被多次重复利用;④对社会有贡献;⑤对人类安全无公害。

在现实生活中,各行业企业发展水平参差不齐,企业产品质量不一,假冒伪劣产品层出不穷。增熵产品主要包括两大类:

一类是不可避免的增熵产品,这类产品与人类衣食住行密切相关,能源行业诸如煤炭、石油、天然气开采等均属于增熵产品;

另一类是可避免的增熵产品,如白色塑料袋,在加工产品过程中产生大量污染,然而这些都是可以避免的。

在生态环境备受关注的当代,企业要想自己的产品在市场上畅销,首先要有长远的意识,企业产品定位于减熵是大势所趋。

2. 新产品开发的超前性

企业未来的命运取决于企业长期的产品开发战略目标,产品创新、开发新产品是企业永葆长青的不竭动力,因此必须高度重视并制定好新产品开发规划,正确地进行新产品开发决策是企业决策者普遍关注的话题。

(1)熵理论认为,如果无外力作用,系统中的混乱程度一定有增无减,能量消耗越大,就会产生越来越多的熵。同样,如果产品无创新,终将被历史所淘汰。因此,不断推陈出新,迎合甚至引领时代潮流,想顾客之所想,解顾客之所需,才是企业生存之道。

(2)在新产品开发过程中,要结合实际,注重把握产品创新的超前性,把握产品投放,领先其他同类产品半步。例如企业一次性把创新产品投放到市场,根据追赶效应,其他企业产品很快将与新产品相似,从熵的角度来讲,属于高熵,不利于企业的进一步发展。

(3)熵对企业创新的指导作用。企业通过自身的建设,如技术的引入、新的有效市场、政策、组织层级和功能结构、企业制度、领导方式等的引入,改变企业的系统状态,形成自组织的管理耗散结构,并推动企业的可持续发展,从一定意义上来讲,企业进行创新就是在企业系统中引入负熵。

3. 企业创新管理机制

企业产品创新离不开良好的创新管理机制,当企业高度集权时,企业系统内部人与人之间的冲突减少,该企业系统处在或接近平衡状态,此时企业的熵值较高,缺乏活力,创造性较差。因此,企业创新管理机制建立必不可少,既要"允许冲突,整合差异",又要建立考核监督机制。

4. 企业的熵设计

人类的每一次进化,都包含了很多人的不懈努力与发明创造。每一次革命,都克服了熵的向下规律。因此,没有创新就没有人类发展,同样,没有创新,就没有企业的发展。

(1) 企业同样具有生命周期:初创期、发展期、成熟期与衰败期,由于熵增现象,企业总是趋向于效率下降、能力丧失、远离市场、结构无效。所以,企业只有将自身打造成一个开放系统,有外界能量输入,且能够在企业内部催生变革力量的耗散结构,找到和驱动那些熵减的因素和行为,才能保证企业的生存和发展。

(2) 企业的熵减现象同样存在,企业创新管理机制、企业人才培养及企业文化都是熵减因素。从广义上来讲,规范流程是企业文化的一部分,所以应该是熵减因素;但如果规范流程不再是驱动企业创新变革,而是导致企业固化僵化,则就不能称之为熵减因素,而应是熵增因素。

(3) 系统规模越大,其可能达到的最大熵也越大,在达到功能的前提下,应尽量减小系统规模。作为企业,应精兵简政,特别机构设置要尽量精简。

(4) 企业中的职工要责、权、利分明,特别是职责清楚,凡事都要有明确的责任人,杜绝扯皮、推诿现象。作为企业职工,应该明确自己应负责的工作范围,以及工作的完成情况的衡量标准等。

(5) 企业掌握和拥有的信息越多,熵就越小。在企业设计中,应有完备、畅通、快捷的信息获取渠道,如产品市场信息、原材料和设备的市场信息、内部各种信息的流通和交换等。要达到这些,除了设立专职信息员外,还要有完整的管理基础工作、先进的管理信息系统,这是现代低熵企业应具备的基本素质。

(6) 目标不同,熵值也不尽相同,因此,在系统设计中,要结合企业的类型和目标区别对待,如军工企业、国营垄断企业、国有企业、民营企业,其目标各有偏重,在系统设计时要分别考虑。

(7) 大到社会系统,小到企业组织,若无约束地顺其自然发展,必然向最混乱(最大熵)的方向发展,因此,无论社会还是企业,达到理想境界的手段是要加以有效的约束,即在社会和企业中,加强思想政治教育工作的同时,奖惩与法制也需要加强。

职工培训及加强操作规程和劳动纪律，是低熵的要求（熵是系统不确定性的度量）。根据最大熵原理，对于非常整洁的房间，过一段时间就必须重新整理一下才能恢复到整洁状态，即从整齐到凌乱是自发的过程，而从凌乱到整洁需要外部做功。这个原理启发我们，一个企业在发展过程中也需要像整理房间一样，进行定期整顿。例如，职工知识、技能的老化和退化，需要对其进行定期的培训，还要定期进行有关操作规程劳动纪律方面的教育、宣传活动。这就像机器定期检修一样。只有这样，企业的全体职工才能井然有序地在各自的岗位上工作。

（8）自然界的运动害怕拉平，拉平就是无差别、无优势。没有势能，物体就不会下落；没有温差，就没有热传导。无差别就是无优势、无能力。人工系统也害怕拉平，无个性和平均主义。企业的职工各有特点，专长不同，领导除了在奖惩标准上对下级一视同仁外，在工作上，应该根据每个人的个性、特长，尽量做到人尽其才。同时，避免分配上的大锅饭、平均主义，因为大锅饭是一种典型的高熵分配方式。

（9）努力追求低熵境界——默契。人们往往谈到机关工作效率低下、人浮于事、相互扯皮，这些现象的背后都有职责不清、工作界限模糊的根源，也就是系统组元具有很大的不确定性，或者说信息量不够。与此相反，如果小组或企业内各成员不但明确自己应该干什么，而且清楚应该怎么干，那么系统就是完全确定的。这样运行起来的系统就可以达到一种低熵的境界——默契。要达到这种境界是不容易的，但应该是企业提倡和追求的目标。

2.1.3 由世界发展模型到经济熵模型

1. 世界经济熵模型的开发与连接

社会的发展日新月异，随着航空和信息技术的发展，世界经济一体化日趋明显，人与人之间的距离被拉近，特别是许多全球性的问题，表现更加突出，使得经济学家、政治学和科学家都以全球发展的眼光来看问题。

20世纪80年代前期，一些发达国家开始进行世界经济模型的设计和开发，借以预测各国经济发展的趋势。其中，日本创价大学名誉教授大西昭先生于1982年完成的世界宏观经济模型具有一定的代表性。该模型的视角是立足日本，去看世界各国。普遍认为，世界宏观经济模型的覆盖面大，优点明显，结构合理，软件系统有效，使用该模型进行中长期预测和政策模拟，结果是令人满意的。

20世纪80年代后期，由诺贝尔经济学奖获得者、世界著名计量经济学家克莱因主持的世界经济模型连接计划不断扩大，每年召开预测会议，预测准确性不断提高，受到各界的普遍重视。克莱因的模型立足全球，观察各国，全球的整体变动成为研究的主体。

20世纪90年代前夕，在北京举行了首届大世界系统决策模型国际学术交流会。与会学者提出了大世界系统决策模型研究课题，目的在于为国际社会和有关国家面对全球问题做出顾全人类利益的理智抉择提供最佳决策模型，为世界社会的相互沟通、理解、协调、合作和共同发展提供理论模式和科学方案。

以上几个世界模型各有特点和其用途。前两种为经济模型，以经济因素如国民生产总值、通货膨胀率、进出口贸易等为主要构成；后一种增加了人文因素，如政治、思想、文化、教育等当今和传统的观念和习惯势力构成。

2. 建立世界能源经济熵模型的必要性

能源是世界上不可或缺的资源，目前世界上的能源以化石能源为主，据 Energy Information Administration 统计，2018年能源年消耗量约为166亿吨标准煤，其中石油、天然气、煤等化石能源占到了81%，大部分电力也是依赖化石能源生产的，核能、太阳能、水力、风力、波浪能、潮汐能、地热等能源仅占19%。在现有技术条件下，新能源的利用和开发尚未被人类广泛大量利用，为避免出现传统能源和新能源青黄不接的局面，政府、学术界都在致力于解决能源问题。熵理论的优势在于能以能量角度分析历史，中世纪木材使用占据主流，此时为低熵状态，木材匮乏后，为高熵状态，开始使用煤炭代替木材，此时又转变为低熵。

随着人类科技水平的提高，人类应该更主动地去主宰自己的社会进程，其中最主要的是从全球角度去对目前作为主要能源但却非常有限的化工燃料的开发利用做出规划，使人们在有能力大规模开发并利用的新能源形式出现之前不致发生大的能源危机，从而避免人类发生大的灾难（饥荒、战争），避免出现能源断层。

从熵理论出发进行分析，可以说当今社会是建立在消耗积蓄性燃料（化工燃料、非再生性燃料）基础上的，而社会要逐渐过渡到以流性燃料（太阳能流、再生性燃料）为基础的新文明社会，人类和自然将会协调发展，而非征服和驾驭。

1969年第一次为经济科学设立诺贝尔奖，两位欧洲经济学家因为使经济学有了数学的准确性，并给了它一定的结构，从而使定量分析和对各种假设的数学证明成了可能而分享了第一个诺贝尔经济学奖。此举反映并认可了亚当·斯密发表《国富论》以来，特别是第二次世界大战以后许多资产阶级经济学家所奉行的一种经济观，一种崇尚数据、图表、定量分析和数学分析的经济观。这种经济观与机械论世界观有着密切的联系，是一种只注重收支平衡、产值和国民生产总值的经济观。任何能够带来增长的行为都是经济的，因而必须加以鼓励。产值、速度和国民生产总值的增长必然就代表着社会财富和福利的增长吗？许多经济学家不能认可，因为产值、速度和国民生产总值这些指标有时是通过对自然资源的大规模破坏来实现的。因而有的经济学家把国民生产总值讽刺为国民污染总值,尽管这种说法未免有些夸张。然而经济的增长在某些场合会减少社会财富和福利却是事实,世界渔业生产面临的困境就是一个例子。国家的发展,绝非几个经济指标的增长而已,它应该包括整个社会结构的现代化,政治机构、教育体系、卫生系统、分配体制的变革,也包括了社会成员的现代化。经济在考虑需求和供给时绝不能抛开供给的有限性和熵增加的事实。

利用熵理论的观点和方法建立未来社会的经济模型与发展模型,是社会发展和人类进步的需要,它们应遵循客观规律的需要。

3. 建立世界经济熵模型应遵循的原则

世界经济熵模型关系重大,基于熵理论,从世界宏观视角出发,建立世界经济熵模型应遵循以下原则。

(1)人类社会的文明进步程度以熵来衡量,熵作为一种状态函数,可以和社会文明程度建立对应关系,世界经济模型应该是推动人类文明进程的;

(2)彻底改变以高能耗带来的高消费作为经济发展目标的观念;

(3)建立降熵约束;

(4)增加新能源开发约束;

(5)建立化工燃料的开发规划模型;

(6)用熵理论探讨世界经济危机和通货膨胀问题;

(7)重新定义效率,热力学衡量生产效率强调的是单位产量产生的熵,而不是速度。因此,1W 的太阳能和 1W 用煤发的电并不是等价的;

(8)重新认识手工作业与大机器间的关系。

4. 建立世界经济熵模型应解决的问题

作为新模型,至少应该在以下几个方面有所作为:①化工能源的开采规划;②水力、核能及太阳能预测;③能源需求预测;④正常的通货膨胀率;⑤正常的失业率;⑥对以化工燃料为动力的工业做出限制和规划,如汽车向电车或太阳能电池车的过渡。

5. 实现世界经济低熵运行的主要措施

以熵作为思想武器,把握工作和生活中的事物客观规律,在结合熵应用中的成功案例的基础上,形成企业管理中低熵思想的依据。

(1)增强环保意识,合理配置环境资源,重视绿色技术创新,促进环境与技术的协调发展,为实现经济绿色经济增长打下坚实的基础。

(2)企业在生存和发展过程中应当注重中长期规划,在经营战略上取得优势(产品定位、新产品开发、广告策略)是企业系统的降熵措施之一。

（3）要大力加强人力资源开发，人才是企业降熵的主要动力，人才匮乏，一切都无从谈起。

（4）企业内部要建立既严格而又充满活力的规章制度和具有自我特色的企业文化，以满足职员物质文化生活以及自身精神能量的提升。

（5）培育低熵观念、使用低熵技术、营造低熵社会环境，摒弃"物质崇拜"、"实利主义"与"技术救世主义"的价值观，实现经济的可持续发展。

2.2 决策风险分析

2.2.1 熵权

2.2.1.1 熵权的概念

无论是项目评估还是多目标决策，人们常常要考虑每个评价指标（或各目标、属性）的相对重要程度。表示重要程度最直接和简便的方法是给各指标赋予权重（权系数）。

根据熵思想，根据人们在决策中所提供信息质量和数量的程度，熵可为多指标综合评价提供依据，是决策的精度和可靠性大小的决定因素之一，当应用于不同决策过程的评价或案例的效果评价时是一个很理想的尺度。

例如，决策者面对 10 个有效选择，由于某些原因欲从中选出满意选择，则该问题的不确定程度为 ln10=2.3，即该决策问题缺乏 2.3 个单位的信息量。当第一位决策分析人员提出一种方法时，他可以确定 10 个方案中哪个是最满意的；这样，第一位决策分析人员提供的信息量为 ln10=2.3 个单位，当第二位决策分析人员提供另一种方法时，把 10 个有效解减少到 4 个。使问题的不确定程度减少到 ln4=1.386 个单位，则第二位决策分析人员提供的信息量为 ln10−ln4=0.916 个单位。第二种决策方法较之第一种更好一些。这里是用熵来度量信息量的多少。

同样用熵还可以度量获取的数据所提供的有用信息量。

现在我们考虑一个评估问题，设有 m 个评估指标，n 个评价对象（方案），按照定性与定量相结合的原则取得多对象关于多指标的评价矩阵：

$$\boldsymbol{R} = \left(r_{ij}\right)_{m \times n} = \begin{bmatrix} r_{11} & r_{12} & \cdots & r_{1m} \\ r_{21} & r_{22} & \cdots & r_{2m} \\ \vdots & \vdots & & \vdots \\ r_{m1} & r_{m2} & \cdots & r_{mn} \end{bmatrix}$$

对评价矩阵 R 做标准化处理，之后得到 $R' = (r'_{ij})_{m \times n}$

对于不同的指标，标准化处理公式不尽相同，对于正向指标和对于负向指标，可选用不同的公式：

$$r'_{ij} = \frac{r_{ij} - \min(r_{ij})}{\max(r_{ij}) - \min(r_{ij})} \text{ 或 } r'_{ij} = \frac{\max(r_{ij}) - r_{ij}}{\max(r_{ij}) - \min(r_{ij})} \quad (2\text{-}1)$$

定义 2-1（评价指标的熵）在有 m 个评价指标，n 个被评价对象的评估问题［以下简称（m, n）评价问题］中，第 i 个评价指标的熵定义如下：

$$H_i = -k \sum_{j=1}^{n} f_{ij} \ln(f_{ij}), i = 1, 2, \cdots, m \quad (2\text{-}2)$$

在式（2-2）中，

$$f_{ij} = r'_{ij} \Big/ \sum_{i=1}^{m} r'_{ij}, \quad k = \frac{1}{\ln m}$$

并假定，当 $f_{ij} = 0$ 时，$f_{ij} \ln(f_{ij}) = 0$。

也可以选择 k 使得 $0 \leqslant H_i \leqslant 1$，这种标准化在进行比较时是很必要的。

定义 2-2（评价指标的熵权）在（m, n）评价问题中，第 i 个指标的熵权 ω_i 定义为

$$\omega_j = \frac{1 - H_j}{n - \sum_{j=1}^{n} H_j} \quad (2\text{-}3)$$

由上述定义及熵函数的性质可以得到以下熵权的性质：

（1）当各被评价对象在指标 j 上的值完全相同时，熵值达到最大值 1，熵权为零。这也意味着该指标向决策者未提供任何有用信息，该指标可以考虑被取消。

（2）当各被评价对象在指标 j 上的值相差较大、熵值较小、熵权较大时，说明该指标向决策者提供了有用的信息。同时还说明在该问题中，各对象在该指标上有明显差异，应重点考察。

（3）指标的熵越大，其熵权越小，该指标越不重要，而且满足 $0 \leqslant \omega_i \leqslant 1$ 和 $\sum_{i=1}^{m} \omega_i = 1$。

（4）作为权数的熵权，有其特殊意义。它并不是在决策或评估问题中某指标的实际意义上的重要性系数，而是在给定被评价对象集后各种评价指标值确定的情况下，各指标在竞争意义上的相对激烈程度系数。

（5）从信息角度考虑，它代表该指标在该问题中，提供有用信息量的多少。

（6）熵权的大小与被评价对象有直接关系。

当评价对象确定以后，再根据熵权对评价指标进行调整、增减，以利于做出更精确、可靠的评价，同时也可以利用熵权对某些指标评价值的精度进行调整，必要时重新确定评价值和精度。

2.2.1.2 熵权的应用

有了以上对熵权的定义和性质的论述，就可以研究熵权在实际决策中如何应用。

1. 评价指标的选取

评价指标体系是指由表征评价对象各方面特性及其相互联系的多个指标，所构成的具有内在结构的有机整体。在建立评价指标体系时，选取指标最重要的原则之一是首先选取最能反映和度量被评价对象优劣程度的指标。例如，对教师进行综合评估而选择优秀教师时，论文成果、教学水平、师德是首选指标；对劳动岗位进行测评时，劳动强度、劳动环境、劳动技能是首选指标。然而，有时各对象对于某一特定指标具有完全相同或非常接近的取值，此时可以看到这些最主要的指标并不能帮助决策者做出任何优劣性选择，也就是说，它没有给决策者提供任何有用的信息。这种现象最怕出现在对被评价对象必须进行排序的评价问题中，当出现这种现象时，可以参考以下几个原则进行处理：

（1）评价指标应尽量全面，综合反映方案的优劣。

（2）当方案集给定后，某指标的所有取值均相等或非常接近时，可以考虑调整该指标。把它再分解为若干子指标，或者把该指标的精度（计量单位）细化，甚至取消该指标，增加新的指标。

（3）选取的指标应尽量是量化或模糊量化指标。

（4）仔细分析各对象的特点，争取把各对象的优劣性都反映出来，同时也注意剔除冗余的指标。

2. 投资项目规划

在投资分析问题中，投资者具有有限的资金和资源，有多种项目可供投资，决策者如何做出最佳投资呢？下面给出一种项目规划法。

设初期共有投资项目 n 个，评价指标有 m 个，按照专家法得到这 m 个指标的权重为 λ_j，构造指标水平矩阵 R，其元素 r_{ij} 为第 i 个方案的第 j 指标水平。并假设 R 已按式（2-1）进行了标准化处理，则

$$\boldsymbol{R} = (r_{ij})_{m \times n} = \begin{bmatrix} r_{11} & r_{12} & \cdots & r_{1m} \\ r_{21} & r_{22} & \cdots & r_{2m} \\ \vdots & \vdots & & \vdots \\ r_{m1} & r_{m2} & \cdots & r_{mn} \end{bmatrix}$$

按照式（2-3）可以算出熵权 ω_i，结合 λ_i'，得到关于指标 i 的综合权数：

$$\lambda_i = \frac{\lambda_i' \omega_i}{\sum_{i=1}^{m} \lambda_i' \omega_i}$$

可以引用 Zadeh 的定义将可行方案集映射到距离空间：

$$L_p(\lambda, i) = \left[\sum_{j=1}^{m} \lambda_j^p (1 - r_{ij})^p \right]^{1/p}$$

取 $p=1$（海明距离，只注重偏差的总和），则有

$$L_1(\lambda, i) = 1 - \sum_{j=1}^{m} \lambda_j r_{ij}$$

取 $p=2$（欧氏距离，更注重个别偏差较大者），则有

$$L_2(\lambda, i) = \sqrt{\sum_{j=1}^{n} \lambda_j^2 (1 - r_{ij})^2}$$

显然，距离小者更接近理想方案，完全可以按照 L 由大到小对各项目进行排序。排序后，有时还不能确定有几个项目可以投资，为此可以建立如下 0-1 规划模型。设变量 $x_i = 0$ 或 1，当 $x_i = 0$ 时，表示第 i 个投资项目为不投资项目；当 $x_i = 1$ 时，表示第 i 个投资项目为投资项目，则目标函数：

$$\min \sum_{i=1}^{n} L_p(i) x_i$$

$$\text{s.t.} \sum_{i=1}^{n} S_{ij} x_i \leqslant S_j, \quad j = 1, 2, \cdots, k \quad (2\text{-}4)$$

$$\sum_{i=1}^{n} t_{ij} x_i \geqslant T_j, \quad j = 1, 2, \cdots, l \quad (2\text{-}5)$$

式中，$L_p(i)$ 为第 i 个方案的距离；S_{ij} 为第 i 个投资项目对第 j 种资源的需求；S_j 为第 j 种资源的总供给，共有 k 种资源；t_{ij} 为第 i 个投资项目的第 j 种期望收益；T_j 为第 j 种收益最低限，共有 l 种收益。

在实际应用时，把资源和期望利润代入式（2-4）和式（2-5）中，求解此 0-1 规划模型，当 $x_i = 1$ 时，则可以对第 i 个项目进行投资；当 $x_i = 0$ 时，则不宜对第 i 个项目进行投资。

2.2.2 风险分析

2.2.2.1 评价的风险熵度量法

决策是管理的核心环节,决策往往充满了不确定性,不仅决策方案会产生风险,决策评价本身也带有风险。同时在决策过程中带有随机性,本节分析中,由提供信息的加权量来对风险进行测度,可以用来对评价方法的风险进行评价,或者对被评价对象之间的优劣差异程度(竞争度)进行评价。

该方法主要基于以下思路:在进行多目标决策(或多指标评价)时,首先由专家法确定各指标(目标)的权数λ,并给出评价矩阵,进而求出各指标的熵权ω。如果某指标的λ大而对应ω小,说明重要的属性值接近,各评价对象在重要性质方面接近,不相上下,谁都不占据绝对优势,竞争较激烈。提供给决策者的信息少,因而基于该指标的评价风险相对较大。相反,如果某指标的λ大且对应ω也大,则提供信息较多,表明该指标比较重要,且各对象在该指标有较大差距,竞争不激烈,因而基于该指标的评价风险相对较小,做出判断相对较容易。基于这个思想,建立了如下评价的风险(竞争度)度量模型。

定义 2-3 在(m, n)评价问题中,评价的风险可按下式计算:

$$R = \sum_{j=1}^{m} \lambda_j' H_j$$

式中,λ_j'为第j个评价指标的专家权数,H_j为第j个评价指标的熵,见式(2-2);m为评价指标个数。

按上式得出的风险数具有如下性质:

(1)$R \in [0,1]$,则$\sum \lambda_j' = 1$,$0 \leqslant H_j \leqslant 1$。

(2)当R非常小(接近于0)时,该评价问题几乎是确定性的,没有任何风险可言。

(3)当R达到最大值1时,该评价问题是在拥有最小信息量情况下进行评价,这时所有的$H_j = 1$,即所有的对象的各指标值相同,做出任何的排序都具有很大风险,这时必须重新获取信息,有效的方法是增加新的指标。

证明:当$R = \sum_{j=1}^{m} \lambda_j' H_j = 1$时,

$\sum_j \lambda_j' = 1$,$0 \leqslant \lambda_j \leqslant 1$,且$0 \leqslant H_j \leqslant 1$,$j = 1, 2, \cdots, m$

只有当$H_j = 1$时,才能保证$R=1$。证毕。

例如,当评选优秀企业或个人时,所有对象的所有指标值都相等,这时在获取新信息前做的决策风险最大。我们平时所说的竞争激烈的情况就是这样，此时一旦做出评价，必然会引起争端。

（4）设两个评价问题的风险分别为 R_1 和 R_2，如果 $R_1 > R_2$，则表明问题 1 拥有的信息量少于问题 2，做出的决策的风险也大于问题 2，决策的可靠性差些。

2.2.2.2 项目的风险熵度量法

项目多数具有多种选择，在现代项目管理中，风险管理已经成为研究热点之一，风险意识不可或缺。最早的项目风险管理主要采用目标函数概率分布的数字特征进行量化描述。数字特征虽然能对随机变量的统计规律进行完整的描述，但是只用数字特征来描述风险显然也是粗之又粗的，人们是不满意的。同时人们在不断地探讨风险度量时，似乎对风险的理解并不一致，对风险这一概念也没有一个权威的定义，度量的方法更是多种多样。本节只介绍风险的熵度量方法。

风险的两个要素是未来环境状态和风险方案。因此，应该从这两个方面对风险进行度量。只根据概率分布不能确定一种环境是否具有风险或风险的大小。风险的度量就是计算不同的方案（要有明确的目标）在已知环境状态概率分布的条件下实现目标的危险程度。

传统的风险度量法：某方案的期望利润 x_i 具有概率分布函数 $F_i(x)$，认为它有风险。设 $\bar{x}_i$ 和 δ_i^2 分别表示 x 的均值和方差。

（1）用方差和标准差直接度量风险（考虑了环境和方案两要素），用 R_i 表示该方案的风险，在连续情况下，定义：

$$R_i = \delta_i^2 = \int_{-\infty}^{+\infty} (x_i - \bar{x}_i)^2 \mathrm{d}F_i(x)$$

在 x_i 为离散情况下，定义：

$$R_i = \delta_i^2 = \sum_{j=-\infty}^{\infty} (x_i - \bar{x}_i)^2 P(x_{ij})$$

式中，$P(x_{ij})$ 为第 i 个方案的第 j 种可能利润值 x_{ij} 的概率。

这一度量常被修改为

$$R_i = \alpha \delta_i^2 - (1-\alpha) \bar{x}_i, \quad 0 < \alpha < 1$$

或

$$R_i = k\delta_i - \bar{x}_i$$

或

$$R_i = \delta_i^2 / \bar{x}_i$$

或

$$R_i = \int_{-\infty}^{t_i} (t_i - x_i)^\alpha \mathrm{d}F_i(x), \quad \alpha > 0$$

$$\left[R_i = \sum_{j=-\infty}^{t_i}(t_i-x_i)^\alpha P(x_{ij})\right]（在离散情况下）$$

一般设 $\alpha=2$。

可以用各种量替换 t_i，如理想利润目标值、损益平衡点或者 $\bar{x}_i$。

很显然，以上各种风险度量中，不但没有考虑决策目标，而且只用均值和方差这两个特征数描述风险，随机性比较粗略，不具唯一性和全面性。因此，只可进行大概估计。

（2）熵度量。熵是不确定性的度量，可用熵来度量风险。

$$R_i = -\int_{-\infty}^{+\infty}\ln\left[f_i(x)\right]\mathrm{d}F(x)$$

或

$$R_i = -\sum_{j=-\infty}^{\infty}\left[\ln P(x_{ij})\right]P(x_{ij})$$

但是熵与分布并不是一对一的关系，且一般熵与分布的位置无关，因此，只用熵单独度量风险也达不到全面描述的目的。

（3）三参量风险度量法。

$$R_i = \int_{-\infty}^{\lambda}|c-x_i|\mathrm{d}F_i(x)$$

或

$$R_i = \sum_{j=-\infty}^{\lambda}|c-x_{ij}|^\alpha P(x_{ij})$$

式中，λ 为事先指定值，可以选择为 ∞；c 为参照值，偏差值是对于这个值度量的，如 c 可以表示 $\bar{x}_i$、零、初值、中间值等。

α 反映大的和小的偏差的相对重要性，如 $\alpha=1$，同等重要；$0<\alpha<1$，小偏差更重要；$1<\alpha<\infty$，大偏差更重要；$\alpha=\infty$，只考虑最大偏差。

这些度量完全与一般距离度量相同，而且都是一维的。它们的大多数都被证明在理论上和实践上与伴有风险的行为是不相容的。

另外，还有概率支配法、随机优势法等都不是直接对风险进行客观度量，而是结合决策者的效用与偏好对各方案进行比较排队。因此，并不是真正的风险度量。

2.2.2.3 风险的三维熵式度量法

很明显，一个已知环境中的某一方案的风险程度与结果（如利润）的概率分布的位置和形状有直接关系。风险的多维性决定了对其描述也应该是多维的。只用一个数来描述风险，就像用一维数据来确定空间点的位置一样困难。因此，只有从位置和形状的角度出发度量风险,才能真正做到全面准确。另外,要详细完整地描述一个客观事物,可以从多个角度去描述它。

1. 风险的三维度量原理

从"正面"对风险进行一个全面的综合度量,考察两个投资方案 X 和 Y 在未来环境状态下的利润情况,设其利润 ω 的分布函数分别为 $F(\omega)$、$G(\omega)$,方差为 σ_x^2、σ_y^2,密度函数为 $f(\omega)$、$g(\omega)$,均值为 $\bar{x}$、$\bar{y}$,如图 2-1 所示。用 $f(\omega)$ 和 $g(\omega)$ 的熵来度量 X 和 Y 的形状风险。

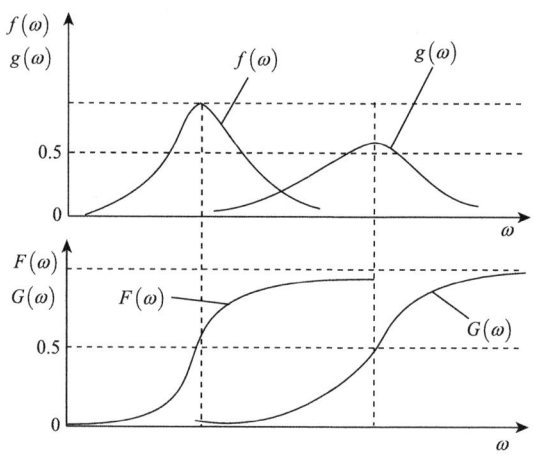

图 2-1 两种方案利润分布图

定义 2-4 把方案 X 的形状风险定义为

$$r_x^{(1)} = -\int_{-\infty}^{+\infty} \ln f(\omega) \mathrm{d}F(\omega)$$

如果 ω 为离散型随机变量,则

$$r_x^{(1)} = -\sum_{j=-\infty}^{\infty} \left[\ln P(\omega_j)\right] P(\omega_j)$$

定义 2-5 设投资者的目标是完成最小目标利润 t,最大目标利润 T($T \geqslant t$),则把方案 X 的位置风险定义为

$$r_x^{(2)} = \begin{cases} 0, T < \bar{x} - k\sigma_x \\ \dfrac{T + k\sigma_1 - \bar{x}}{T - t + 2k\sigma_1}, T \geqslant \bar{x} - k\sigma_x \end{cases}$$

式中,k 为分布的上 100α 百分位点 Z_α,α 可以设为 0.05、0.02、0.01 等,对于标准正态分布,当 $\alpha=0.05$ 时,$Z_{0.05}=1.645$,即 $k=1.645$;当 $\alpha=0.005$ 时,$k=2.57$;当 $\alpha=0.001$ 时,$k=3.10$。

定义 2-6 方案 X 的位置形状风险 $R_x^{(1)}$ 定义为
$$R_x^{(1)} = r_x^{(1)} r_x^{(2)}$$

定义 2-7 从不能实现最小利润目标的概率角度来度量的方案 X 的风险成为保底风险。方案 X 的保底风险 $R_x^{(2)}$ 定义为
$$R_x^{(2)} = R\{\omega < t\} = \int_{-\infty}^{t} f(\omega) \mathrm{d}\omega = F(t)$$

定义 2-8 从不能实现最大利润的概率的角度来度量的风险成为超利风险，超利风险 $R^{(3)}$ 定义为
$$R_x^{(3)} = P\{\omega < T\} = F(T)$$

从以上定义中可知，$R^{(1)}$ 综合反映了方案利润的风险，$R^{(1)}$ 越大，表示利润风险越大，即利润均值越小，或者密度函数越平坦（分散）。

现在我们可以建立一个由这三个风险构成的风险矢量
$$R = \left(R^{(1)}, R^{(2)}, R^{(3)} \right)$$

R 可以辅助人们进行方案决策。当人们进行风险无差别（中性）决策时，可以选取 $R^{(1)}$ 最小化的方案；当人们进行悲观决策时，可以选取 $R^{(2)}$ 最小化的方案；当人们进行乐观决策时，可以选 $R^{(3)}$ 最小化的方案。

2. 风险三维度量举例

某工厂投资生产某种新产品，有两个方案（甲和乙）可供选择。甲方案是引入小型设备，需要的投资较少，为40万元；乙方案是购买中型成套生产线，需要投资60万元。而两个方案在投产后一年内预计的利润情况见表2-1。下面根据风险的三维度量工具分析并提供风险决策信息，辅助决策者做出决策。

表 2-1 甲、乙两方案未来利润情况预测表 单位：万元

备选方案	最小目标利润	最大目标利润	分布类型	均值	标准差
甲方案	40	80	正态	44	35.6
乙方案	60	120	正态	70	38.0

按照表2-1的数据和风险的三维度量方法，计算出三维风险值列于表2-2。

表 2-2 甲、乙两方案的三维风险结果

备选方案	形状风险	位置风险	位置形状风险	保底风险	超利风险
甲方案	4.990 0	0.061 0	0.300 0	0.453 2	0.844 0
乙方案	5.060 0	0.060 8	0.308 0	0.397 4	0.943 0

根据以上分析的风险结果，可以为决策者提出以下决策建议：

（1）当决策者进行中性决策，即决策者不愿冒太大的风险，也不是很保守时，可以选择位置形状风险最小的甲方案。

（2）当决策者进行风险厌恶型决策时，即决策者为时间偏好大、风险厌恶型投资平稳的，则可选择保底风险最小的乙方案。

（3）当决策者为乐观决策者时，应该选择甲方案。

说明：通常认为，悲观决策者往往选择投资少、见效快的项目，乐观决策者往往选择利润大的项目，当然投资也要大一些。上面提出的决策建议和通常人们的习惯不一样，这主要是因为实际中不同的投资期望利润是不一样的，因此，在方案的投资不同时，考虑了不同的目标最大利润和目标最小利润，所以得出的结论也不同。这也说明目标会对风险产生影响。

2.2.2.4 风险的指数度量法

不确定性或随机性是现代经济过程的一个重大特点。在无把握的情况下，各种决策方案和措施，都可能由多种效果中的某一种产生。表2-3是两个方案的各种可能效果（收益）。该表中的 θ_i（$i=1\sim5$）表示5种可能发生的不确定情况（如外界环境、销售量等），又叫状态，a_j（$j=1,2$）分别表示方案1和方案2。Q_{ij} 表示当情况 i 发生时采取方案 j 所能产生的收益。从表2-3中数据可知，方案1把握大、风险小，方案2风险大但可能达到的收获也大。

表2-3 两个方案的各种可能效果 Q_{ij}　　　　单位：万元

方案类型	θ_1	θ_2	θ_3	θ_4	θ_5
方案1	1	2	3	4	7
方案2	−3	0	4	11	15

满意效果或满意收益 Q^0 是指决策者所能接受并能推动之下决心采取措施（决策）的效果，一般是指决策者综合考虑后的满意收益或成本。定义方案 j 的风险指数为

$$R_j = 1 - \frac{\sum_{i}^{h-1} Q_{ij}}{Q^0(h-1)}$$

这里假定方案 j 是收益型的，h 为 Q^0 在 Q_{ij} 按由小到大顺序排列的位置号码。对于表2-3给出的例子，若 $Q_0=4$ 万元，则两个方案的风险指数分别为 $R_1 = 1 - \frac{1+2+3}{4\times3} = \frac{1}{2}$，$R_2 = 1 - \frac{-3+0}{4\times2} = \frac{11}{8}$。这意味着，方案1的风险指数比方案2的小7/8。

当然，不能单凭风险指数小就决定选中的方案。因为还必须考虑，较大的风险能否以及能在多大程度上获得满意的效果，即冒风险是否合算的问题。若合适，

就可以甘冒风险了。这就是求效果概率的问题。

由于获得较好的效果总比获得较差的效果要困难，故假设在分出两个或多于两个满意决策方案之后，大于满意效果的概率小于或等于满意效果的概率。用 c 表示概率关系系数，$0 \leqslant c \leqslant 1$；只有特殊情况下，$c>1$；$P_j$ 表示方案 j 的每个小于和等于满意效果的概率，每个大于满意效果的概率为 $P_j c$。Q^0 和 c 都由决策者给出，它反映了决策者的意愿和偏好。

当选择 Q^0 较大时，则 $c \to 1$，愈鼓励人们选择更为冒风险的方案；当选择 Q^0 较小时，则 $c \to 0$，对冒风险的顾虑就越大。因为概率之和等于 1，所以方案 j 的满意效果和每个小于满意效果的概率和期望效果分别为

$$P_j = \frac{1}{h + c(m-h)}, \quad Q_j = \sum_{i=1}^{h} Q_{ij} P_j + \sum_{i=h+1}^{m} Q_{ij} P_j c$$

式中，m 为方案 j 可能发生的效果总数，也是各种情况或状态的总数。

对于表 2-3，设 $c = \frac{1}{2}$，则

$$P_1 = \frac{1}{4 + \frac{1}{2} \times (5-4)} = \frac{2}{9}, \quad P_1 c = \frac{1}{9}$$

方案 1 和方案 2 的期望收益分别为

$$Q_1 = 1 \times \frac{2}{9} + 2 \times \frac{2}{9} + 3 \times \frac{2}{9} + 4 \times \frac{2}{9} + 7 \times \frac{1}{9} = 3 \text{（万元）}$$

$$Q_2 = -3 \times \frac{2}{9} + 0 \times \frac{2}{9} + 4 \times \frac{2}{9} + 11 \times \frac{1}{9} + 15 \times \frac{1}{9} = 3\frac{1}{9} \text{（万元）}$$

由于 $Q_2 > Q_1$，故应当选择方案 2，否则冒高风险就不值得。当 c 取较小值，Q_1 增大，说明概率关系系数取值越大，越偏爱于冒险方案。

2.2.2.5 在险值法

VaR 是 value at risk 的缩写，称为在（风）险值。它是 1993 年 6 月全球衍生产品研究小组（又称为 G30，即 30 人小组）在其所著的《衍生证券的实际操作及其原理介绍》中正式提出的。随后立即被各国金融界和风险管理专家捧为至宝。从 1994 年起，已有数千家公司和金融机构采用 VaR 法进行风险度量，国际清算银行允许银行使用 VaR 法来定某市场风险所需的资本充足率；国际期权与衍生品协会、国际清算银行和巴塞尔银行监管委员会都推荐使用 VaR 法估价市场头寸和评价金融风险。总之，VaR 法正在成为金融风险度量的国际标准。

1）VaR 的概念

VaR 的定义为，在一定市场条件下，一项交易或头寸，在未来某段时间（天、

周、月等）内置信水平达 P（一般为 90%~99%）时的预期最大损失值（人民币、美元、英镑等）。其计算公式为 VaR = 头寸当前价值×风险改变量敏感度×风险最大改变量。例如，若在未来 100 天中第 5 个最大的日损失值为 100 万元，就意味着在 95% 的置信水平下，给定组合未来一天的最大预期损失额不超过 100 万元，超过 100 万的损失额的可能性只有 5%。

2）VaR 的计算方法

设某一投资组合的期初投资为 Q_0，r 是收益率，则期末组合的价值为 $Q = Q_0(1+r)$。由于存在风险，故 r 和 Q 都是随机变量。r 的均值 $\bar{r} = \mu$，标准差为 σ（又称波动率），Q 的均值为 $\bar{Q}$。记 Q_b 和 r_b 分别为置信水平达到 b 时投资组合 Q 的最小值和最小收益率，即

$$Q_b = \min\{\bar{Q} | P(Q > \bar{Q}) = 1 - b\}$$

则

$$Q_b = Q_0(1 + r_b)$$

VaR 定义为

$$\text{VaR} = \bar{Q} - Q_b = Q_0(1+\mu) - Q_0(1+r_b) = -Q_0(\bar{r}_b - \mu)$$

有时也可定义 VaR 为相对于 $\mu = 0$ 在置信水平达到 b 时的绝对损失值：

$$\text{VaR}(0) = Q_0 - Q_b = -Q_0 r_b$$

为了求 VaR，必须先求 Q_b 和 r_b。因此，求解下列随机规划

$$\min \bar{Q}$$
$$\text{s.t. } P(Q > \bar{Q}) \geq 1 - b$$

和

$$\min \bar{r}$$
$$\text{s.t. } P(r > \bar{r}) \geq 1 - b$$

通常情况下

$$Q_b = \min\{\bar{Q} | P(Q > \bar{Q}) \geq 1 - b\}$$
$$r_b = \min\{\bar{Q} | P(r > \bar{r}) \geq 1 - b\}$$

若已知 r 的概率分布为 $N(\mu, \sigma^2)$，其密度函数为 $f(r)$，标准正态分布累积函数为 $\phi(x)$，则

$$b = \int_{r_b}^{\infty} f(r) \mathrm{d}r$$

等价于

等价于
$$1-b = P(r \leqslant r_b)$$

等价于
$$1-b = P\left(\frac{r-\mu}{\sigma} \leqslant \frac{r_b-\mu}{\sigma}\right) = \phi\left(\frac{r_b-\mu}{\sigma}\right)$$

等价于
$$r_b = -\alpha\sigma + \mu$$

式中，$\alpha = \dfrac{\mu - r_b}{\sigma}$。

人们还可以在各种统计假设下，用各种统计方法求出 VaR 的估计值。最常用的方法有如下三种：

（1）分析法。根据资产收益的历史时间序列数据，计算各种资产收益的波动率和相关系数。在正态分布的条件下，用它们来计算资产组合收益的波动率。资产组合的 VaR 值，当置信水平为 95%和 99%时，分别等于其波动率的 1.65 倍和 2.33 倍。此方法是摩根集团 1994 年以来在 Risk Metrics 网上公布数据的算法。

（2）历史法。

a. 简单历史法。此方法从实际历史数据中直接找出最低收益作为风险值的估计。例如，为计算某一资产的置信水平为 99%的每日风险值，就把该资产过去一段时期每日实际收益按从小到大的顺序排列，然后把它们 100 等分，从最低收益一方起的第一个分点，即为该资产置信水平为 99%的每日风险值。

当历史数据不全时，可统计直接影响它的价值的风险因素的历史数据，然后用以下方法计算。

b. 历史仿真法。本方法首先确定风险因素及其特征，并获取它们的历史数据，用计算机仿真来预测它们的未来变化值，再用这些预测值来估算 VaR 值。

（3）仿真法。直接用描述市场变化的统计分布，通过仿真预测未来的损益值。历史的数据通常用来确定这些选定分布的参数，再用仿真法求出风险因素未来值，做组合评价和构造组合的经验分布，确定置信水平的风险值。

下面我们介绍当 Q 服从一般概率分布时，求解本节案例模型的一种仿真法。

设组合投资 Q 是服从概率分布密度函数为 $f(Q)$ 的随机变量，则均值 $\overline{Q}$ 满足 $1-b = \int_{\overline{Q}}^{+\infty} f(Q)\mathrm{d}Q$ 等价于 $b = \int_{-\infty}^{\overline{Q}} f(Q)\mathrm{d}Q = P(Q \leqslant \overline{Q})$。

我们首先用 Monte Canlo 仿真生成 N 个独立的、服从 $f(Q)$ 分布的随机变量 Q_i（$i=1,2,\cdots,N$），令
$$\overline{r}_i = Q_i(x) \quad (i=1,2,\cdots,N)$$

得到序列 $\{\bar{r}_1, \bar{r}_2, \cdots, \bar{r}_n\}$。记 N 为不小于 $(1-b)N$ 的最小整数。由大数定律，序列 $\{\bar{r}_i | i=1,2,\cdots,N\}$ 中第 $\bar{N}$ 个小的元素即 Q_b 的估计值。

事实上，$\bar{N}$ 就是 N 次实验中 $Q_i(x) < Q_b$（$1,2,\cdots,N$）的次数，即用 Monte Canlo 法产生服从 $f(Q)$ 分布的满足条件的独立随机变量的个数。由大数定律，可用 $\bar{N}/N$ 来估计概率。所以 Q_b 的解等价于 $\bar{N}/N \geq 1-b$。

各种 VaR 求法都各有利弊。仿真法要求大量的计算仿真，以保证其准确性；历史法不易选定因素分析；分析法在准确性方面较差。由于风险因素与组合价值之间存在非线性关系，因此，许多方法都用泰勒展开式来近似取值。

3）VaR 的应用

相对于传统风险工具，VaR 能够将各种金融工具或金融机构的总体风险转化为数值，在一定置信水平下，组合价值可能低于预期价值的（风险）最小值，据此得以要求金融机构必须有足够的抗风险储备，以对付可能发生的损失。既有利于金融机构自身的风险管理，也有利于监管部门对金融机构的监控。因此，VaR 在风险度量、资本充足率度量和业绩评价等方面都可应用。对交易员成交易组而言，VaR 是进行投资决策的科学方法；对大型金融机构或基金而言，VaR 是进行资金配置、业绩评价和全面风险控制的有力工具；对金融管理机构而言，VaR 又是作全面风险监控的科学指标。

在工程项目、企业单位和金融机构中，风险的测定方法是各种各样的。常用的还有主观测定法、专家判断法、计划分解技术法、假定分析法、决策动因法、头脑风暴法、风险因素问询法和德尔菲法等。

2.3 管理决策熵学及展望

2.3.1 管理决策熵学的未来研究方向

1982 年美国国家科学基金（The National Science Foundation，NSF）设立了决策与管理科学（The Decision and Management Science，DMS）计划，为了继续将该项目深入进行下去，并更好地掌握项目研究的潜在科学价值，NSF 于 1984 年 4 月在得克萨斯大学达拉斯分校组织了一个专题讨论会，目的是发掘 DMS 的潜在研究课题，并向 NSF 提出建议。在会议的摘要报告中，强调了 DMS 研究的一条重要原则：对管理和运筹过程的理论和经验的再创造。这里的管理和运筹，应当建立在实践经验的数学描述模型或者以实践经验为基础的理论模型之上。在报告中对 DMS 的研究任务强调：决策和管理的研究应当以与实际观察结果或经验结论保持一致为基础，并结合社会学、行为科学方面的成果；而决策和管理模型应当经过实际运作检验。NSF 的这一 DMS 计划标志着决策分析的研究进入了一个以实践性为特性的新时期。

20 世纪 80 年代以后的决策分析研究与 20 世纪六七十年代的研究的最大差别是，前者有了一定的实践经验基础，这些决策分析实践经验不仅对已有的决策理论进行了一定的检验，还为研究者提供了新的思维空间和研究课题，这样就不断丰富了决策分析研究的内容，促进了理论研究向深度发展，同时决策分析研究的应用性也得到了加强。这时的决策分析在研究方法上的一个变化是包含了行为科学和心理学的内容，试图从人类行为的根本上探讨决策行为的一般性规律。Howard 等（1988）将决策分析研究过程和内容总结成图 2-2 的形式，行为科学和心理学方面的内容主要包含在选择与偏好的研究中。

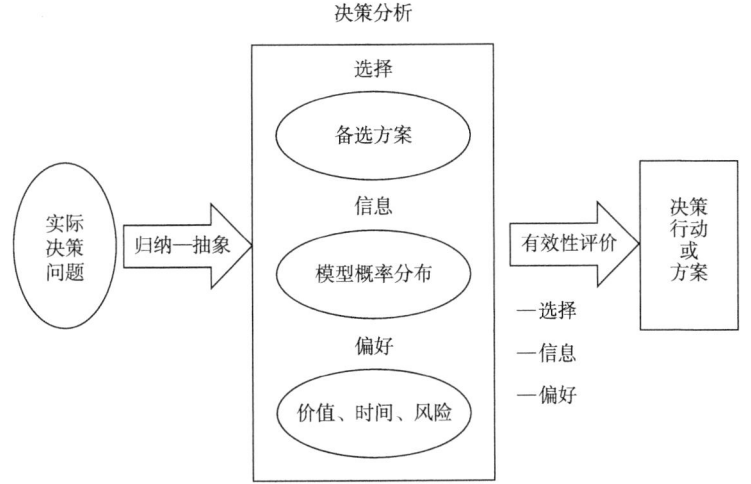

图 2-2　20 世纪 80 年代以后决策分析研究基本模式和内容

从目前情况来看，近十几年来决策分析研究取得的比较重要的理论成果主要集中在选择理论方面。选择理论研究内容包括个人和群体的选择行为及选择行为背后的价值偏好、判断、风险行为等。期望效用理论是规范决策分析中作为选择的主要理论基础和研究方法，但是人们在不断的决策实践中发现它的一些假设与实际情况不一致，因此，在许多决策分析问题中是无效的。典型的例子有两个：一是 Ellsberg 悖论；二是事前支付对决策行为的影响。Ellsberg 悖论讲的是这样一个事实：两个各装有 100 个小球的盒子，其中一个盒子装 50 个白球 50 个黑球，称为风险盒子 R；另一个盒子也装有白球和黑球，但不知道黑白球的具体数目，称为不确定盒子 A。现在设一个赌局：从盒子里抓一个球，如果是白球，则赢；

不是则输。

你是选择从 R 中抓球还是从 A 中抓球呢?大部分人是不确定厌恶型的,即从 R 中摸球,这意味着 A 中白球的概率 P(白球 $|A$)<0.5;但是将赢球换成黑的,则意味着 P(黑球 $|A$)<0.5,这时 P(白球 $|A$)+P(黑球 $|A$)<1。

Ellsberg 悖论说明了一个期望效用理论无法满足的事实,即决策者在决策过程中,主观概率的和不能保证为 1。目前研究人员解决这个问题的主要思路是围绕如何从理论上和方法上对状态概率进行修正,Bordley(1982)从行为科学和决策分析两个方面对这一问题进行了系统的研究和总结,并建立了分析模型 SSB(skew-symmetric bilinear)。这个模型能够解释大部分效用理论与实际情况冲突的问题,如偏好的非传递性、行动选择相关性、支付的非支配性、非独立性、不确定态度的非中立性、参考点的影响等。在 SSB 模型中,期望效用理论的偏好结构只是一种特殊情况。

事前支付对决策的影响是任何一个决策者在实际情况中都会遇到的问题,如前一年亏损 100 万元的部门经理,来年的项目选择包括甲方案和乙方案,甲方案确定得到 50 万元的利润,乙方案以 0.5 的概率得到 200 万元的利润、0.5 的概率亏损 50 万元,现在的问题是前一年的亏损是否影响、如何影响来年的决策?或者在股票市场上赚得了 100 万元的投资者,在后来的投资中其风险厌恶度是否发生变化?Thaler 和 Johnson(1990)指出由于这种问题不满足主观概率期望效用理论的所有支付都在当前决策中包含的假设,故不能用期望效用理论来研究和分析。Thaler 对这一问题的研究方法是,首先总结拓展通过观察建立起来的、不同的事前支付对于决策行为影响的假设,其次通过实验,模拟实际决策环境下的群体行为来检验和修正假设。Thaler 得出的结论是事前收益和损失对于决策者有着不同的影响:收益往往使决策者更能够接受具有风险的选择,而损失使决策者更钟情于能够挽回损失的选择;事前支付大小的不同对决策行为也有影响。Thaler 还研究了有事前支付的决策行为的过程,即决策者对于事前支付和随后的决策是分开考虑还是将二者视为整体考虑的问题,并用展望理论表达有事前支付的决策选择行为。展望理论与期望效用理论的差别在于价值函数代替了效用函数、决策权重代替了主观概率,下面对其进行简单介绍。

展望理论的决策函数为价值函数 V,其表达式如下

$$V = \omega(P_A)\upsilon(A) + \omega(P_B)\upsilon(B)$$

式中,$\omega(\cdot)$ 为决策权重;$\upsilon(\cdot)$ 为决策支付及风险价值函数;A 和 B 分别为两个可能的风险结局,而表示它们发生的概率分别为 P_A 与 P_B。展望理论对于价值函数 $\upsilon(\cdot)$ 有四个假设:

(1)$\upsilon(\cdot)$ 通过一个价值参考点来衡量收益或损失;

(2) $\upsilon(\bullet)$ 在收益区域是凹的,在损失区域是凸的;

(3) $\upsilon(\bullet)$ 在损失区域的斜率大于收益区域;

(4) $\upsilon(0)=0$。

决策权重 $\omega(P_A)$ 由两个部分决定,即 $\omega(P_A)=P_A+K$,其中 P_A 为价值参考点发生的概率,K 为决策者对参考点概率的调整。由于决策权重反映了决策者对风险状态的实际主观判断,故在许多风险决策问题中比直接用概率更符合实际决策过程和选择行为。

目前在风险研究领域中一个重要发展方向是关于风险收益模型的研究,我们知道在一个同时包含风险和收益的决策问题中,如在马尔可夫证券组合决策问题中,将收益和风险同时考虑进行决策的难度,现在还没有一个一般的通用准则帮助决策者在非被支配方案间进行选择,而风险收益模型是将风险和收益表示在一个函数中。因此如果用这一模型进行决策,马尔可夫证券模型将变为一个单目标决策问题。

目前关于决策分析主要困扰人们的问题是决策复杂性的处理和研究,这里的复杂性是指实际决策背景往往比决策分析模型要复杂;复杂性的研究主要分析其从哪些方面影响决策过程和决策模型,以及决策过程和决策模型在哪些方面不能满足实际决策问题的复杂性要求。从概念上来说,决策复杂性可以分为规范复杂性、描述复杂性和沟通复杂性。规范复杂性和描述复杂性与决策分析中的规范性研究与描述性研究相对应,而沟通复杂性是指在决策分析研究中存在的学科交叉问题。近年来,对经典报童模型的深入探讨,如对两产品报童模型问题的研究,价格、成本均可变的情况下报童的决策行为,就是对复杂性报童模型的研究。

关于多目标决策的未来,主要有以下几个研究方向。

1. 属性的进一步研究

(1)其他类型值的属性的比较问题研究。方案在各个属性下的属性值经常不能准确评定,原因在于:①存在不可量化的信息,如汽车的舒适度、安全性等;②存在不完全的信息,如速度大约是 90 千米/小时,而不是正好是 90 千米/小时;③存在不可获得的信息。

这样,经常用属性的近似值或模糊数代替。但是,有时就连近似值或模糊数决策者都很难给出。此时,再放宽条件,要求决策者给出属性值的一个尽可能小的变化范围(区间),这往往容易做到。因此,须解决下面的新问题:当六种属性(效益型、偏离型、偏离区间型、成本型、固定型和区间型)的属性值中,有的值是区间时,该如何比较这些值是区间的属性,即如何对值是区间的属性标准化。

(2)属性的种类的研究。如果考虑这样的属性:有下界的效益型属性,有上界的成本型属性，它们体现了决策者更具体的喜好，因而是有意义的。则须研究如何将这两种属性转化为可比的。

2. 解的概念的研究

当有的属性取区间值时，须研究相应的原有的解（强最优解、次强最优解、最优解、非劣解、弱非劣解等）的概念的含义是什么？

此外，提出决策者易接受的其他的解。

3. 权的研究

国内一些学者给出的确定权的一些新方法，或多或少存在着一些问题：如人为假设一些确定权用的"规则"，据此将权的确定问题转化为求解多目标规划问题，再假设各目标是等权的，因而又转化为单目标规划问题。这样的准则有"权向量的选择应使各个方案的评价值都尽可能的分散"；"权向量的选择应使各个方案的评价值都尽可能的大（评价值越大相应的方案越好）"；"权向量的选择应使各个方案与理想方案的距离尽可能的小"；等等。

由于篇幅的原因，本书未对已发现的各问题都进行讨论，如：

（1）反映决策者意愿的方案的评价指标的研究——决策规则的研究；

（2）研究新方法，改进已有的方法；

（3）多目标决策方法把计算机和专家系统结合起来，研究具有决策支持功能的多目标决策方法与软件。

群决策领域要研究的方向非常多，现概括为以下几个方面：

（1）群体决策是一个非常复杂的集结过程，在构筑理论上的集结模型的时候，与实际中的群体决策相比偏于简单。在实际中成功应用的群体决策，如 Delphi 法由于决策的非结构化，则又往往难以建立恰当的数学模型。故今后群体决策的理论方法和实际决策问题结合的研究将是一个重要的方向。

（2）在基于对信息熵的优化理论的研究上，我们将熵优化理论与群体决策研究结合起来，提出了基于 Kullback 极小交叉熵原理，即极小相对熵原理的群体决策 REM 熵集结模型。实际上，作为对信息量的测度熵和熵优化原理在群体决策研究中将有更大的研究空间，对基于熵的决策模型的研究也是一个极有前途的研究领域。

（3）在群体决策研究中，决策者的决策权力是一个非常有用的指标，寻找一种能够同时满足不同信息情况的综合算法的决策者权力指标的算法，同时又尽可能多地考虑专家重要性信息，这在理论和实践中将是一个很有意义的研究方向。

（4）在对群体决策的偏好信息显示、偏好关系及偏好集结上，与模糊集合理论和神经网络结合起来进行研究,有利于决策自动化系统的研究和建立,对决策模糊偏好信息显示和偏好信息集结的研究是一个很有前途的方向。

(5)在证券投资组合理论的风险收益模型分析中,如果把投资专家的宝贵知识和经验等信息加入该模型作为决策模型,投资专家可以实现人机交互式决策,群体决策将成为动态的以及决策信息反复交流的决策过程,则可以有力地加强投资决策的支持水平。

未来的发展,首先,建立决策公理化体系,如决策及其解的定义、知识和理论方法的公理化建设等。其次,多目标规划理论(向量极值)已深入一般偏序和无限维目标的抽象空间中,新的更实用的决策模式与方法将兴起;把计算机专家系统和多目标决策结合起来,即研究具有自动决策支持功能的专家系统、计算机支持协同工作(computer supported cooperative work,CSCW)的研究与应用也将逐渐开展起来;多目标动态决策、时序决策、信息不对称决策、风险(不确定性)决策和非线性决策等问题的研究也将迅速发展起来。

另外,随着熵与混沌理论、合理预期学说、心理行为科学、认知科学和经济学等在决策理论中的渗透,支持决策者对半结构化和非结构化问题做有效决策的决策支持系统的发展,决策科学将被更广泛地应用到国民经济各个领域,如金融市场的风险分析、社会福利(保险)和社会选择问题的决策分析、高科技和统计决策风险分析等。所以,21世纪将是决策分析与相关学科间的积极交流、配合的新时期,决策分析也将因此发展成为一个具有庞大分支、广泛实用的崭新学科。

2.3.2 管理决策中的信息研究

1. 从信息论到信息科学

1)信息科学的发展

从20世纪20年代开始,由于社会实践的需要和科学技术发展的推动,人们对信息的研究逐渐兴盛起来。1924年,奈奎斯特发表了《影响电报速度的某些因素》(*Certain Factors Affecting Telegragh Speed*)一文,探讨了电信信号的传输速率与通信系统的信道频带宽度之间的关系。1928年,哈特莱发表了《信息传输》一文,第一次阐明了消息是代码、符号,消息是具体的、多样的,而信息则是蕴涵在具体消息中的抽象量。1948年,香农发表了著名论文《通讯的数学原理》,标志着信息的研究进入了科学化的轨道。从20世纪50年代开始,人们对信息的研究和认识越来越深入,并建立了相应的理论——信息论。信息论是用统计数学的方法研究信息的传输及相关问题的学科。虽然"信息"这个名词在当今社会中得到了广泛的应用,但从理论上仍然没有一个统一、完整和确切的定义。研究人员从不同方面对信息做过各式各样的定义，如对信息论做出杰出贡献的科学家维纳（Wiener）对信息的定义如下：信息是人们在适应外部世界，并且使这种适应反作用于外部世界的过程中，同外部世界进行交换的内容的总称。综合信息的各种定义，比较一致的定义为，信息是认识主体（人、生物、机器）感受或表达事物运动的状态和运动状态变化的方式。

信息存在于自然界，更存在于人类社会，信息在某些意义上是可以度量的，而信息论就是在信息度量的基础上，研究有效地传输和可靠地传递信息的科学，它涉及信息度量、信息特性、信息传输速率、信道容量、干扰对信息传输的影响等方面的知识，通常把这些范围的信息论研究称为狭义信息论。

在狭义信息论研究的基础上，20 世纪 60 年代开始的信息论研究包括了噪声理论、信号滤波与预测、调制与信息处理等问题，这时的信息论研究称为一般信息论。这一阶段研究的代表人物是卡尔曼，它的贡献主要在滤波理论方面。

信息包含三个方面的内容：语法信息、语义信息和语用信息。因为语法信息只与时间的出现概率有关，所以又称为概率信息；语义信息是指信息不但与出现概率有关，而且还与信息的含义有关；语用信息是指信息价值的大小与接收者本身的特性有关。狭义信息论和一般信息论研究对象主要是语法信息。信息的本质形式就是分别。没有分别，就无所谓信息，需要分别和判定的次数越多，则表示信息量越大。现象世界因分别而有，现象世界的本质不就是"信息世界"吗？正是如此，现象世界是由我们的分别执著心而起，其本质上没有任何实在性，就像我们所做的一个梦，梦里的世界看起来与现实世界一样真实，我们一样可以感受到快乐和痛苦，但我们知道，梦里的世界本质是空，完全是我们自心的显现。同样的，现象世界也是我们真如自性的显现，其本质和我们的梦境一样，是完全的"空"。仅仅是因为我们自己的虚妄分别，现象世界才得以生成，现象世界其实就是我们无明分别而成的"信息世界"。

20 世纪 70 年代以来，人们在狭义和一般信息论研究的基础上，开始对语义信息和语用信息进行深入研究，这些研究突破了通信领域，涉及与信息有关的广阔领域，如计算机、社会学、经济学等，因此被称为广义信息论。广义信息论的研究在很大程度上沿用了狭义信息论的概念、方法或思路，如"信息量是不确定性的减少""信息熵"等。在信息的语义和语用研究方面，取得了较大的发展，相关的研究成果有"有效信息""主观信息""语义信息""相对信息""模糊熵与模糊信息""广义信息论"等。计算机科学的发展，为信息研究提供了一个与通信领域不同的新的切入点和实证基础，而有人根据计算机应用中的信息问题，提出了"算法信息论"。信息研究的蓬勃发展加上人类社会信息化的不断深入，使其从某些方面渐渐突破了自然科学的范畴，有些科学家和哲学家从更高的层次上来考虑信息问题，他们主张把信息作为基本的参量来加以研究，认为事物运动的某些形式、结构、关系（包括差异）等，可以用信息来表征，而信息与物质和能量相比，同样是宇宙的基本要素。因此，客观世界的三大基本要素可以归结为物质、能量和信息。

20 世纪 70 年代末以来，随着自动控制、计算机、系统工程、人工智能等技术的发展和相互渗透，出现了新兴的信息技术，它包括信息的获取、传输、处理、存储、识别、显示和利用等与信息密切相关的问题，人们一般称对这些信息问题研究的学科为信息科学。信息科学比信息研究的范围更广阔，涉及的内容更深奥、复杂，相关的信息理论或技术广泛地应用于物理学、生物学、心理学、管理学、社会学、经济学等学科中。由于计算机技术在近 20 年来突飞猛进的发展，信息处理技术被提高到了一个新的水平。

2）实证信息研究与泛信息研究

近些年来包含信息内容的研究越来越多，如信息经济学、信息系统、信息工程、信息管理、信息资源等，许多学科研究中也常常针对信息问题进行讨论。在这些与信息有关的研究中，存在着两种完全不同的情况：一种是在研究中虽然不像狭义信息论那样对信息进行量的探讨，也不像广义信息论那样进行质的探讨，但信息有明确的实际含义，我们称这种对信息的研究为实证信息研究。实证信息研究最为典型的是博弈论与信息经济学，在这里信息是指参与人在博弈中的知识，特别是有关其他参与人的特征和行动的知识，它虽然与信息论中信息研究的概念、方法、目的等完全不同，但却有着具体的实际含义。Arrow 是信息经济学的倡导者和主要贡献者之一，他对信息经济问题进行了广泛而全面的探讨，而这些围绕信息的研究大都是实证性质的。实证信息研究的另外一个例子是信息系统，这里的信息是指由计算机处理的数据、图形、报表等日常工作中接触的东西，一般的信息系统论著不对信息进行概念探讨，而只侧重于信息的计算机处理问题。由于在狭义信息论和一般信息论中信息也具有明确的实际含义，故也属于实证信息研究范畴。实证信息研究的一个显著特点是不需对信息的概念和含义进行太多的讨论，因为它们是具体的东西。

信息研究的另一种情况是在讨论的问题中，信息的含义是抽象的，不具有社会科学方面的确切含义或技术方面的特定用途，虽然有时也有较为具体的数学模型，但只是从宏观上探讨信息的有关问题，我们称这样的信息研究及其理论为泛信息研究或泛信息论。泛信息研究的特点是以信息为基本要素、核心或出发点来研究有关问题，所研究的问题包括社会学、管理学、哲学等领域。泛信息研究中，信息的概念比信息论中要抽象得多，在含义上也没有实证研究中那么具体。

信息科学从其产生的根源上来说是以通信技术为主的实证性科学，但是由于信息内涵本身具有的抽象性和广泛性，信息科学这一概念给人们提供了很大的想象空间，故在脱离具体的领域来研究信息问题，很自然地会产生泛信息科学论，如冯国瑞对信息科学的定义："信息科学是以信息为基本的研究对象，以信息的运动规律和应用方法为主要研究内容，以现代科学方法论为主要研究方法，以扩展人的信息功能（特别是其中的智力功能）作为主要研究目标的一门新兴的、横断性的科学。"从这里可以看出泛信息研究的鲜明特点：信息是抽象的、是不具有特定含义的。从泛信息科学的角度来说，任何有关信息的研究及其理论都应当是信息科学的一个组成部分。实证信息研究、泛信息研究、信息科学及各种信息研究之间的关系可以用图 2-3 表示。

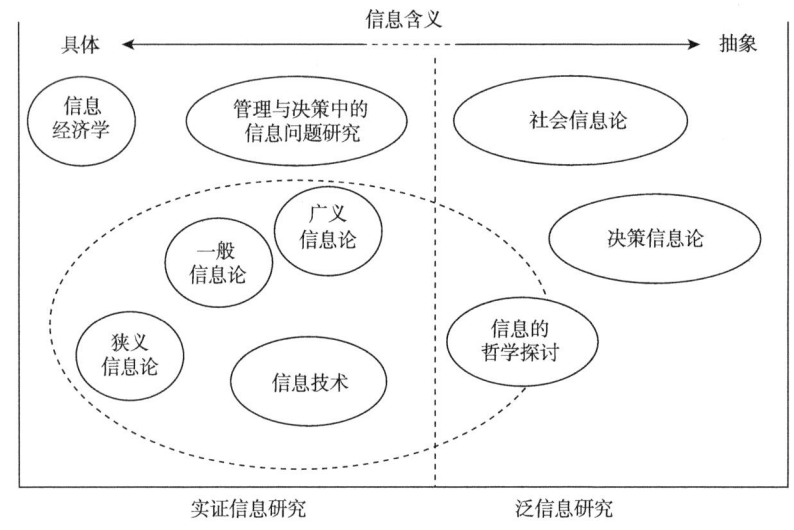

图 2-3　各种信息研究关系示意图

从信息科学目前的研究状况来看，主要是以实证信息研究为主，而对于非技术性的实证信息研究如信息经济、管理学中的信息扩散等，一般不被认为是信息科学的研究内容。目前国内外学者在泛信息论的研究与应用中，社会学方面的成就较为明显，有些社会现象从信息的角度进行研究可以得出既深刻又简练的定性解释模型（Klapp，1982；Blain，1985）。

2. 管理科学中的信息研究

1）管理信息系统

20 世纪 70 年代以前的决策科学研究中很少出现信息这一名词，从泰罗的科学管理到孔茨的决策学派，人们主要关心的是组织、计划、领导、行为、控制等内容，人力资源管理的研究也是在 20 世纪六七十年代以后才出现的。20 世纪 70 年代以来，信息技术和信息科学给人类社会生活和经济生活带来了巨大的变化，人类社会开始进入信息化时代。此时管理的外部环境和内容也发生了许多变化，信息渐渐成为管理实践和科学研究中的一个重要内容和问题，并随之出现了管理信息系统的研究，成为近 20 年来管理科学中一个重要的研究内容，相关的学术刊物如 *MIS Quarterly*、*Decision Support Systems* 等也相继出现。

管理信息系统研究，可以分为三个方面：第一个方面是对管理信息系统的技术方面的研究，包括系统的设计、开发等。这是管理信息系统研究最为成熟的方面；第二个方面是对信息系统管理问题的研究（达菲和阿萨德，1988），如系统的寿命周期、系统规划、管理信息系统中人员的管理等；第三个方面是对信息系统在管理中的应用问题研究，如信息系统的应用效果、信息服务资源配置等，这一方面的研究包括的范围比较广泛，如谈判（Nunamaker et al.，1991）、群决策等许多管理中的实际问题，它是近年来研究较多的问题。

2）管理科学中的其他信息研究

20 世纪 80 年代末期以来，一个新的包含信息问题的管理科学研究领域是对新产品、新技术和创新问题的研究。新产品和新技术的研究内容包括开发、成本、扩散、采用、实施等问题，而涉及的信息问题和概念有信息成本（Jensen，1988）、信息滞后（von Hippel，1994）、信息获取（McCardle，1985）、信息强度（Apte，1995）、信息扩散（Nilakanta and Scamell，1990）等概念。这些研究中的信息的概念也是具体的，如在 Apte and Mason（1995）信息服务资源配置的研究中，信息是指在实际管理工作中的各种符号及其表示的内容——如文字、数据、方案、计划、程序等；而信息强度是指一项管理活动用于信息处理的时间与该活动总的时间的比。

由于信息与信息处理在管理活动中所处的地位越来越重要，近几年中出现了以信息为中心的管理学研究方法和思想，如 Simma 等（1991）在警察组织管理的研究中，建立了一个组织经济决策模型。该模型将组织视为一个信息处理的通信网络系统，将组织决策建立在对信息的感知、学习、掌握和使用的基础之上，因此组织决策问题是以信息处理为中心的；该模型对一个城市的警察组织的信息处理活动、组织单位记录值、组织内部的信息交流与合作等问题进行了具体研究，并通过仿真对该城市的警力部署决策问题进行了深入分析。我国学者王众托（1998）对信息化与管理变革进行了系统的分析，他首先对近年来国际上出现的管理变革思想和模型进行了概括总结，如再造工程（reengineering）、学习型组织（learning organization）、虚拟企业（virtual enterprise）、精益生产（lean production）、灵捷生产（agile production）、柔性生产（flexible production）、核心竞争力（core competence）等，而这些变革都与信息技术息息相关，因此王众托提出我国的管理现代化建设应当将信息化作为重要内容。这里的信息化包括四个部分：通信网、计算机系统、信息和人员。通信网是一个互联的网络，能和各种公用网和专用网互操作，有公共的技术标准以保证互操作性；计算机系统包括常驻的高性能计算机、个人计算机、临时接入的计算机及外围设备和各种软件系统；信息包括公用与专用数据库、图书资料档案、视像和音像磁带、光盘等，它们应有帮助用户检索、查询的功能，并有综合处理与更新功能；人员不仅指提供信息与服务的人员（信息专业人员），还包括信息的各界用户。信息化的核心是人，推行信息化首先应该把人的行为与各种生产业务活动所组成的人机系统作为一个整体来加以考察研究，正确分配人机的分工；其次应该培养各领域中的领导与专业人员的信息意识，使它们结合自己的业务提出如何利用信息工具来改进自己的工作，如何与信息专业人员保持密切合作，开发和使用信息系统。王众托最后提出当前信息化应着重研究的 8 个问题，包括生产管理、市场营销、金融、企业文化、创新、基础设施、信息资源开发和人才培养。

近些年人们对管理中信息问题的研究仍在深入，目前人们研究较多的一个问题是在企业需求和供货方面的信息沟通问题（Lee et al., 1997），这一研究的新颖之处在于将企业从采购到供货的所有环节中的信息统一处理，研究信息对不同环节中的管理活动的影响。

以信息为核心的管理学的研究方法和思想，从其研究内容上来说仍是实证性的，应该说，随着信息化在人类社会和经济生活中的日益深入，这一研究方向将有广阔的发展前景。

3. 决策分析中的信息研究问题

管理学的信息问题研究基本上都是实证性的，而在决策分析研究中，虽然主要存在的是实证性信息问题，但也有从泛信息思想角度对决策进行的研究。决策分析研究中的实证信息问题主要有两个方面：一是关于规范决策研究中状态空间的概率信息；二是计算机辅助决策中的信息集成、处理等问题。状态信息是决策分析应用中的一个瓶颈问题，目前对它的研究引起了人们越来越多的重视。从泛信息思想角度对决策分析的研究主要是从宏观上建立用信息表达的决策模型。

1）规范决策分析中的信息问题与信息价值

规范决策分析中的信息问题主要是关于状态空间概率信息的，到目前为止，研究较多的是关于状态空间的先验分布信息和主观概率信息问题。如何获取先验分布是统计决策分析中传统的研究内容。先验分布信息问题分为无信息的先验分布和有经验数据的先验分布。对一个无信息的先验分布，一般是先研究它的决策问题结构，然后利用"问题变换后不改变无信息先验分布"这一假设确定先验分布。例如，对于随机变量 X 的密度 $f(x-\theta)$ 中位置参数 θ 的无信息先验分布的确定就可以用这一方法。假设不观察 X，而观察另一随机变量 Y，$Y = X + c$，其中 X、Y、c 均为以为空间 R^1 上的变量。定义 $\eta = \theta + c$，则 Y 的密度为 $f(y-\eta)$，则问题 (X,θ) 和问题 (Y,η) 有相同的结构，因此可以认为 θ 和 η 有相同的无信息先验分布；从另一个角度考察，观察 Y 实际上等于观察 X，只不过把测量的"原点"

从零改为 c，但它不应当影响先验分布。

推断有经验数据的先验分布的一个简便而有效的方法是利用极大熵原理，求随机变量的极大熵先验分布。极大熵原理是热力学领域熵增原理的推广，它的含义如下：一个系统，如果它的状态受到许多相互独立的、均匀小的随机因素影响，则其状态的概率分布，应在表征这个系统状态的约束条件下，使这个分布的熵最大。阎植林在其博士学位论文中对各种约束条件下管理学中常用的极大熵分布函数进行了详细的研究。人们对极大熵准则的有效性的研究得出的结论如下：虽然极大熵准则有其主观性，但是在构造一个随机分布时，它是所有主观准则中最客观的（Silviu，1977）。

在风险决策分析中，决策者在没有足够信息的情况下常常要借助于专家对状态空间分布的主观判断，由于主观概率在风险环境下常常受专家效用的影响，故如何准确地得到真实的状态主观概率分布是人们关注的重点。最初人们对这一问题进行研究时常常假设专家的效用函数是线性的，或者通过专家过去的行为判断其效用函数，Allen（1987）设计了一种奖惩性质的启发规则，可以在不知道专家效用的情况下准确地引导专家做出客观判断，其原理如下：

设一个追求期望效用最大化的专家，要对离散随机变量 X 的分布进行主观判断，用 $f_E(x)$ 表示专家的主观概率分布；$U(\bullet)$ 表示专家的效用函数，$U' > 0$。假设 X 只有两个结果 x_1 和 x_2，且 $f_E(x_1) = P$，$f_E(x_2) = 1 - P$。令 A 表示实现 x_1 的事件，B 表示实现 x_2 的事件，$\hat{P}$ 表示专家对概率 P 的主观估计。定义 A 的关联分布密度函数为

$$f_{RA} = \begin{cases} (r_A) = 2(1 - r_A), 0 \leq r_A \leq 1 \\ 0, \quad 其他 \end{cases} \quad (2\text{-}6)$$

当 A 发生时专家的支付函数为

$$\pi(r_A) = \begin{cases} 1, 0 \leq r_A \leq \hat{P} \\ 0, \hat{P} \leq r_A \leq 1 \end{cases} \quad (2\text{-}7)$$

对于事件 B，定义其关联分布密度函数为

$$f_{RB} = (r_B) = \begin{cases} 2r_B, 0 \leq r_B \leq 1 \\ 0, \ 其他 \end{cases} \quad (2\text{-}8)$$

当 B 发生时专家的支付函数为

$$\pi(r_B) = \begin{cases} 0, 0 \leq r_B \leq \hat{P} \\ 1, \hat{P} \leq r_B \leq 1 \end{cases} \quad (2\text{-}9)$$

关联分布之间、关联分布与 X 之间是相互独立的，计算专家对 $\hat{P}$ 的期望效用

$$EV(\hat{P}) = P\{U(1)F_{RA}(\hat{P}) + U(0)[1 - F_{RA}(\hat{P})]\}$$
$$+ (1-P)\{U(0)F_{RB}(\hat{P}) + U(1)[1 - F_{RB}(\hat{P})]\} \quad (2\text{-}10)$$

式中，F_{RA} 和 F_{RB} 分别为关联分布的分布函数。对式（3-10）求一阶导数，并令其为 0，得

$$Pf_{RA}(\hat{P}) = (1-P)f_{RA}(\hat{P}) \quad (2\text{-}11)$$

由式（2-6）和式（2-8）可以推出：$P = \hat{P}$。这种方法可以简单地推广到多个状态的情况。从理论上说用这种方法得到的主观概率是无偏的，但在实际应用中仍然存在许多困难，如奖惩支付一般是不真实的，状态频率一般得不到。

顾昌耀和邱菀华(1991a)对 Bayes 决策分析中信息准确度的问题进行了研究，提出在 Bayes 决策分析中不仅要考虑期望收益，还应当对信息准确度进行考虑，并利用复熵的概念建立了后验信息准确度的衡量方法。

信息价值问题的研究大概始于 20 世纪四五十年代，最初对信息价值的讨论仅限于狭义信息论的范畴。由于信息传输存在失真问题，而失真越大产生的损失也越大，因此，如果知道了失真的损失函数 D，则信息 H 相对于准确信息 H_0 的价值定义为 $V = D(H) - D(H_0)$。用信息价值 V 除以信息量，就可以得到信息价值率，即单位信息的价值量。

从 20 世纪 50 年代末开始，随着信息经济学的兴起，人们遇到了比狭义信息论范围更广泛的信息价值问题，这时对信息价值的讨论还是比较肤浅的，只分析一些简单的如信息价值的性质等问题。20 世纪 70 年代以后，信息价值得到了系统的研究，这些研究主要是从信息对决策的影响来考虑的。因此信息的价值主要从以下三个方面来分析：

（1）行动空间与信息价值的关系。

（2）支付与信息价值的关系，这里包括两个部分：一是决策者的主观效用对信息价值的影响；另一个是决策者所拥有的财富对信息价值判断的影响。

（3）状态空间与信息价值的关系。

随着信息系统的开发和广泛应用，它渐渐地成为信息价值研究和应用的一个重要问题。

2）计算机辅助决策的研究

计算机辅助决策的研究始于 20 世纪 70 年代，最早是由美国 Scott Morton 教授在《管理决策系统》一文中提出的，当时称其为人机决策系统，后来人们为了强调这种系统只能对决策起辅助作用，将其称为辅助决策系统或决策支持系统，实际上决策支持系统是一种以辅助决策为目的的人机信息系统。

决策支持系统一经问世，就显示出强大的生命力，在管理决策过程中的作用

也越来越大,而计算机在数据处理中的应用被推向了一个新的阶段,从许多方面弥补了信息系统的不足,引起了国际上计算机界和企业管理界广泛的兴趣和极大的重视。目前,国内外决策支持系统的研究与应用涉及各种类型企业中的投资财务、销售、生产、预测、计划以及预算等方面,并且在理论和实践上均取得了显著的成果。我国大概在 20 世纪 80 年代中期开始对决策支持系统进行研究,在 20 世纪 80 年代末取得了一些较好的成果,目前我国已经步入了对计算机辅助决策深入研究的阶段。

计算机辅助决策系统基本模式如图 2-4 所示,它由决策支持系统、真实系统、决策者和外部环境组成。其中决策者处于核心位置,他运用自己的知识,将其与决策支持系统提供的信息结合起来对真实系统进行决策。

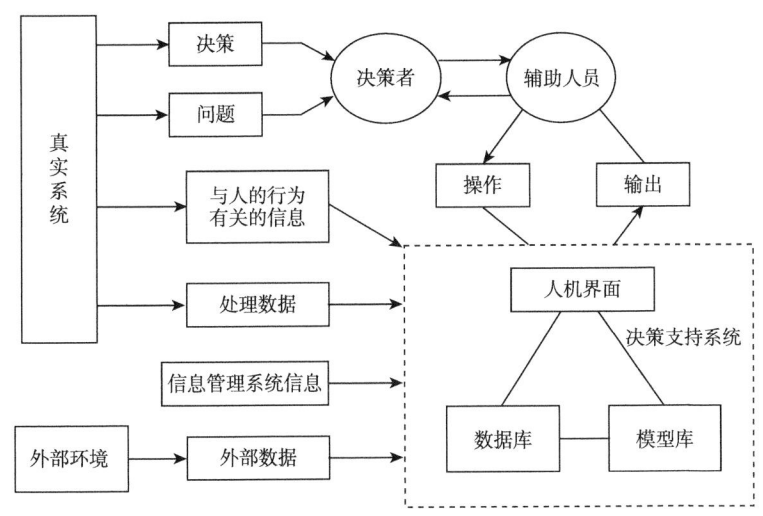

图 2-4 计算机辅助决策系统基本模式

从图 2-4 中可以看出,决策支持系统中的信息包括管理信息、数据信息、决策模型、决策有关行为信息、外部数据信息等,这些信息对于决策者和系统都是具体的,因此,它们都是实证性质的。

从 20 世纪 80 年代末期开始,决策支持系统开始与专家系统互相结合和渗透。专家系统的核心是知识库和推理机,侧重于从逻辑上定性分析问题,而决策支持系统的核心是模型和数据,定量分析是其主要内容,因此专家系统与决策支持系统的结合将大大改善辅助决策效果,这种专家系统和决策支持系统相结合构成的系统称为智能决策支持系统,它是近年来决策支持系统研究的一个重要方向。由于近年来计算机网络和多媒体技术的广泛应用与深入发展,决策过程在计算机网络的辅助下已经突破了时间、地域限制,而多媒体技术使决策者可以更接近实际环境。在网络上发展群体决策支持系统也是辅助决策发展的一个重要方向。

3)决策分析现有的泛信息研究思想和方法

对于决策的研究,存在着一种从信息角度进行探讨的思路和方法,它主要是由信息科学家们提出来的,由于这一思想和方法以信息为决策研究的核心,而这里信息的含义不仅包括决策中的原始信息(数据、资料等),还包括决策规则、目标、问题描述以及决策者的主观意志等抽象内容,因此,将其称为泛信息决策研究。

决策研究的泛信息思想的核心是将决策过程作为一个信息处理过程,如钟义信认为,决策过程是一个信息再生过程,决策者首先收集与问题有关的信息,其次分析这些信息,在这个基础上,决策者的头脑中(或者在智能机器的决策单元中)产生一个代表主观意志的指令信息,指令信息则代表一个具体行动。因此决策过程是一个由客观信息产生主观信息的过程,或者说由状态信息产生指令信息的过程。钟义信将决策者主观指令信息的产生称为信息再生,它是在决策者的思维过程中形成的,是决策过程的结果。决策问题的简单信息模型示意图如图 2-5 所示。

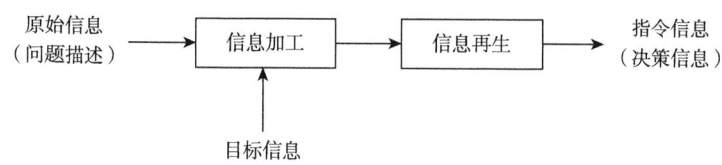

图 2-5　决策问题的简单信息模型示意图

钟义信不但构造了决策问题的信息模型,而且建立了规范决策的信息分析方法,该方法将决策状态空间称为对象信息,将行动空间称为策略信息,状态空间的概率分布信息称为确定度分布,决策目标称为目标信息。在此基础上,将 Bayes 决策准则转化为信息度量准则,得出的初步结论是从语法信息的角度出发不能区别各种行动策略的好坏,只有综合语用信息才包含决策中的一切信息,因此,能够对行动进行优劣分析。相应的期望收益最大决策准则对应于综合信息量最大准则,即提供信息量最大的行动,是决策者的最优行动;期望损失最小准则对应综合信息变差最小准则,或者说使决策者的综合信息量变化最小的行动,是决策者的最优行动。钟义信还对多目标决策问题的信息方法进行了讨论,并通过将他的决策信息分析方法与规范决策分析模型进行比较后得出结论:传统的经典决策问题求解方法都是信息决策方法的特例。

类似的泛信息决策研究思想早在 20 世纪 70 年代就已出现,Barnes(1975)认为决策的目的是获取信息,这里的信息是指环境状态的可能性、行动信息、支付信息、决策规则信息等,接近于决策分析中的相关内容;决策过程是一个信息—决策—信息—决策—信息—……的过程,决策的最终目的是得到关于状态、行动和支付的确定信息，因此在这之前的一系列决策过程都是信息获取全过程的一个环节。Barnes对信息与决策关系的讨论基本上还是建立在规范决策分析框架基础上的，其特点是将决策过程视为一个信息处理过程，对规范决策结构内部的信息现象（状态空间、行动空间、支付空间有关的信息问题）进行了详细的讨论，并将决策过程与外部信息联系起来，分析了决策结果如何改变内部、外部信息，进而如何影响最终决策的问题。

决策的泛信息研究的思想和方法从一个不同的侧面探讨了决策问题，对于人们从理论和应用的深层次上理解决策有一定帮助，但总的来说这一研究思路和方法不是决策研究的主流，对决策分析研究发展的贡献也很少。

21世纪信息将成为发展经济的主要推动力。网络在现代生活中发挥着越来越大的作用，电子商务、在线服务和因特软件已成为新经济的主要内容。以知识经济为主导的21世纪，将是网络与信息的时代。网络与信息的发展，又将进而改变传统的决策方式，并为管理决策广开创新之路。

20世纪90年代创立的金融工程，是将数学和工程的思路引入金融学中。它将是金融（风险）决策的一个强有力的发展方向。金融工程对于我国金融系统的决策现代化、与国际接轨、防范金融风险、提高银行等金融机构的经营决策水平和加强金融监督具有十分重要的意义。1996年由笔者主持、北京航空航天大学和清华大学等11个单位合作完成了一个国家重点项目"重大科技工程项目管理的理论与方法研究"；同年国家将金融工程列入"九五"重大项目；1998年对风险决策的研究又被列为国家重点项目，并由北航主持研究；从1999年起，国家自然科学基金委员会每年拨专款100万元人民币支持复杂性科学的研究；等等。我国政府高度重视科技兴国与决策的现代化的研究可见一斑。

简言之，决策的发展，首先是建立决策公理化体系、决策和解的定义、知识和理论方法的公理化建设等；其次，多目标规划理论（向量极值）已深入一般偏序和无限维目标的抽象空间，新的更实用的决策模式与方法将兴起；群决策偏好集结技术、复杂性科学和把计算机专家系统与多目标决策结合起来，即研究具有自动决策支持功能的专家系统、计算机支持协同工作的研究与应用等也将逐渐开展起来；多目标动态决策、时序决策、信息不对称决策、风险（不确定性）决策、群决策风险—收益模型和非线性决策等的研究也将迅速发展起来。另外，由于熵与混沌理论、合理预期学说、心理行为科学、认知科学和经济学等在决策理论中的渗透，支持决策者对半结构化和非结构化问题做出有效决策的决策支持系统的发展，决策科学将会被更广泛地应用到国民经济各个领域（如金融市场的风险分析、社会福利（保险）和社会选择问题、高科技和统计决策风险分析等）。所以21世纪将是决策分析与相关学科间的积极交叉、配合的新时期，决策分析也将因此发展为一个具有庞大分支的、广泛实用的崭新学科。

第 3 章 复熵决策理论

3.1 复熵的提出及意义

3.1.1 引言

我们知道，期望值决策法是决策论中最常用的基本方法。但它在用所获情报信息做决策时，只考虑了信息的价格，而未涉及其准确度，这显然是片面的。本章拓展了传统熵的定义，得到一个全面衡量信息价值的新测度，以弥补上述不足。

热力学中的熵，亦是协同论的主要概念。它被引进信息论后，导致了现代信息科学的飞跃。但是，至今熵只在实数域内给出了定义。这给它的应用带来了局限性。尽管概率是只在[0, 1]内取值的实数，然而，作为不确定性度量（即平均信息量）的熵，完全没有必要把自己禁锢在实域里。这是因为，一方面，实函理论已奠定了推广熵的概念的理论基础；另一方面，正如负数的诞生一样，负概率的熵——复熵的诞生，将对不确定性程度的比较等大有裨益。

在风险 Bayes 决策法中，为了提高决策的准确度，需要进行市场调查、买情报、做试验、抽样检验等，以得到较为准确的信息辅助决策。并要在行为前对它进行评价，从而确定行为的可行性，降低决策风险。这就是后验预分析。毫无疑问，后验预分析中的行为（如市场调查、买情报、做试验、抽样检验等）所需费用和可能得到的信息的准确度，将是对它进行有效性、可行性评价的两个重要测度。遗憾的是，Bayes 决策法只考虑了前者。这个疏忽，不但造成决策方法本身的不完善性，而且使一些决策结论失误。

例 3-1 某公司拟开发一种新产品 W，已知各数据列于表 3-1。表 3-2 给出了市场信息中心出售的有关 W 需求量的信息 A 的准确度统计数据。A 的售价为 CS=0.6 百万元。

表 3-1　W 的先验数据

市场情况 x_i	出现概率	可能盈利 CP/百万元
x_1（好）	0.25	15
x_2（中）	0.30	1
x_3（差）	0.45	-8

表 3-2　信息 A 的条件概率（一）

A 的预报情况	x_1（好）	x_2（中）	x_3（差）
y_1（好）	0.65	0.25	0.10
y_2（中）	0.25	0.45	0.15
y_3（差）	0.10	0.30	0.75
合计	1.00	1.00	1.00

根据概率学知识和传统 Bayes 决策模型之后验预分析法（邱菀华，2002），把各步的计算结果列于表 3-3～表 3-5 中。表 3-3 和表 3-4 是由前两表计算出的信息 A 的联合概率和条件概率 $P(x_i/y_k)$ 的值。表 3-5 的前三列由表 3-4 各元素乘以相应的 CP（盈利）值得到，最后一列是同行左边各元素之和 $\sum \mathrm{EP}$。$\sum \mathrm{EP}$ 实为信息 A 预测市场情况为好、中、差时生产 W 的盈利值。

表 3-3　信息 A 的联合概率

y_k	x_1	x_2	x_3	$P(y_k)$
y_1	0.162 5	0.075 0	0.045 0	0.282 5
y_2	0.062 5	0.135 0	0.067 5	0.265 0
y_3	0.025 0	0.090 0	0.337 5	0.452 5
$P(x_i)$	0.250 0	0.300 0	0.450 0	1.000 0

表 3-4　信息 A 的条件概率（二）

y_k	x_1	x_2	x_3	合计
y_1	0.575	0.266	0.159	1.000
y_2	0.236	0.509	0.255	1.000
y_3	0.055	0.199	0.746	1.000

表 3-5　信息 A 的 Bayes 决策结果　　　单位：百万元

y_k	x_1 CP=15	x_2 CP=1	x_3 CP=-8	$\sum \mathrm{EP}$
y_1	8.625	0.266	-1.272	7.619
y_2	3.540	0.509	-2.040	2.009
y_3	0.825	0.199	-5.968	-4.944

显然此时的正确决策是，若信息预测未来市场情况为好和中，则生产 W；否则不生产，相应的总期望盈利为

$$\text{EMV}_y^A = 0.2825 \times 7.619 + 0.2650 \times 2.009 + 0.4525 \times 0 = 2.685 \text{（百万元）}$$

如果不买信息 A，生产 W 的期望盈利为

$$\text{EMV}_N = 0.25 \times 15 + 0.3 \times 1 + 0.45 \times (-8) = 0.45 \text{（百万元）}$$

由于买信息 A 时，生产 W 的净盈利为

$$F_A = 2.685 - 0.6 = 2.085 \text{（百万元）}$$

大于不买信息的期望盈利 EMV_N，因此信息 A 应该买，其他各决策指标值为

$$\text{信息 } A \text{ 的期望盈利 } \text{EVSI}_A = 2.685 - 0.45 = 2.235 \text{（百万元）}$$

$$\text{信息 } A \text{ 的净盈利 } \text{ENGS}_A = 2.235 - 0.6 = 1.635 \text{（百万元）}$$

现在我们假设另有一份可靠度由表 3-6 给出的信息 B，B 的其他已知数据与信息 A 相同。对于 B 用 Bayes 决策法计算的结果见表 3-7~表 3-9。有关信息 B 的其他各指标分别为

$$\text{EMV}_y^B = 0.4975 \times 0 + 0.205 \times 2.3058 + 0.2975 \times 7.2851 = 2.64 \text{（百万元）}$$

$$F_B = 2.6400 - 0.6 = 2.04 \text{（百万元）}$$

表 3-6　信息 B 的条件概率（一）

y_k	x_1	x_2	x_3
y_1	0.10	0.45	0.75
y_2	0.25	0.25	0.15
y_3	0.65	0.30	0.10
合计	1.00	1.00	1.00

表 3-7　信息 B 的联合概率

y_k	x_1	x_2	x_3	$P(y_k)$
y_1	0.0250	0.1350	0.3375	0.4975
y_2	0.0625	0.0750	0.0675	0.2050
y_3	0.1625	0.0900	0.0450	0.2975
$P(x_i)$	0.2500	0.3000	0.4500	1.0000

表 3-8　信息 B 的条件概率（二）

y_k	x_1	x_2	x_3	合计
y_1	0.0502	0.2714	0.6784	1.000
y_2	0.3049	0.3659	0.3292	1.000
y_3	0.5462	0.3025	0.1513	1.000

表 3-9 信息 B 的 Bayes 决策结果　　　　　单位：百万元

y_k	x_1 CP=15	x_2 CP=1	x_3 CP=-8	$\sum$EP
y_1	0.753 0	0.271 4	-5.427 2	-4.402 8
y_2	4.573 5	0.365 9	-2.633 6	2.305 8
y_3	8.193 0	0.302 5	-1.210 4	7.285 1

F_B 仍大于 EMV_N，故信息 B 也值得购买。它的各盈利值为

$$\mathrm{EVSI}_B = 2.640\ 0 - 0.45 = 2.19\ （百万元）$$

$$\mathrm{ENGS}_B = 2.19 - 0.6 = 1.59\ （百万元）$$

综上所述，传统 Bayes 决策法仅从费用上考虑问题，结论是信息 A 与 B 都是值得购买的，均比不买信息的期望盈利多。然而，信息 A 与信息 B 的可靠度（或称准确度、可信度）怎么样？这直接关系到由此所得结论的可靠性。由表 3-2 给出的是信息 A 的条件概率即可靠性水平。这些数据表明，信息 A 的可靠性水平，即预报完全准确的概率不小于 0.45。表 3-6 给出的信息 B 的条件概率即可靠度就过于低劣了。例如，当实际市场情况为好时，信息预报对（即预报亦为好）的可能性只有 0.1，完全不准确的占 65%，一般不准确的占 25%。谁会愿意买这种信息呢？

总之，传统 Bayes 决策法只从费用的角度考虑决策方案之好坏，对不同准确度的信息没有进行判别，以致得出不公允的结论。因此，必须定义信息或试验或抽样检验等数据信息的另一个衡量其准确度的新测度加入判别决策优劣的规则，以完善传统 Bayes 决策法。为此，我们拓展香农信息熵的概念。

3.1.2 复熵

前述条件概率 $P(S_j|\theta_i)$ 和 $P(y_k|x_i)$ 表示市场提供信息的可靠性，即信息准确度的传统定义。它等于在实际情况出现了第 i 种状态的条件下，市场提供信息预测为出现状态 j（或 K）的概率。当 $i=j$（或 K）时，它表示情报完全准确的可能性。表 3-10 和表 3-11 给出了信息 I_1 和信息 I_2 的准确度。

表 3-10　信息 I_1 的准确度

y_k		实际情况		
		x_1 （中）	x_2 （好）	x_3 （差）
预测结果	y_1	0.6	0.3	0.1
	y_2	0.2	0.4	0.2
	y_3	0.2	0.3	0.7
合计		1.0	1.0	1.0

表 3-11　信息 I_2 的准确度

y_k		实际情况		
		x_1（中）	x_2（好）	x_3（差）
预测结果	y_1	0.1	0.3	0.7
	y_2	0.3	0.2	0.2
	y_3	0.6	0.5	0.1
合计		1.0	1.0	1.0

由此不难看出，I_2 是一个质量低劣的信息。它们的条件熵值为

$$H(I_1|x) = -\sum_{k=1}^{3}\sum_{l=1}^{3} P_{I_1}(y_k|x_i) \ln P_{I_1}(y_k|x_i)$$

$$= 2.84 \text{奈特}$$

$$H(I_2|x) = 2.73 \text{奈特}$$

它只反映信息量的大小或多少，却不能直观地体现人们对信息质量衡量的另一个重要指标——信息的准确度（或可靠性）。也就是说，信息 I_1 和信息 I_2 同 3.1.1 节中的信息 A 和信息 B 有一样的差别（前者预报的可靠性明显优于后者），而反映其特征的权威性物理量——传统熵却不能体现出这种原则性差异，怎样量化和区分信息的准确性？这就要求我们将传统熵的定义域拓展，以寻求全面衡量信息价值（质量）的新测度。

1. 复熵定义

决策系统由状态空间、决策空间和益损函数组成。E^n 上的状态空间 $x = (x_1, x_2, \cdots, x_n)$（$n \geq 2$，是状态空间的维数）是不以人的意志为转移的不可控因素。将其元素的概率列于表 3-12 中。该状态空间的不确定性定义为

$$H(x) = -\sum_{k=1}^{n} P(x_k) \ln P(x_k) \qquad (3-1)$$

式中，$0 \leq P(x_k) \leq 1$，$P(x_1) + P(x_2) + \cdots + P(x_n) = 1$。它与香农信息熵定义一致，单位是奈特。

表 3-12　状态空间及其概率

状态空间 x 的元素	x_1	x_2	$\cdots$	x_k	$\cdots$	x_n
各元素发生的概率	$P(x_1)$	$P(x_2)$	$\cdots$	$P(x_k)$	$\cdots$	P_n

一般地，当 $|P(x_k)| \leq 1$ 时，定义集合 $P(x_k)(k, l = 1, 2, \cdots, n)$ 的不确定性度量函数，即复数域内的熵函数（复熵函数以后统称为熵函数）为

$$H(x)=\sum_{k=1}^{n}\left|P(x_k)\ln P(x_k)\right|$$
$$=\sum_{k=1}^{n}\left|P(x_k)\left[\ln\left|P(x_k)\right|+i\cdot\arg P(x_k)\right]\right| \quad (3\text{-}2)$$

它是定义在空间 x 上的复函数。

显然，式（3-1）是式（3-2）在实数域里的特殊形式，式（3-2）涵盖了式（3-1），即当 $-1\leqslant P(x_k)<0$ 时，$\arg P(x_k)=\pi$，故

$$\left|\ln P(x_k)\right|=\sqrt{\ln^2\left[-P(x_k)\right]+\pi^2}$$

2. 熵函数的性质

（1）由定义直接可以看出，熵函数 $H(x)$ 为非负函数，即恒有 $H(x)\geqslant 0$。

（2）当且仅当 $P(x_k)$ 取 0、1 时，$H(x)=0$。

（3）当且仅当 $P(x_k)$ 取-1、0 时，$H(x)=M\pi$，M 为 $P(x_k)$（$k=1,2,\cdots,n$）中等于-1 的个数。

（4）熵函数 $H(x)$ 是 $P(x_k)$ 的连续函数。当 $P(x_1)=P(x_2)=\cdots=P(x_n)=\dfrac{1}{n}$ 时，熵函数具有局部极大值

$$\max H(x)=\ln n$$

故此时 $H(x)$ 是 n 的单调递增函数。

（5）当 $P(x_1)=P(x_2)=\cdots=P(x_n)=-\dfrac{1}{n}$ 时，有

$$H(x)=\sqrt{\ln^2 n+\pi^2}$$

所以，此时 $H(x)$ 也是 n 的单调递增函数。

对于连续状态空间有

$$H(x)=\int_{-\infty}^{+\infty}\left|P(x)\ln P(x)\right|\mathrm{d}x$$

且可得一系列类似的性质。

当我们对信息进行评价时，不仅要考虑它的成本，还必须着重考虑它的准确度。复熵的定义，一方面把熵的定义从正数扩充至正负全实数，完善了传统香农信息熵的概念。另一方面，它把香农信息熵从只单方面度量信息量大小之物理量，扩充为对信息进行量和质（即准确度）进行全面评价的一个物理量。这正如正数只能单方面表示数的大小，引进负数后，人类才深刻地认识到，将数值的大与小划分成从量变到质变的两个不同质的区域"盈利（正数）和亏损（负数）"，从此"数"才真正成为一个 "物理量"。再者，基础科学的创新往往会推动学科的进步，当数域扩展到正负实数域后，算术发展成为代数、高等数学，以致随后的理

化各学科…才成为可能，从而形成了现代科学的深耕沃土。可以预料，我们对熵域的拓展，定能抛砖引玉、集众之慧，熵将迎来一个像"能"一样全方位造福于人类的春天。

3. 信息准确度与价值的新测度——传递熵

定义 3-1 在状态空间 $x \subset E_n$ 上的信息 A，对于 x_l，$y_k \in x$，信息 A 的条件熵定义为其相应状态的条件概率的形式：

$$H(A|x) = \frac{1}{n}\sum_{k=1}^{n}\sum_{l=1}^{n}\left|P(y_k|x_l)\ln P(y_k|x_l)\right|$$

它反映了信息 A 的各状态不确定度的均值。

定义 3-2 已知状态空间 x 上的信息 A 的条件概率为 $P(y_k,x_l)(k,l=1,2,\cdots,n)$，定义 A 的传递矩阵为

$$\boldsymbol{E}(A) = (e_1, e_2, \cdots, e_n)$$

式中，

$$e_l = \frac{1}{n-1}\sum_{k=1}^{n}\left[P(y_l|x_l) - P(y_k|x_l)\right](l=1,2,\cdots,n)$$

很明显，传递矩阵的元素 $e_l(l=1,2,\cdots,n)$ 为状态 l 发生时信息 A 预报的平均准确度，或称可靠度，其值域为 $\left[\dfrac{-1}{n-1}, 1\right]$。值大者准确度高。

定义 3-3 令

$$h_k = \begin{cases} -e_k \ln e_k, & \dfrac{1}{e} \leqslant e_k \leqslant 1 \\ \dfrac{2}{e} - e_k|\ln e_k|, & \dfrac{-1}{n-1} \leqslant e_k \leqslant \dfrac{1}{e} \end{cases}$$

则

$$H(A) = \sum_{k=1}^{n} h_k$$

称为信息 A 的传递熵。它是一个 $\left[\dfrac{-1}{n-1}, 1\right]^n$ 上的非负连续函数。它表明信息 A 传递状态（或称预报）的不确定度。为与传统熵名词一致，也叫信息 A 的平均信息量。

不难证明下式成立。

$$h_k \geqslant 0 \qquad \lim_{e_k \to \frac{1}{e}-0} h_k = 1/e$$

$$\lim_{e_k \to \frac{1}{e}+0} h_k = 1/e \qquad \lim_{e_k \to 0+0} h_k = 2/e$$

$$\lim_{e_k \to 0-0} h_k = 2/e \qquad \lim_{e_k \to 1-0} h_k = 0$$

$$\lim_{e_k \to 1+0} h_k = \frac{2}{e} + \pi \qquad \lim_{e_k \to \frac{-1}{n-1}(\pm 0)} h_k = \frac{2}{e} + \frac{1}{n-1}\sqrt{\ln^2\frac{1}{n-1} + \pi^2}$$

囿于篇幅限制，具体算例可参见例 3-2。

下面需要证明，传递熵 $H(A)$ 就是我们要寻找的，能够全面衡量信息 A 的价值的新测度。为此，先定义信息的优劣。

定义 3-4 设信息 A 在 n 维状态空间 x 上的条件概率

$$P(y_k|x_l) = \begin{cases} 1, k = 1 \\ 0, k \neq 1 \end{cases} (k, l = 1, 2, \cdots, n)$$

则称信息 A 是最优信息。

由定义 3-4 可知，最优信息 A 的可靠度表中数据矩阵是一个单位矩阵。只有对角线上元素为 1（表示准确预报的概率），其余元素（预报不准，或预报有偏差的概率）全是零，这就意味着，最优信息对未来预报准确无误。

定义 3-5 在状态空间 x 上定义的两个不同的信息 A 和信息 B，其准确度条件概率分别为 $P_A(y_k|x_l)$ 和 $P_B(y_k|x_l)$，$(y_k, x_l \in x; k, l = 1, 2, \cdots, n)$，传递矩阵分别为

$$E(A) = (e_1^A, e_2^A, \cdots, e_n^A)$$

$$E(B) = (e_1^B, e_2^B, \cdots, e_n^B)$$

如果对所有 $k = 1, 2, \cdots, n$，都有

$$e_k^A \geq e_k^B$$

且至少有一个大于符号成立，则信息 A 优于信息 B，记为 $A > B$，或 $B < A$。若 $H(A) < H(B)$，则认为信息 A 的准确度高于信息 B。

定义 3-5 规定，较优信息的准确度高。

定义 3-6 在 n 维欧氏空间 E^n 上的半峰凸凹函数是指，在凸凹函数的极点处将其平分成两份的其中一份构成的函数。对单变量而言，单调不降（若为半峰严格凸凹函数时，则为单调递增）的那半部分称为半峰升函数，相应地，另一半部称为半峰降函数。

图 3-1 给出了定义 3-6 在 E^2 空间上的几何解释。图 3-1（a）是 E^2 上的严格凹函数 $z = f(x_1, x_2)$ 的图像。图 3-1 的（b）和（c）分别给出了 $z = f(x_1, x_2)$ 的半峰升和降函数的图像。图 3-1 的（d）、（e）、（f）依次表示用 $x_1 = 0$ 的平面切它们所得轨迹的图像。图 3-1（d）由凹函数切得，故不单调。图 3-1 的（e）和（f）分别由半峰升和半峰降函数切得，故依次得对单变量 x_2 的单调递增曲线 ON 和单调递减曲线 NB。

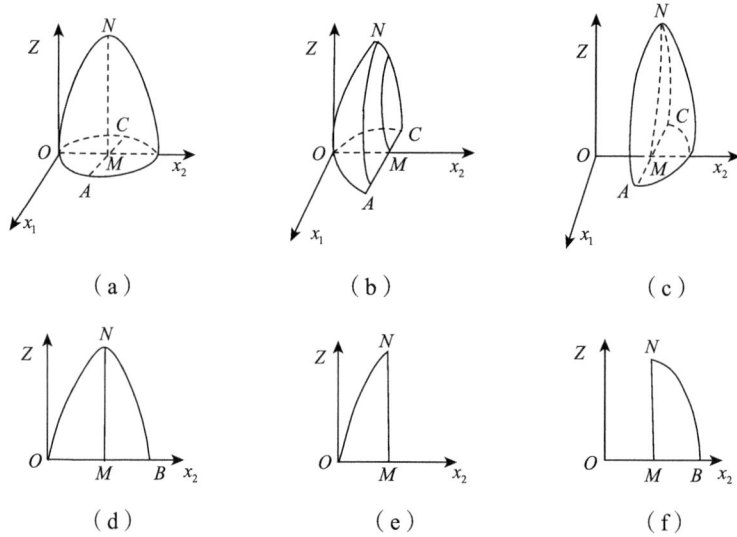

图 3-1 凹函数半峰函数及其投影

定理 3-1 最优信息的传递熵为零。

证明：设 A 为最优信息，由定义 3-4 得其条件概率满足

$$P(y_k|x_l) = \begin{cases} 1, k=1 \\ 0, k \neq 1 \end{cases} (k,l=1,2,\cdots,n)$$

所以 A 的传递矩阵 $\boldsymbol{E}(A)$ 的元素

$$e_k = \frac{1}{n-1}\sum_{i=1}^{n}\left[P(y_k|x_k) - P(y_l|x_l)\right]$$

$$= \frac{1}{n-1}\sum_{i=1}^{n}\left[1 - P(y_l|x_k)\right] = 1 \quad (k,l=1,2,\cdots,n)$$

$$\boldsymbol{E}(A) = (1,1,\cdots,1)$$

$$H(A) = -\sum_{k=1}^{n} 1\ln 1 = 0$$

定理 3-1 证毕。

定理 3-1 表明，对于最优信息，其可靠度达到最大值 1，不确定性为零，即传递熵达到最小值零。它实际是 Bayes 风险决策中的全信息。

定理 3-2 传递熵是半峰降函数。

证明：设信息 A 的传递熵和传递矩阵分别为 $\boldsymbol{H}(A)$ 和 $\boldsymbol{E}(A) = (e_1, e_2, \cdots, e_n)$，下面分段来证明。

（1）当 $1/e \leqslant e_k \leqslant 1$ 时，根据拉格朗日乘数法，对（$k=1,2,\cdots,n$）

$$\frac{\partial H}{\partial e_k} = -\ln e_k - 1 = 0$$

$$e_k = \frac{1}{e}$$

$H(A)$ 在点 $(1/e, 1/e, \cdots, 1/e)$ 处取极大值 $\dfrac{n}{e}$。

Hessian 矩阵为

$$\boldsymbol{H}_e(H) = \begin{pmatrix} -1/e_1 & 0 & \cdots & 0 \\ 0 & -1/e_2 & \cdots & 0 \\ \vdots & \vdots & & \vdots \\ 0 & 0 & \cdots & -1/e_n \end{pmatrix}$$

故 $H(A)$ 是 E^n 上的严凹函数。由定义 3-1 可知，$H(A)$ 在 E^n 上是个半峰降函数。

（2）当 $0 < e_k < \dfrac{1}{e}$ 时，

$$H(A) = \sum_{k=1}^{n}\left[\frac{2}{e} - e_k|\ln e_k|\right] = \frac{2n}{e} + \sum_{k=1}^{n} e_k \ln e_k$$

当 $k=1,2,\cdots,n$ 时，显然在点（$1/e$，$1/e$，$\cdots$，$1/e$）处取极小值，n/e，且由 Hessian 矩阵的正定性，得到 $H(A)$ 是 E^n 上的严凸函数。故 $H(A)$ 在 E^n 内是半峰降函数。

（3）当 $\dfrac{-1}{n-1} \leqslant e_t \leqslant 0$ 时，

$$H(A) = \frac{2n}{e} - \sum_{k=1}^{n} e_k \sqrt{\ln^2(-e_k) + \pi^2}$$

其 Jacobi 矩阵

$$\Delta \boldsymbol{H} = \left(\frac{\ln^2(-e_k) + \ln(-e_k) + \pi^2}{-\sqrt{\ln^2(-e_k) + \pi^2}}\right)_{1\times n}$$

的每个元素

$$\frac{\ln^2(-e_k) + \ln(-e_k) + \pi^2}{-\sqrt{\ln^2(-e_k) + \pi^2}} < 0$$

故 $H(A)$ 对单个变量在 $\left[\dfrac{-1}{n-1}, 0\right]$ 区域上是递减函数，即半峰降函数。当 $e_k = -1/(n-1)$ 时，达极大值 $\dfrac{2n}{e} + n\sqrt{\ln^2\dfrac{1}{n-1} + \pi^2}\Big/(n-1)$。

当 $H(A)$ 在上述（1）、（2）、（3）种情况兼而有之时，显然亦为降函数。事实上，它是一个 $n+1$ 维超平面。图 3-2 给出了当 $n=2$ 时，用 $e_1=0$ 的平面截三维超平面（即曲面）——传递熵函数 $Z=H(A)$ 的图像后所得曲线（即图中实曲线）的示意图。

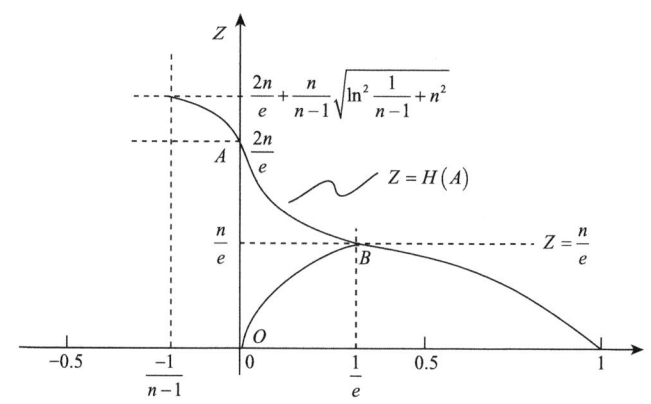

图 3-2　平面 $Z=\dfrac{n}{e}$ 与曲面 $Z=H(A)$ 的切口曲线示意图

显然它是递减的，且在 $\left[0,\dfrac{1}{e}\right]$ 区间上是函数 $-\sum\limits_{k=1}^{n}e_k\ln e_k$（$e_k\in[0,1/e]$），即图中的虚曲线 OB 关于直线 $Z=n/e$ 的对称图形——实曲线 AB。

至此，我们已证明了在 $\left[\dfrac{-1}{n-1},1\right]^n$ 上的连续函数 $H(A)$ 是个半峰降函数。这就保证了我们定义的传递熵函数对于精确度高（即 e_k 大）的信息的不确定度（$H(A)$）小。因此，定义是有效的。它是我们算法的理论依据。

设决策的实际自然状态空间为 $\theta=\{\theta_1,\theta_2,\cdots,\theta_n\}$；先验概率分布为 $P(\theta)=\{P(\theta_1),P(\theta_2),\cdots,P(\theta_n)\}$；信息的预测结果空间为 $s=\{s_1,s_2,\cdots,s_n\}$，S 与 θ 是一一对应的；条件概率分布为 $P(s|\theta)=\{P(s_j|\theta_i)(i,j=1,2,\cdots,n)\}$。

定理 3-3　后验概率 $P(\theta_i|s_j)$ 是信息条件概率 $P(s_j|\theta_i)$ 的单调增函数，其中 $i,j=1,2,\cdots,n$。

证明：由 Bayes 公式可知

$$P(\theta_i|s_j)=\dfrac{P(\theta_i)P(s_j|\theta_i)}{P(\theta_i)P(s_j|\theta_i)+\sum\limits_{k=1,k\neq 1}^{n}P(\theta_M)P(s_j|\theta_k)}$$

由于 $P(s_j|\theta_i)$（$i=1,2,\cdots,n$）之间无关，所以上式可以写成 $y=ax/(ax+b)$。其中，

$$\begin{cases} y = P(\theta_i|s_j), x = P(s_j|\theta_i) \\ a = P(\theta_i) > 0, b = \sum_{k=1,k\neq i}^{n} P(\theta_k)P(s_j|\theta_k) > 0 \end{cases}$$

因为 $y'_x = ab/(ax+b)^2 > 0$

所以 y 是 x 的单调增函数。（证毕）

由定理 3-3 可知，信息越准确，即 $P(s_j|\theta_i)(i=1,2,\cdots,n)$ 越大，则后验概率 $P(s_j|\theta_i)$ 也越大，即预测更准确；反之不然。这种情况应在决策过程中得以体现，否则会产生错误的判断。

设有两方案选取：①在任何状态下收益为零，②在 θ_i 出现时收益为 CP_i，$\mathrm{EP}_j = \sum_{i=1}^{n} P(\theta_i|s_j)\mathrm{CP}_i$ 为预测为状态 s_j 时其期望收益，$i,j=1,2,\cdots,n$。

EMV_y 和 EMV_N 分别为购买和不买信息时的期望收益，对此有如下结论：

定理 3-4 记 $\mathrm{EP}_j < 0$ 的足标 j 集合为 J，则

$$\Delta = \mathrm{EMV}_y - \mathrm{EMV}_N = \begin{cases} 0, J = 0 \\ -\sum_{j\in J}\sum_{i=1}^{n}\left[P(s_j/\theta_i)P(\theta_i)\mathrm{CP}_i\right] > 0, J \neq 0 \end{cases}$$

0 表示空集。

证明：

（1）当 $J=0$，即所有 $\mathrm{EP}_j \geq 0$，则

$$\Delta = \sum_{j=1}^{n} P(s_j)\mathrm{EP}_j - \sum_{i=1}^{n} P(\theta_i)\mathrm{CP}_i$$

$$= \sum_{i=1}^{n}\sum_{i=1}^{n} P(\theta_i s_j)\mathrm{CP}_i - \sum_{i=1}^{n} P(\theta_i)\mathrm{CP}_i = 0$$

（2）设当 $j \leq r$ 时，$\mathrm{EP}_j \geq 0$。当 $j > r$ 时，$\mathrm{EP}_j < 0$。若存在 $\mathrm{EP}_j < 0$，$j \in J \neq 0$，$j = r+1,\cdots,n$，则

$$\Delta = \sum_{j\notin J}^{n} P(s_j)\mathrm{EP}_j - \sum_{i=1}^{n} P(\theta_i)\mathrm{CP}_i = -\sum_{j\in J}^{n} P(s_j)\mathrm{EP}_j > 0$$

又因为 $\mathrm{EP}_j = \sum_{i=1}^{n} P(\theta_i|s_j)\mathrm{CP}_i$，所以

$$\Delta = -\sum_{j\in J}\sum_{i=1}^{n} P(\theta_i s_j)\mathrm{CP}_i = -\sum_{j\in J}\sum_{i=1}^{n} P(s_j|\theta_i)P(\theta_i)\mathrm{CP}_i$$

由定理 3-4 可知，当所有 $\mathrm{EP}_j \geq 0$ 时，传统 Bayes 决策的后验预分析失效，有

无信息结论都一样。因为 $\Delta = 0$，无须增加后验信息。当存在 $EP_j < 0$ 时，差值 Δ 与信息的条件概率 $P(s_j|\theta_i)$（$j \notin J$）有关，而与其他条件概率无关。如果两种信息的 $P(s_j|\theta_i)$（$j \in J \neq 0$ 时）相等，则 Δ 也必须一样，从而产生即使信息准确度 $P(s_j|\theta_i)$ 不相等，而传统 Bayes 决策模型之方案优劣却相同的不合理结果。这是由没有把信息准确度列为决策因素造成的。

定义 3-7 信息 I 在 n 维状态空间 θ 上的条件概率为 $P(s_j|\theta_i)$（$i,j = 1,2,\cdots,n$）。若 $P(s_j|\theta_i) = 1/n$，则称信息 I 为最差信息。

最差信息传递矩阵为零矩阵。

定理 3-5 传递矩阵中元素 e_k 只与 $P(s_k|\theta_k)$ 有关，且是其递增线性函数。

证明： 因为 $\sum_{j=1}^{n} P(s_j|\theta_i) = 1$（$1,2,\cdots,n$），所以

$$e_k = \frac{1}{n-1}\left[\sum_{j=1}^{n} P(s_k|\theta_k) - \sum_{j=1}^{n} P(s_j|\theta_k)\right]$$

$$= \frac{1}{n-1}\left[nP(s_k|\theta_k) - 1\right]$$

即 e_k 是 $P(s_k|\theta_k)$ 线性递增函数。

由定理 3-5 可知，信息越准确，传递矩阵元素值也越大，反之亦反。

不失一般性，我们认为，作为信息准确度的传统测度——条件概率在 $P(s_j|\theta_k) > P(s_k|\theta_k)$（$j \neq k, i,j,k = 1,\cdots,n$）时，该信息在预测状态 θ_k 上是失效的，并设其准确度为零，从而 $e_k = 0$，$h_k = 2/e$。故而 e_k 的定义域实为 $[0,1]$。

3.2 基于复熵的 IBayes 决策分析

我们发现了传统 Bayes 决策模型存在的缺陷。为弥补这一缺陷，我们扩充传统信息熵并定义了复熵。接下来，本节将介绍改进的 Bayes 决策法，即 IBayes 决策分析理论的原理和模型、方法与应用。

我们已经看到，熵不再仅仅表示信息量的多少，还能反映它质的优劣。因此，拓展了的熵，才真正成为信息度量的一个"物理量"。然而，要彻底解决开始提出的问题，必须创立 $H(I)$ 与经济指标的数量关系。

下一步将把准确度与费用联系起来。我们很自然地想到，既然 $H(A)$ 已充分体现了信息准确度，那么就可以把它作为一个准确度大小的"系数"，通过与

最大机会经济损失相乘，得出该准确度下信息的机会经济损失。下面我们按定理 3-3 和定理 3-4 所设符号，以收益型决策问题为例讨论。

当 $J \neq 0$ 时，获得最优信息时的最大期望收益

$$\text{EMV}_{\max} = \sum P(\theta_i)\text{CP} \quad (\text{显然 EMV}_{\max} \leqslant \text{EPC})$$

先验期望收益，理解为信息最劣时不购买之，故记为

$$\text{EMV}_{\min} = \sum_{i=1}^{n} P(\theta_i)\text{CP}_i = \text{EMV}_N$$

两者之差就是信息不准确造成的最大机会经济损失，记为

$$\text{CA}_{\max} = \text{EMV}_{\max} - \text{EMV}_{\min} = -\sum_{j \in J} P(\theta_i)\text{CP}_i$$

定义 3-8 CA_A 为信息 A 的机会经济损失

$$\text{CA}_A = \frac{e}{2n} H(A) \text{CA}_{\max}$$

式中，CA_A 为由于信息 A 的不准确带来的风险应折合的经济损失（成本的增加或收益的减少）；$H(A)$ 为信息 A 的传递熵；系数 $\frac{e}{2n}$ 是为了使 CA_A 落在 $0 \sim \text{CA}_{\max}$ 之间而设的。CA_A 具有如下性质：

定理 3-6 最优信息的 $\text{CA}_A = 0$，最差信息的 $\text{CA}_A = \text{CA}_{\max}$。

定理 3-7 信息越准确，它的机会经济损失值 CA_A 越小。

定义 3-9 信息 A 的价值

$$V_A = \text{CS} + \text{CA}_A$$

式中，CS 为市场上信息 A 的售价（或经抽样、调研等手段获取信息 A 所耗费的成本）；V 为用成本和准确度对信息的价值做全方位衡量的一个物理量。

定理 3-8 一个完整的 IBayes 算法步骤如下：

（1）若 $J = 0$，用先验 Bayes 决策，无须后验信息，算法结束；否则转（2）。

（2）计算 EMV_N，转（3）。

（3）用拟获取的后验信息 A 修正先验信息，并计算 EMV_y，转（4）。

（4）用定义 3-2 计算 $E(A)$（其中当 $P(s_j|\theta_k) > P(s_k|\theta_k)$ 时，命 $e_k = 0$，$h_k = 2/e$）、$H(A)$ 和 CA_A，转（5）。

（5）比较 EMV_N 与 $\text{EMV}_y - V_A$ 的大小，若前者小，则信息 A 值得获取，根据它提供的信息用后验分析法进行决策，并求出

$$\text{EVS}_1 = \text{EMV}_y - \text{EMV}_N$$

$$\text{ENG}_S = \text{EVS}_1 - V_A$$

算法结束；否则用先验 Bayes 决策，后验信息 A 不宜获取，算法结束。

如果方案的个数 j 更多，只要重新定义 $\mathrm{EMV}_{\max}$ 和 $\mathrm{EMV}_{\min}$ 为

$$\mathrm{EMV}_{\max} = \max_{a_j \in A} \sum P(\theta_i) \mathrm{CP}_{ij} \text{ 或 } \mathrm{EMV}_{\max} = \mathrm{EPC}$$

$$\mathrm{EMV}_{\min} = \min_{a_j \in A} \mathrm{EMV}_N^j = \min_{a_j \in A} \sum_{i=1}^n P(\theta_i) \mathrm{CP}_{ij}$$

其他不变，即可按 IBayes 法计算。

例 3-2 在例 3-1 里我们已经知道，用传统的 Bayes 法得出信息 A 和表 3-6 表示的准确度低劣的信息 B 都值得购买的荒唐结论。结合定义 3-3，并用 IBayes 法来求解它，所得结果列于表 3-13 中。

表 3-13 信息 A 和信息 B 的 IBayes 数据表

项目	A	B
$H(\cdot\|x)$	0.884 8 奈特	0.884 8 奈特
$E(\cdot)$	(0.475, 0.175, 0.625)	(0, 0, 0)
$H(\cdot)$	1.078 2 奈特	2.2 奈特
EMV_y^g	2.685 百万元	2.64 百万元
CA	1.549 4 百万元	3.588 百元
V	2.149 4 百万元	4.188 百万元
$\mathrm{EMV}_y^g - V$	0.535 6 百万元	-1.548 百万元

由表 3-13 可知，由于 0.535 6>0.45（不买信息时的期望收益值 EMV_N），故信息 A 值得购买，而-1.548<0.45，故信息 B 不值得买。再用信息 A 修正先验概率，据后验分析法做出最后决策。

例 3-3 已知市场及盈利（表 3-14），信息 D_1 和 D_2 的条件概率（表 3-15），信息售价为 8 万元，其他情况如上例。试先采用传统 Bayes 决策分析，信息 D_1 和 D_2 的期望收益分别为

表 3-14 市场情况及盈利

市场情况	出现概率 $P(\theta_i)$	盈利 CP_i（百万元）
θ_1（好）	0.3	20
θ_2（中）	0.3	5
θ_3（差）	0.4	-15

表 3-15 信息 D_1、D_2 的条件概率

信息 D_1	θ_1 好	θ_2 中	θ_3 差	信息 D_2	θ_1 好	θ_2 中	θ_3 差
s_1（好）	0.8	0.1	0.3	s_1（好）	0.6	0.2	0.1
s_2（中）	0.1	0.7	0.1	s_2（中）	0.3	0.6	0.3
s_3（差）	0.1	0.2	0.6	s_3（差）	0.1	0.2	0.6

$\text{EMV}_{D_1} = 4.19$ 百万元， $\text{EMV}_{D_2} = 4.19$ 百万元

两者净收益为（4.19−0.08）百万元=4.11 百万元。不买信息的期望收益为

$\text{EMV}_N = 20 \times 0.3 + 5 \times 0.3 − 15 \times 0.4 = 1.5$（百万元）

因为 $4.11 − 1.5 = 2.61 > 0$，所以它们值得买。

采用 IBayes 法计算

$$\text{CA}_{\max} = -P(\theta_3)\text{CP}_3 = 6（百万元）$$

$\text{CA}_1 = 2.55$ 百万元， $\text{CA}_2 = 2.99$ 百万元

净收益分别为

$4.19 − 0.08 − 2.57 = 1.54 > 1.5$， $4.19 − 0.08 − 2.99 = 1.12 < 1.5$

信息 D_2 不值得买，而且风险很大，为了稳妥，需要增加信息准确度。

此例表明，改进后的 IBayes 法使决策结果更为准确合理，我们在决策科学中引进熵已初显活力。

熵域的拓展，在完善了熵概念的同时扩大了其应用范围。可以预料，随着对它的深入研究，复熵将为科学决策、避免失误和减少风险带来更多的好处。当然，对于复熵这个新生儿，迫切需要的是对它进行进一步研究。例如，复熵和信息不准确性造成的经济损失值定义的普适性，以及传递熵如何影响效用函数和完全情报期望值，仿真的稳定性分析等。我们的工作仅仅是一个开始。

3.3 直觉熵方法及其应用

一般来说，我们可以将信息的价值定义为由于缺少它而造成的损失。因此，信息价值定义的关键是损失函数的定义问题。我们以下例来说明这一点。

当产品 A 为合格品时记为 x_1，为次品时记为 x_2，且次品率 $P(x_2) = 0.01$。假设真正的次品报废和合格品出厂都不造成损失，而一个合格品被报废损失为 1 元，一个次品出厂损失为 100 元。如果全部产品不做检验就出厂，单位平均损失为

$$\frac{1}{100} \times 100 = 1（元）$$

如果不经检验全部报废，单位平均损失为

$$\frac{99}{100} \times 1 = 0.99（元）$$

因此，若不做检验的最优决策是全部报废，期望损失最大值为 0.99 元。

如果检验能百分之百判断出次品和合格品，就没有损失。这种完全正确判断

A 是否合格所需信息量为

$$I_1 = -\sum_{i=1}^{2} P(x_i) \ln P(x_i)$$

$$= \frac{-1}{100} \ln \frac{1}{100} - \frac{99}{100} \ln \frac{99}{100} = 0.056 (奈特)$$

它的价值为 0.99 元,价值率

$$r_1 = \frac{0.99}{0.056} = 17.68 (元/奈特)$$

如果检验不完全准确,假设把合格品判断为次品和把次品判断为合格品的可能性都是 0.1,这时的损失为

$$\frac{1}{100} \times \frac{1}{10} \times 100 + \frac{99}{100} \times \frac{1}{10} = 0.199 \ (元)$$

又设检验的后验概率记为 $P(y_i)(i=1,2)$,则

$$P(y_i|x_i) = \frac{9}{10} (i=1,2)$$

$$P(y_2|x_1) = P(y_1|x_2) = \frac{1}{10}$$

$$P(y_1) = \sum_{i=1}^{2} P(x_i) P(y_1|x_i) = 0.99 \times 0.9 + 0.01 \times 0.1 = 0.892$$

$$P(y_2) = \sum_{i=1}^{2} P(x_i) P(y_2|x_i) = 0.108$$

该检验所获取的信息量

$$I_2 = H(y) - H(y|x)$$

$$= -\sum_{i=1}^{2} P(y_i) \ln P(y_i) + \sum_{j=1}^{2} \sum_{i=1}^{2} P(x_j) P(y_i|x_j) \ln P(y_i|x_j)$$

$$= 0.342\,3 + 0.325\,1$$

$$= 0.667\,4 (奈特)$$

单位平均损失由 0.99 元降至 0.199 元,其中损失减少了

$$0.99 - 0.199 = 0.791 \ (元)$$

此时单位信息量的价值,即信息价值率为

$$r_2 = 0.791/0.667\,4 = 1.185\,2 (元/奈特)$$

第4章 群决策熵模型分析

4.1 群决策理论及熵集结理论

4.1.1 群决策的基本理论

4.1.1.1 群决策的定义和基本假设

1. 群决策的定义

群决策指多个决策者就同一问题共同做出的决策,在决策科学从理性决策到行为决策,从个体决策到群决策,从单一准则到多准则(多属性和多目标),从确定性到不确定性,从单一决策方法到综合系统决策方法,从狭义决策到广义决策的发展道路上,与智能决策一起构成决策科学的两个前沿方向,完善着其理论和方法论体系,其理论研究和应用研究成为当前管理学界、数学界、经济学界、社会学界和政治学界决策研究者共同关心的热点话题和前沿领域。

群决策产生的原因有以下四个原因:

(1)决策责任分散。群体决策使得参与决策者责任分散,风险共担,即使决策失败也不会由一个人单独承担,加之权责不够分明,所以群体决策不如个体决策谨慎,具有更大的冒险性。

(2)群体气氛。群体成员的关系越融洽,认识越一致,则决策时就越缺乏冲突的力量,越可能发生群体转移。

(3)领导的作用。群体决策受到领导的影响,而这些人的冒险性或保守性会影响到群体转移倾向。

(4)文化价值观的影响。群体成员所具有的社会文化背景和信奉的价值观会被反映在群体决策中,例如,美国社会崇尚冒险,敬慕敢于冒险而成功的人士,所以其群体决策更富于冒险性。

国外学者 Hwang 在 1987 年对群体决策研究的分析和总结后，也给出一个群体决策的定义，即群体决策是把不同成员的关于方案集合中方案的偏好按某种规则集结为决策群体的一致或妥协的群体偏好序；Hwang 的定义实际上更多地刻画出规范性群体决策的一些特征，即需要寻找一种对决策群体公平的规则对个体决策者的偏好进行集结。这个定义强调了群体决策过程是寻找每一个决策个体都能够认可的群体效用函数。这个过程看起来是一个静态过程，而实际上，个体决策者在形成最终的一致或妥协的群体决策过程中是一个非常复杂的过程，有可能这个决策个体意见的一致或妥协过程不得不反复进行直至决策者群体的一致性偏好最终得以形成。国内学者陈珽这样定义群体决策：群是由群众选出的代表组成的各种各样的委员会，群体决策是集中群中各成员的意见以形成群的意见。这个定义和 Hwang 的定义比较相近。Luce 和 Raiffa 认为群体决策问题是定义一个"公平"的方法集结个体的选择来达成一项社会决策。正如 Arrow 所解释的那样，这个问题变成了集结个体偏好类型以致产生由这些个体组成的社会唯一的偏好类型。因为能够产生这种唯一的偏好方法有很多，但并不是都是"公平"的。群体决策研究者的目的是找出这种"公平"的集结方法。由此看出，这个定义的重点是集结方法的"公平"性。不同的研究者出于不同的研究视角，给出自己的群体决策定义。

我们认为，群决策是研究多人如何做出统一的有效抉择。多个个体组成群体。个体间可能是合作的，也可能是竞争的，还可以是复杂联合的以及合作基础上的有限竞争等。但必须合作择出统一的决策行为。

2. 群决策的基本假设

群决策的理论建立在个体决策理论的基础上，因此，个体决策理论假设也是群决策假设，如对决策者理性的假设、偏好的传递性要求等。除此之外，群决策由于是多个决策者共同对问题做出决策的，它又有自己的一些特点。不同的研究者由于研究的目的不同，对群决策研究的假设也稍有不同。

我们对群决策问题进行了研究，认为群决策一般存在着以下基本假设：

假设 4-1 任何个体决策者难以做出完美决策，都可能会犯错误。

假设 4-1 说明个体决策者在做出决策时，存在着犯错误的可能性，因此，决策充满着风险和不确定性。

假设 4-2 至少有两名决策者需要共同负责决策。

假设 4-2 是群决策区别于个体决策的根本所在，由于决策者需要共同负责进行决策,决策者的个数和决策者之间的本质关系直接影响到群体决策的决策过程、决策机理及决策结果的质量。委员会决策、组织决策及团队决策都是由于决策者之间的关系不同而导出的群体决策形式。

假设 4-3 群决策一般来说是非结构化的复杂决策问题。

假设 4-3 指出群决策需要解决的问题往往庞大而且复杂，单个决策者的知识和精力都极为有限，难以做出令人满意的决策，需要集中群决策者集体的智慧才能创造性地解决问题。

假设 4-4 群决策的结果应该是个体决策者的偏好形成一致或妥协之后得出的，即 Pareto 原则。

由假设 4-1 可知，决策是有风险和不确定性的。正是通过对个体偏好的一致集结，得到来自不同来源的信息，才大大减少了决策带来的风险和不确定性。

假设 4-5 群决策质量受到所采用的决策规则影响。

设给定群决策其他因素不变，所采用的决策规则不同会得出不同的决策结果。当采用不同的决策规则时，每个被择方案都有机会成为最终的方案。

假设 4-6 群决策质量受个体和群体的关系影响。

假设 4-6 说明决策个体对群体的忠诚度对群决策具有影响。

4.1.1.2 群决策中的研究划分

一般来说，只要是涉及多个决策者的决策问题都可以认为属于群决策的研究范畴。不同的研究者从不同的角度和不同的研究需要将群决策研究划分为不同类型。下面是不同研究者对群决策研究的划分。

1. Hwang 的分类

Hwang 和 Lin（1987）根据群决策的主要方法和形式把群决策分成三个部分：社会选择理论（social choice）、专家判断（expert judgement）（又称群体参与）和对策论（game theory）。

社会选择理论是研究有关民主社会中表达多数人意志的投票理论的一种群决策方法。投票过程一般会涉及候选人或方案的多个准则，尽管没有明显地表现出来，候选人被从多个准则方面进行资格审查，但是投票实际上是多准则决策。

社会选择理论研究的是基于政府失效这样的假定，布坎南采用了塔洛克在公共选择方法论方面的两项重要原则：①个人应该是进行分析的根本行为主体；②不管个人是公司经理或系国家官员，不管在他的效用函数中存在什么目标，他追求的都是他个人的私利。

专家判断过程一般首先要产生新的方案，其次再进行决策，常常应用在需要对新的设计或新的技术方案进行预测等问题上。群体参与过程是指群体有共同的利益，如社会或组织的决策。

对策论用来研究决策者之间存在利益冲突情况下，决策者采取种种策略使自己的效用最大化的一种数学理论。根据决策者的行为相互作用时当事人能否达成一个具有约束力的协议，对策论又可分为合作对策论和非合作对策论两类。前者实际上着重于联盟间的分配研究，强调的是团体理性，就是 Collective Rationality，同时还强调效率（efficiency）、公正（fairness）、公平（equality）。后者则强调决策者的个人理性、个人最优决策，其结果可能是有效率的，也可能是无效率的。

2. 组织结构分类

Mario（1994）认为，一般来说，个体决策的质量在本质上取决于下列一些变量：不完备信息、不确定性、人力资本的质量、决策所需要的时间和个体对目标的识别程度。这些变量同样对群体决策有本质上的影响。除了这些因素，还有两个因素对群决策的质量有很大影响：采用的决策规则和决策个体间的关系。

经过对群决策情况详细研究，Mario 根据群体组织结构将群决策分为三种基本类型：层次型（hierarchy）、多头政治型（polyarchy）和委员会（committee）。

层次型群体结构由 n 层决策水平组成，决策信息从底层或顶层开始流动，底层的决策者或决策者们对备择方案进行审查后接受了某个方案，才会将该方案送到邻近的上层进行决策，否则方案就被放弃。这种群决策结构决策权力由底层向上逐渐递增，顶层的决策者拥有最大的决策权力，可以否决其他决策者的意见；多头政治型结构则是由 n 个决策者同时对备择方案进行评估，所有的成员都在同一个水平，只要任何一个成员接受了方案，该方案就被决策群体接受了，决策者拥有平等的决策权力。委员会结构是联合 n 个成员同时对方案进行评估，通常采用多数票决策规则来决定接受哪一个方案。

3. Zimmermann 的交互分类

Hans Zimmermann 在其著作中根据交互作用（interaction）的类型将多人决策情况分为对策论（game）、团队决策（team decisions）和群体决策（group decision making）三类基本决策情况。

对策论在本质上属于冲突情况（conflict situation），至少有两人参与决策，决策者的决策互相影响对方的结果，决策者的效用函数是互相冲突的，并且假定决策者能够知道其他决策者的效用函数。

团队决策首先由 Marshak 和 Radner 在 20 世纪 70 年代早期提出，主要研究决策者之间的效用函数没有冲突的决策情况，因此，在很大程度上它和个体风险决策类似。团队理论与团队中的成员之间的信息系统、团队成员行动的反应和团队作为一个整体有关。

群决策的模型假设群体效用函数由定义良好的个体效应函数决定。和对策论情况不同的是，在群体决策中不存在冲突的个体效用函数；与团队决策情况对照，问题的决策只能由群体完成，而不能由个人决定，成员之间的信息系统不认为是相关的，研究者主要关心的是如何集结个体效用函数为群体效用函数。因此，这种情况，群体被视作一个单独的新的决策者，这个单独的新的决策者试图从成员的效用函数中导出群体效用函数。

4. 国内学者的分类

国内一些学者从决策群体各成员的参与情况出发，划分了一个比较全面的群决策研究的体系结构。首先，他们根据决策者之间利益冲突与否将群决策划分为集体决策和对策论两大类；其次，根据决策者之间的地位关系和专业化程度将集体决策划分为委员会决策、组织决策和团队决策三类，其中委员会决策又分为社会选择和专家咨询两类。显然，这种对群决策分类的方法受 Hwang 的影响较大，但是比 Hwang 方法更细更科学，如图 4-1 所示。

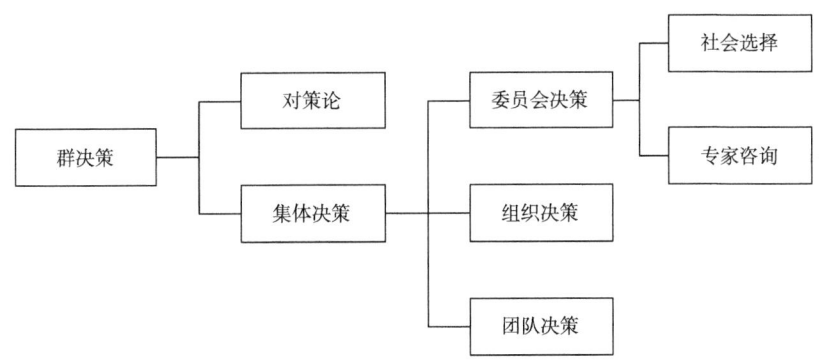

图 4-1 国内学者对群决策研究的分类图

4.1.1.3 群决策偏好的集结模型

群决策理论的研究涉及集结多个人的偏好为单个偏好问题，其中最重要的是对个体偏好集结模型的研究。因为在对个体偏好集结模型的研究中集中体现了群决策的偏好显现、偏好集结、决策规则及公平性和效率等群决策研究的关键性的内容。群决策偏好的集结模型的研究实际主要是两个问题：一是决策者个体偏好以什么方式显现；二是对决策者的偏好如何集结。

根据群决策中集结对象的不同，群决策的集结模型主要有以下三种类型：决策个体偏好序集结、决策个体概率偏好集结及决策个体模糊偏好集结。

1. 决策个体偏好序集结

个体偏好序集结是建立在二元序关系的基础上的。从决策个体对方案集的偏好集结到一致或妥协的群体单一偏好也称为群决策的一致化，对个体偏好序进行群体偏好一致化在过去乃至现在一直是社会选择理论研究的一个主题。在个体偏好序的集结研究中，主要是通过在二元比较偏好中建立传递性、连通性、自反性及对称性等关系，建立任意两个方案的次序关系来显现出决策者对方案的偏好的。在对偏好的集结公式研究方面，不同的研究者则采用了各种能反映实际集结关系的数学函数来进行不断的研究。对于个体偏好集结，反映了群决策问题的本质是如何联合个体偏好以形成群体一致或妥协偏好。

对于个体偏好一致性的研究可以追溯到法国数学家 Borda 和 Condorcet 早期的奠基性研究工作。对投票理论的研究和著名的 Condorcet 悖论就是这时期被发现的。

考虑三个个体决策者 e_1，e_2，e_3 分别对三个方案 α_1，α_2，α_3 进行排序，排序结果为

e_1: $\alpha_1 > \alpha_2 > \alpha_3$；$e_2$: $\alpha_2 > \alpha_3 > \alpha_1$；$e_3$: $\alpha_3 > \alpha_1 > \alpha_2$

按照简单多数决策规则，最后群体决策的结果会出现 $\alpha_1 > \alpha_2 > \alpha_3 > \alpha_1$ 的选择循环，这是由于简单多数决策规则在群决策中破坏了决策应该满足的传递性条件。Condorcet 悖论表明即使决策群体中的每一个决策个体的偏好都满足传递性，基于简单多数的群决策仍然会出现非传递的方案排序。但是在只有两个方案的群决策问题中，应用简单多数决策规则被证明是合理和适当的。

从那时候开始有关这个方向的研究文献浩如烟海，许多研究者对在如何从决策个体所显现的偏好序集合中合理地形成决策群体的一致性或妥协单一偏好方面做了大量的研究工作，最重要的研究者有 Kemeny 和 Snell（1962）、Armstrong 等（1982）、Bogart（1973，1975）、Cook 和 Seiford（1978）、Young（1974）。其中 Kemeny 和 Snell 是决策个体偏好序一致化模型的奠基人。该模型基于表示排序集合中的相关性的距离测度，Kemeny 和 Snell 提出了这些测度应该满足的公理集合，并且证明了这个测度的存在性和唯一性，这些公理与 Arrow 于 1951 年提出的社会选择条件相似。Cook 和 Seiford 合作的一系列研究工作针对偏好序信息不能给出决策个体的偏好强度信息，提出能够将序数信息和基数信息融合起来的偏好序模型及采用数据包络分析模型等，更是大大推进了这方面的研究，而关于该研究方向的非常好的综述性文献则主要由 Mueller（1976）、Plott（1976）所做。

偏好序本身有着天然的优点，它对决策个体所要求显现的信息与其他方法相比最少，只需对方案进行比较即可，使得它在实际中非常容易操作而且可以在需要输入信息非常少的许多领域中应用。例如，商品消费者偏好的数据、委员会或选举中的投票和国防 R&D 项目优先序排列等。

2. 决策个体概率偏好集结

对方案的概率意义上的解释开始于 Savage（1954）、Good 和 Fishburn（1964）。就像效用可以采用公理化建立偏好关系，主观概率也可以通过公理化表示一个更

可能的关系。

传统的决策分析依据主观概率、效用函数和决策树结构，由一个决策者完成。现实中大量的决策是由决策群体来完成的，由不同决策个体给出意见、评估和预测等概率信息，群体期望效用取决于群体对自然状态的概率估计。许多学者如 Winkler（1981）、Dalkey（1972）、de Groot（1974）、Morris（1974，1977，1986）、Bordley（1982）、French 和 Kickert（1981）、Genest 等（1984）及 Marley（1991）都对集结决策个体的概率信息问题进行过深入研究，这个方向的较为完整的研究综述可以在 Genest 和 Zidek（1986）、French（1985）的文献中找到。给定一集公理化条件常常意味着只有一个特定的集结公式可以满足，典型的集结公式如加权算术平均或加权几何平均，绝大多数的公理化理论将这些权重视作需要从专家过去的表现中去估计。然而在专家能力和这些权重之间的关系以及需要估计参数的本质等问题上，除了 Morris（1977，1986）外，很少有研究者从公理化的角度进行讨论。

设群体有 n 个成员（$n \geqslant 2$），个体对事件 E 的概率估计为 P_i，如何集结这 n 个个体的概率估计得到决策群体的概率估计 P_G。许多研究者对这个问题进行了研究。最简单的一种集结公式就是算术平均，然而这并不能保证就是正确的方法。Madansky（1978）提出加权集结公式，Bordley（1982）从公理化的角度导出概率乘积公式，并进行了讨论，Morris（1977）得到群体概率 Bayesian 集结公式。还有的研究者采用熵优化理论来建立个体决策者的概率集结公式，如 Levy 和 Delic（1994）、Myung 等（1996）分别利用极大熵原理建立相应的概率集结模型。

概率偏好集结最经典的研究是 de Condorcet（1785）、Poisson（1837）的工作。Grofman 等（1983）在此基础上做了进一步的研究和发展，Batchelder 和 Romney（1988）总结了标准的 Condorcet 模型，给出用主观偏好数据进行参数估计的方法，Young 区分了选择函数和排序函数，认为在一定的条件下，Bordley 过程提供了一种 Condorcet 获胜的最大似然估计，随后发展了一些重要相关理论分支。

其中最主要的三个理论是广义的 Condorcet 评判理论、Bayesian 最优群决策规则和 Young-Borda 最大似然估计理论。

1）广义的 Condorcet 评判理论

设 n 个决策个体按多数决策规则对方案集中的方案进行评价。P_G 是 n 个成员的在多数决策规则下的群体评价，该指标得分高者得选。

（1）Condorcet 评判定理。设 P_i 是决策个体的判断能力，群体有 $P_i=P$，$i=1,2,\cdots,n$，如果决策规则是多数决策规则，设 n 是奇数，$r=(n+1)/2$。如果投票人的选择是相互独立的，则

$$P_G = \sum_{h=r}^{n} \left(P^h\right)\left(1-P\right)^{n-h}$$

当 $1 > P > 1/2$ 时，P_G 随 n 单调增大，且 $\lim_{n\to\infty} P_G = 1$。

当 $0 < P < 1/2$ 时，P_G 随 n 单调减小，且 $\lim_{n\to\infty} P_G = 0$。

当 $P_G = 1/2$ 时，则 $P_G = 1/2$。

对决策个体的判断是相互独立的群体，如果 $P_G > 1/2$，随着 n 的增大，多数决策规则的群体判断精确度将提高，而且收敛速度也提高；反之，当 $P < 1/2$ 时，群体判断精确度随 n 增大而降低；当 $P = 1/2$ 时，$P_G = 1/2$。

（2）广义的 Condorcet 评判理论。Gerl 等（1983）将 Condorcet 评判理论推广到非均值群体（P_i 任意分布）的情况。令 P_i 的均值 $\overline{P} = \dfrac{1}{n}\sum_{i=1}^{n} P_i$，如果投票人的选择相互独立

$$\overline{P} > 1/2, \text{则} \lim_{n\to\infty} P_G = 1$$

$$\overline{P} < 1/2, \text{则} \lim_{n\to\infty} P_G = 0$$

$$\overline{P} = 1/2, \text{则} 1 - e^{-\frac{1}{2}} > \lim_{n\to\infty} P_G > e^{-\frac{1}{2}}$$

在相互独立选择的条件下，平均表决者很可能有更多的机会选择。

2）Bayesian 最优群决策规则

对一给定的概率集合 $\{P_G\}$，且 $P_i > 1/2$，$i = 1, 2, \cdots, n$。群体精确度最大的决策规则是任意加权多数决策规则，权重 ω_i 为

$$\omega_i \propto \log \frac{P_i}{1 - P_i}$$

这个结论是 Shapley 在 1979 年提出的，Nitzan 和 Paronsh（1982）也提出了同样的结论。值得说明的是，上式个体权重的确定是个体能力的函数，并且独立于群中其他成员的能力。

3）Young-Borda 最大似然估计理论

Borda 函数：令 $F_B(x) = \sum_{y \in A1} \#(i : x P_i y)$，Borda 规则是使 Borda 函数极大化的方案就是所求方案，而 Condarcet 函数：令 $f_c(x) = \min_{y \in A/\{x\}} \#(i : x P_i y)$，Condorcet 规则是使 Condorcet 函数极大化的方案就是所求方案。一般情况下，二者的选择各有优点，并不一样。Young 等（1986）解决了二者之间的协调问题，选取最大可能 Condorcet 方案类似于 Borda 规则中每个投票者选择 $\log[P_i/(1-P_i)]$ 作为权重加权过程。因此，Young 等的工作不仅使 Borda 和 Condorcet 规则协调起来，还集结了 Bayesian 最大似然估计。

3. 决策个体模糊偏好集结

在决策分析中,准确地获取决策者真实的偏好信息是非常重要的。由于决策者的偏好信息往往是不精确的,故把模糊理论引入决策分析中来是非常合理的。20世纪80年代以来,模糊决策理论受到极大的关注并得到了迅速的发展,模糊集理论在决策理论方法研究的各个方面、各个阶段都有应用。

国内外已有一些文献开始用模糊理论研究群体决策,研究的结果表明,利用模糊集合理论的群体决策模型能够提供更加灵活的决策框架(Fedrizzi et al., 1993; Kacprzyk, 1986; Nurmi, 1991)。由于模糊偏好关系明显的优点,群体决策中倡导利用模糊偏好关系作为一个有用的工具已经很长一段时间了。例如,Bezdek等(1979)讨论了确定群体偏好的方法和导出一致性的测量方法。Tanino(1984,1990)研究了当个体偏好关系是用模糊关系表示的情况下,得到群体偏好关系的方法,并且回顾了模糊理论在群决策研究中的进展,比较了模糊和非模糊群决策的共同点与差别。Nurmi(1981)提出了在模糊偏好关系基础上确定最优方案和从模糊个体偏好关系获得非模糊群体偏好关系的方法。

模糊数学和群决策理论本身的发展水平还远远未达到成熟,模糊群决策理论作为它们的交叉领域自然也受到很大的局限。因此,模糊群决策理论和发展还不是很系统,但可以确定地说,采用模糊集合理论对群决策进行研究是一个非常有前途的方向。

4. 群决策的权力分布

无论是在经济学或政治学范畴内,都共同存在着类似权力分布的主题。二者的区别在于:经济学中涉及的是物品、资源、设施等,而政治学中主题是权力的分布。理论研究和心理学实验也都表明了这样一件事实:在群决策过程中,对最后决策结果的形成每个决策者的作用并不相同,而且决策者之间的相互关系对决策结果也有很重要的影响。

许多研究者试图定义"权力"这个术语,而实际上"权力"的本质反映了实现渴望已久目标的能力。群决策的决策权力最被人们熟知的是权力指数和权重这两个概念,不同的研究者出于不同的研究角度和研究程度对群决策的决策权力分布进行了研究,相应的决策权力名称为权重(weight)、权力指数(power index)、能力(competence)、决策水平(decision support)、表决权(voting power)等。

权力指数的概念出现在投票选举环境中,许多研究者对它进行了研究,因此,出现了Shapley-Shubik权力指数、Banzhaf权力指数和Deegan Packel权力指数等不同的权力指数。研究者引入一个指数来测度决策者权力,而决策者权力指数值定义为其成为最后一个成员以使失败联盟转变为获胜联盟的机会,即表示该成员投决定性一票的概率。权重是在多属性决策中出现的概念,是指由决策人相对于各个属性的效用函数集结为决策人的总的效用函数时,各属性效用函数相对的重要程度。几乎在所有由分量集结为总量的加权模型中都会遇到确定权重的问题。在群效用函数的集结中也有类似的问题。可以看出,权重和权力指数都表示了决策者在形成群决策时的重要程度,也就是决策者在群决策过程中的决策权力,但是二者的定义和计算公式都不相同。

Harsanyi 讨论了成员权力的分布,认为权力的分布会影响人的行为和行为的一致性。Grofman 和 Owen 在文献中将对加权集结模型的权重求解方法归结到三条思路:一是 Bodily 于 1979 年在文献提出的委托过程确定权重的思想。实际上,Bodily 并不是第一个采用这种思路的研究者。第一个提出这种方法的是用来对集结预测的权重赋值。二是一种基于决策个体给出的评价值的一种算法来确定决策个体的集结权重。三是在集结决策个体概率信息时,目标为极大化群体估计似然率的最优的决策个体集结权重应该满足公式 $w_i = \log[P_i/(1-P_i)]$。还有很多的研究者从其他的角度提出确定权重的思路,而我国学者邱菀华(1995)在她的群决策熵模型中,用决策支持水平来测度群决策中决策者的可靠性,而在决策者的可靠性中已经暗含着权重的信息了。

但是正如许多研究者已经指出的那样,迄今尚没有一个真正合理的方法来确定加权集结模型中的权重。造成这些困难的原因有决策者或专家意见之间的相关性,专家意见有可能不真实等复杂因素,而只有考虑了这些因素,才有可能真正精确地确定专家的权重。

4.1.2 群决策特征根法

1. 群决策特征根法的原理

由 $S_1, S_2, \cdots, S_m$ 组成的 m 个专家群组决策系统 G,评价 n 个对象 $B_1, B_2, \cdots, B_m$,第 i 个专家 S_i 对第 j 个被评目标 B_j 的评分值记为 $x_{ij} \in [I, J]$($i=1,2,\cdots,m; j=1, 2, \cdots, n$)。$x_{ij}$ 的值越大,目标 B_j 越优。S_i 及其群组 G 的评分组成 n 维列向量 $\boldsymbol{x}_i$ 和 $m \times n$ 阶矩阵 $\boldsymbol{x}$

$$\boldsymbol{x}_i = (x_{i1}, x_{i2}, \cdots, x_{im})^{\mathrm{T}} \in E^n$$

$$\boldsymbol{x} = (x_{ij})_{m \times n} = \begin{pmatrix} x_{11} & x_{12} & \cdots & x_{1n} \\ x_{21} & x_{22} & \cdots & x_{2n} \\ \vdots & \vdots & & \vdots \\ x_{m1} & x_{m2} & \cdots & x_{mn} \end{pmatrix} \boldsymbol{x}_i = (x_{i1}, x_{i2}, \cdots, x_{im})^{\mathrm{T}} \in E^n$$

它们是专家和群组在一次决策过程中所做的结论,代表各自对被评物的估价值。

专家的决策水平不但取决于他的专业水平、经验、知识面和综合能力,而且与决策时的精神状态、情绪和偏好密切相关。所以,现实中决策可靠性达最大值 1(或者说决策的不确定性、不可靠性达最小值 0)的专家是不存在的。因此,我们假设一个评分最准(可靠性达 100%)、最公正,即决策水平最高的专家叫作理想(最优)专家 S_*。他的评分向量为 $\boldsymbol{x}_* = (x_{*1}, x_{*2}, \cdots, x_{*n})^T \in E^n$。

由于人们总是聘请水平较高的专家参与,故我们现实地定义理想专家为,对被评物的认识与专家群体 G 有最高一致性的专家,即 S_* 的决策结论与 G 的完全一致,与专家个体间的差异最小。

定义 4-1 具有评分向量与群体中各专家评分向量夹角之和最小的专家,称为该群体的理想(最优)专家。由上定义不难写出 $\boldsymbol{x}$ 是使函数

$$f = \sum_{i=1}^{m}\left(\boldsymbol{b}^T \boldsymbol{x}_i\right)^2 \tag{4-1}$$

取最大值时的向量,式(4-1)中,$\boldsymbol{b} = (b_1, b_2, \cdots, b_n)^T \in E^n$,且不失一般性,可设 $\|\boldsymbol{b}\|_2 = 1$,即

$$\max_{\substack{b \in E^n \\ \|b\|_2 = 1}} \sum_{i=1}^{m}\left(\boldsymbol{B}^T x_i\right)^2 = \sum_{i=1}^{m}\left(\boldsymbol{x}_*^T x_i\right)^2$$

为了求 $\boldsymbol{x}_*$,G 对被评物的总评分,先引入 Frobenius 定理的结论如下:

引理 4-1 若 n 阶实矩阵 $Q \geqslant 0$ 为不可约矩阵,则

(1)Q 有最大的正特征根 $\rho_{\max}$,且为单根。

(2)$\rho_{\max}$ 对应于 Q 的特征向量可以全部由正分量组成,所有特征向量只相差一个比例因子。显然,我们的评分矩阵 $\boldsymbol{x}$ 构成的方矩阵 $\boldsymbol{F} = \boldsymbol{x}^T \boldsymbol{x}$ 是符合 Frobenius 定理条件的。下面的定理证明,我们要求的 $\boldsymbol{x}$,就是引理 4-1(2)中 $\rho_{\max}$ 对应的正特征向量。

定理 4-1 对于 $\forall \boldsymbol{b} \in E^n$

$$\max_{\|b\|_2} \sum_{i=1}^{m}\left(\boldsymbol{b}^T x_i\right)^2 = \sum_{i=1}^{m}\left(\boldsymbol{x}_*^T x_i\right)^2$$

式中,$\rho_{\max}$ 为矩阵 $\boldsymbol{F} = \boldsymbol{x}^T \boldsymbol{x}$ 的最大正特征根;$\boldsymbol{x}$ 为 $\rho_{\max}$ 对应于 $\boldsymbol{F}$ 的正特征向量,且 $\|\boldsymbol{x}_*\|_2 = 1$。

证明: 由式(4-1)

$$f = \sum_{i=1}^{m}\left(\boldsymbol{b}^T x_i\right)^2 = \sum_{i=1}^{m}\left(\boldsymbol{b}^T x_i \boldsymbol{B}^T x_i\right) = \boldsymbol{b}^T \left(\sum_{i=1}^{m} x_i x_i^T\right) \boldsymbol{b} = \boldsymbol{b}^T \boldsymbol{x}^T \boldsymbol{x} \boldsymbol{b} \tag{4-2}$$

用拉格朗日乘子法求 f 的最大值，构造函数
$$g(b_1,b_2,\cdots,b_n,\rho)=\boldsymbol{b}^{\mathrm{T}}\boldsymbol{x}^{\mathrm{T}}\boldsymbol{x}\boldsymbol{b}-\rho(\boldsymbol{b}^{\mathrm{T}}\boldsymbol{b}-1)$$

令
$$\frac{\partial g(b_1,b_2,\cdots,b_n,\rho)}{\partial b_j}=0,\ j=1,2,\cdots,n$$
$$\frac{\partial g(b_1,b_2,\cdots,b_n,\rho)}{\partial \rho}=0$$

得
$$\boldsymbol{x}^{\mathrm{T}}\boldsymbol{x}\boldsymbol{b}-\rho\boldsymbol{b}=0;\ \boldsymbol{b}^{\mathrm{T}}\boldsymbol{b}=1$$

即
$$\boldsymbol{F}\boldsymbol{b}=\rho\boldsymbol{b},\ \|\boldsymbol{b}\|_2=1$$

因此，当 f 取极值时，ρ 为 $\boldsymbol{F}$ 的特征根，$\boldsymbol{b}$ 为 $\boldsymbol{F}$ 的特征向量。根据引理 4-1，必可找到最大正特征根 $\rho_{\max}$ 对应于 $\boldsymbol{F}$ 的特征向量 $\boldsymbol{x}_*$ 全部由正分量组成，且 $\boldsymbol{x}_*$ 唯一（因 $\|\boldsymbol{x}_*\|_2=1$）。

下面证明求出的 $\boldsymbol{x}_*$ 使 f 达到最大值。

设 $\lambda\neq\rho_{\max}$ 为 $\boldsymbol{F}$ 的任一特征根，其对应于 $\boldsymbol{F}$ 的特征向量为 $\boldsymbol{b}_0$，则必有
$$\rho_{\max}>\lambda \tag{4-3}$$
$$\boldsymbol{F}\boldsymbol{x}_*=\rho_{\max}\boldsymbol{x}_*,\ \boldsymbol{F}\boldsymbol{b}_0=\lambda\boldsymbol{b}_0$$
$$\boldsymbol{x}_*^{\mathrm{T}}\boldsymbol{x}_*=\boldsymbol{b}_0^{\mathrm{T}}\boldsymbol{b}_0=1 \tag{4-4}$$

对式（4-3）的两个式子的两边分别左乘 $\boldsymbol{x}_*^{\mathrm{T}}$ 和 $\boldsymbol{b}_0^{\mathrm{T}}$，并注意到式（4-4）得
$$\boldsymbol{x}_*^{\mathrm{T}}\boldsymbol{F}\boldsymbol{x}_*=\rho_{\max}\boldsymbol{x}_*^{\mathrm{T}}\boldsymbol{x}_*=\rho_{\max}$$
$$\boldsymbol{b}_0^{\mathrm{T}}\boldsymbol{F}\boldsymbol{b}_0=\lambda\boldsymbol{b}_0^{\mathrm{T}}\boldsymbol{b}_0=\lambda$$

故
$$\boldsymbol{x}_*^{\mathrm{T}}\boldsymbol{F}\boldsymbol{x}_*>\boldsymbol{b}_0^{\mathrm{T}}\boldsymbol{F}\boldsymbol{b}_0\ \text{或}\ \boldsymbol{x}_*^{\mathrm{T}}\boldsymbol{x}^{\mathrm{T}}\boldsymbol{x}\boldsymbol{x}_*>\boldsymbol{b}_0^{\mathrm{T}}\boldsymbol{x}^{\mathrm{T}}\boldsymbol{x}\boldsymbol{b}_0$$
$$\sum_{i=1}^{m}(\boldsymbol{x}_*^{\mathrm{T}}\boldsymbol{x}_i)^2>\sum_{i=1}^{m}(\boldsymbol{b}_0^{\mathrm{T}}\boldsymbol{x}_i)^2$$

由 λ 的任意性可知
$$\max_{\|\boldsymbol{b}\|=1}\sum_{i=1}^{m}(\boldsymbol{b}^{\mathrm{T}}\boldsymbol{x}_i)^2=\sum_{i=1}^{m}(\boldsymbol{x}_*^{\mathrm{T}}\boldsymbol{x}_i)^2=\rho_{\max}$$

定理证毕。

定理 4-1 给出了群体 G 对多个被评目标做评判决策的新特征根法。这种方法求出的理想专家的评判分，即为多个被评目标的排序。此方法只需专家直接对各被评目标打分，然后被评分矩阵转置自乘记为矩阵 $\boldsymbol{F}$，$\boldsymbol{F}$ 的最大特征根对应的特

征向量就是最优决策结论,与层次分析法相比,无须在精度要求为 ε 的条件下,采用数值代数中的幂法可十分迅速地求出 x_*,具体算法如下:

(1)命 $k=0, y_0\left(\dfrac{1}{n}, \dfrac{1}{n}, \cdots, \dfrac{1}{n}\right)^{\mathrm{T}} \in E^n, y_1 = Fy_0, z_1 = \dfrac{y_1}{\|y_1\|_2}$;

(2)命 $k=1,2,\cdots; y_{k+1} = Fz_k, z_{k+1} = \dfrac{y_{k+1}}{\|y_{k+1}\|_2}$;

(3)用 $|z_{k \to k+1}|$ 表示 z_k 与 z_{k+1} 对应分量之差的绝对值最大者,判断 $|z_{k \to k+1}| < \varepsilon$ 是否成立?若是,z_{k+1} 即所求的 x_*;否则转(2)。

2. 应用实例

例 4-1 已知由 $S_1, S_2, \cdots, S_6$ 六个专家组成 G_1 对 B_1, B_2, B_3 三个目标做评判,他们的评分列入表 4-1 中。

表 4-1 专家评分表

目标	专家					
	S_1	S_2	S_3	S_4	S_5	S_6
B_1	5	1	2	1	3	1
B_2	4	3	4	2	4	4
B_3	1	4	5	4	5	5

由表 4-1 得

$$x^{\mathrm{T}} = \begin{pmatrix} 5 & 1 & 2 & 1 & 3 & 1 \\ 4 & 3 & 4 & 2 & 4 & 4 \\ 1 & 4 & 5 & 4 & 5 & 5 \end{pmatrix}, F = x^{\mathrm{T}}x = \begin{pmatrix} 41 & 49 & 43 \\ 49 & 77 & 84 \\ 43 & 84 & 108 \end{pmatrix}$$

用幂法的各次迭代结果列于表 4-2。

表 4-2 例 4-1 各次迭代结果表

k	0	1	2	3	4
y_k	(1/3,1/3,1/3)	(44.3,70,78.3)	(75.4,123.8,142.3)	(75.2,123.9,142.9)	(75.2,123.9,142.8)
z_k		(0.39,0.61,0.69)	(0.37,0.61,0.70)	(0.37,0.61,0.70)	(0.37,0.61,0.70)

从表 4-2 的最后一列查出

$$x_* = (0.3694, 0.6091, 0.7019)^{\mathrm{T}}$$

此即当 $\varepsilon = 0.0003$ 时的理想专家评分向量,目标 B_3 分最高,B_2 次之,B_1 最差。

例 4-2 给出 5 位专家组成的评价 5 个目标的序贯群体决策算例,已知

$$X = \begin{pmatrix} 1 & 1 & 0 & 1 & 0 \\ 1 & 1 & 0 & 0 & 0 \\ 0 & 1 & 0 & 1 & 1 \\ 0 & 0 & 1 & 1 & 1 \\ 1 & 1 & 0 & 1 & 0 \end{pmatrix}$$

则

$$F = \begin{pmatrix} 3 & 3 & 0 & 2 & 0 \\ 3 & 4 & 0 & 3 & 1 \\ 0 & 0 & 1 & 1 & 1 \\ 2 & 3 & 1 & 4 & 2 \\ 0 & 1 & 1 & 2 & 2 \end{pmatrix}$$

$$D = \begin{pmatrix} 0.5774 & 0.5774 & 0 & 0.5774 & 0 \\ 0.7071 & 0.7071 & 0 & 0 & 0 \\ 0 & 0.5774 & 0 & 0.5774 & 0.5774 \\ 0 & 0 & 0.5774 & 0.5774 & 0.5774 \\ 0.5774 & 0.5774 & 0 & 0 & 0 \end{pmatrix}$$

GEM 法的计算结果列于表 4-3 中（$\varepsilon = 0.005$）。

表 4-3 例 4-2 各次迭代结果表

k	0	1	2	3	4
y_k	$\begin{pmatrix} 1/5 \\ 1/5 \\ 1/5 \\ 1/5 \\ 1/5 \end{pmatrix}$	$\begin{pmatrix} 1.5 \\ 2.2 \\ 0.6 \\ 2.4 \\ 1.2 \end{pmatrix}$	$\begin{pmatrix} 4.1885 \\ 5.6881 \\ 1.0859 \\ 5.7915 \\ 2.5855 \end{pmatrix}$	$\begin{pmatrix} 4.3130 \\ 5.7850 \\ 0.9903 \\ 5.7417 \\ 2.4623 \end{pmatrix}$	$\begin{pmatrix} 4.3540 \\ 5.8119 \\ 0.9582 \\ 5.7177 \\ 2.4161 \end{pmatrix}$
z_k	—	$\begin{pmatrix} 0.4137 \\ 0.5688 \\ 0.1551 \\ 0.6205 \\ 0.3103 \end{pmatrix}$	$\begin{pmatrix} 0.4383 \\ 0.5953 \\ 0.1136 \\ 0.6061 \\ 0.2706 \end{pmatrix}$	$\begin{pmatrix} 0.4495 \\ 0.6029 \\ 0.1032 \\ 0.5984 \\ 0.2566 \end{pmatrix}$	$\begin{pmatrix} 0.4535 \\ 0.6053 \\ 0.0998 \\ 0.5955 \\ 0.2516 \end{pmatrix}$

从表 4-3 的最后一列读出 5 个被评目标的优劣次序为 $B_2 > B_4 > B_1 > B_5 > B_3$，故取前三名 B_2、B_4 和 B_1 入选。本例表明系统结构清楚后，GEM 法用于求解各类多目标问题十分准确便利。

4.1.3 群决策的熵集结理论

4.1.3.1 引言

群决策问题本质上是一个集结问题，在一定假设条件下，群决策问题可以转换为一个优化问题。熵及熵优化理论是一种较好的优化工具。本节首先对熵优化理论进行阐述，其次在对群决策问题的实质进行深入分析的基础上，利用信息论中的相对熵概念建立起群决策的相对熵模型，通过对该相对熵模型解的性质合理性分析可知，由相对熵模型得出的几何平均值解具有良好的性质。

群决策希望解决的问题是集结一群决策人中每个决策人的偏好为群体的偏好，然后根据群体的偏好对一组方案（包括各种方案和由它们产生的后果）进行排队，从中选择群体所最偏好的方案。一般来说，各个决策者之间存在利益或意见冲突，要得出一个决策结果，群体只能寻找妥协或一致。因此，一般来说个体决策的目标函数是最大化决策者个体效用，而群决策的目标函数往往是在决策者不同的偏好之间寻找一致或妥协，亦即极小化决策结果与个人偏好的不一致的不可能性。这类群决策存在着一个隐含假设，即

假设 4-7 决策问题存在着一个客观事实或由决策者群体共同认可的标准，而决策个体给出的方案集合中的方案评估值是相对于客观事实或认可的标准的波动或偏离。

这种情况下群决策的决策规则应该是最大化决策群体偏好的一致性。基于以上的分析和假设，我们可以将决策群体中的每一个决策个体对决策方案集 A 给出的偏好评判值视为对群的一致偏好评判值的偏离。为了极大化群决策的一致性，我们有理由认为理想的群偏好效用值与每个决策人偏好效用值的偏离应该最小。

4.1.3.2 熵及熵优化原理

熵理论或熵原理诞生于 100 多年前的热力学中。在统计力学中，Clausius 等科学家提出的熵概念，成为连接自然界中微观和宏观两个方面的桥梁。其影响范围之大，引起学者关注之多和时间之长，典型应用之成功，堪称跨学科的新兴边缘科学之典范。信息论中信息熵的理论和方法，把熵的量化应用扩展到对系统不确定性、无序性的量化工具。Jaynes（1957）通过最大熵统计推断理论来研究物理系统的统计推断问题，将最大化熵应用于有关模型建造原理。国内一些学者也纷纷对熵及其最优原理进行了理论和应用研究，其中中国学者顾昌耀和邱菀华（1991a）首次定义了复熵，并将它应用到决策分析中。因此，熵的概念和原理不但在自然界中起着非常重要的作用，而且在社会系统中的应用也越来越广泛。上

述情况在第 3 章到第 6 章中已有详细论述。

由于信息熵的出现，人们对熵的认识更加深入，熵增原理是指封闭系统的熵自动增大到熵最大且稳定在熵最大的状态。当人们把熵增原理用到了热力学以外的领域，又称为最大熵原理，该原理最经典的应用即 Jaynes 的极大熵准则，这也是 Laplace 提出的"充足理由律"的重要发展。该定律认为如果我们对随机事件一无所知，则应该假设它为均匀分布，而"极大熵准则"告诉我们在给定的某些条件下，应该选择使得熵（或条件熵）能极大化的那种分布为选定分布。因此，拉氏准则是极大熵准则的特例。

1948 年，Shannon 从全新的角度上对熵概念做了新的定义，获得了一个测度离散信息源"产生"的信息量多少的公式，下面是 Shannon 熵的离散形

$$H(x) = -C \sum_i P(X_i) \log P(x_i) \tag{4-5}$$

式中，$P(x_i)$ 为离散分布的概率；C 为常数。

Jaynes（1957）极大熵准则的发现起初是与统计推断机制有关，他通过设置恰当的线性矩约束，且通过对 Shannon 熵目标极大化导出一个概率分布。他的这个结果就是著名的 Jaynes 的极大熵原理，此原理被应用在各种不同的研究领域，Jaynes 极大熵的离散形式为

$$\max : S(p) = -\sum_{i}^{n} p(x_i) \log P(x_i) \tag{4-6}$$

$$\sum_i \varphi(x_i) P(x_i) = \mu k$$

$$\sum_i P(x_i) = 1$$

$$P(x_i) \geq 0$$

式中，$P(x_i)$ 为离散分布的概率；$\varphi(x_i)$ 为 x_i 的函数；μk 为常数，$k=1,2,\cdots,n$。

Kullback 极小交叉熵原理亦可称之为相对熵原理，在特定的情况下，它可以被证明与极大熵原理有密切的关系。Kullback 极小交叉熵原理亦即极小相对熵原理基本上包含下面两个概念：

（1）Kullback Leibler 测度（简称 K-L 测度）。

（2）基于特定的线性矩约束极小化 K-L 测度。

K-L 测度是一个纯数学的概念，它定义了对两个概率分布之间的"距离"的测度。它拥有一些精巧的性质，可以被表达为两个简单的对数形式，其中一个是 Shannon 熵测度。由于这个原因，K-L 测度也被称为交叉熵测度，另外，它还有其他名称，如相对熵、直接散度等。下面是 Kullback 极小交叉熵测度的离散形式

$$D(P:Q) = \sum_i P_i \ln \frac{P_i}{Q_i} \quad (4\text{-}7)$$

式中，$D(P:Q)$为概率分布P与另一个概率分布Q之间的"距离"。

熵的优化原理主要由Jaynes极大熵原理和Kullback极小交叉熵即相对熵原理组成，前者源于Shannon的信息熵，后者则由对概率距离的概念测度导出。下面给出两个定理。

定理4-2 极大熵原理，在满足给定约束的所有概率分布中，应选择最接近一致分布的概率分布。

定理4-3 极小交叉熵或相对熵原理，在满足给定约束的所有概率分布中，应选择最接近先验分布的概率分布。

一般在熵优化原理中可以应用的信息有两类：一类信息是先验概率，可以是决策者的直觉或该变量的历史实验数据的统计值；另一类是基于在决策过程中决策者所观察到的后验信息，这类信息以数据的约束形式出现。

基于以上的分析可以看到，在下面三个有关熵的概念和理论的表述之间既有联系又有区别：

（1）基于信息理论的Shannon熵测度。
（2）Jaynes的极大熵原理。
（3）Kullback极小交叉熵原理即相对熵原理。

总之，基于信息理论的Shannon熵是Jaynes极大熵原理和Kullback极小交叉熵原理的理论基础，而Jaynes极大熵原理和Kullback极小交叉熵原理又是基于信息理论的Shannon熵的进一步发展和深入。Jaynes极大熵原理和Kullback极小交叉熵原理在一定的假设条件下可以有统一的形式和意义，然而两者又是从不同的研究背景中导出的。

4.1.3.3 相对熵集结模型概述

熵的概念和熵的优化原理可以成功地应用在决策分析上，许多学者不断对此进行研究，并且已经得到了许多很好的研究成果。在这里我们利用相对熵的概念和优化原理独立地得到了一个新的群决策熵集结模型，研究表明新的相对熵集结模型具有良好的集结性质，并且发现该相对熵集结模型得出的集结公式与Bordely利用公理得出的集结公式在形式上非常相似，并且在一定的条件下二者可以相互转化，在一定程度上验证了该模型的正确性。

1. 相对熵及其主要性质

设$\Omega = \{0, 1, 2, \cdots\}$，$x_i$，$y_i$是$\Omega$上两个概率测度。在这里只引述有关相对熵离散形式的定义及主要性质。

定义 4-2 设 $x_i, y_i \geqslant 0, i = 1, 2, \cdots, n$，且 $1 = \sum_i^n x_i \geqslant \sum_i^n y_i$，则称 $h(X, Y) = \sum x_i \log \dfrac{x_i}{y_i} \geqslant 0$ 为 X 相对于 Y 的相对熵，其中 $X = (x_1, x_2, \cdots, x_n)^T$，$Y = (y_1, y_2, \cdots, y_n)^T$。

定理 4-4 如果函数 $h(X, Y)$ 为 X，Y 的相对熵，则其满足以下性质：

$$\sum_i x_i \log \dfrac{x_i}{y_i} \geqslant 0 \tag{4-8}$$

$$\sum_i x_i \log \dfrac{x_i}{y_i} = 0, \text{当且仅当} x_i = y_i, \forall i。 \tag{4-9}$$

由上述性质可知，当 X，Y 为两个离散分布时，相对熵可用于度量二者符合程度。

2. 相对熵集结模型

设决策方案集合为 $A = \{a_j, j = 1, 2, \cdots, n\}$；决策群体的集合为 $E = \{e_i, i = 1, 2, \cdots, m\}$，且每个决策者根据自己的偏好分别对决策方案集合 A 中的所有方案给出评判值，假设对方案 a_j 的评判值可以用基数效用来表示，并且评判值越大表示决策人对该方案越偏好。集合 $W = \{w_i, i = 1, 2, \cdots, m\}$ 是决策者的权重集合，其中 w_i 对应于第 i 个决策人的权重，满足 $\sum_{i=1}^m w_i = 1$。形式化表示为 $\forall e_i \in E$，可给出一个映射 $\pi_i : a_i \to x_{ij}$，其中，x_{ij} 为决策者 e_i 对方案 a_j 的评判值。设群体偏好的映射为 $\pi_g : a_j \to x_{gj}$，群偏好向量为 $X_g = (x_{g1}, x_{g1}, \cdots, x_{gn})^T$。求出每一个 x_{gj} 后，我们就可以根据 x_{gj} 的排序大小对决策方案集合 $A = \{a_j\}$（$j = 1, 2, \cdots, n$）进行选择，同时也可以比较两个方案之间的偏好差别。

$\forall i$，如果将决策者 e_i 对决策方案集合 A 中各方案的偏好评判值假设为对各方案偏好效用的概率测度，每一个决策者对方案集合中所有方案的离散概率测度就形成决策方案集合 A 的一个概率分布。在这里，给出相对熵集结模型的一个假设。

假设 4-8 专家是在相互独立的情况下对方案集合中各方案进行评判的。因此我们认为作为对各方案偏好效用的概率测度也是相互独立的离散随机变量。现在，准备建立相对熵集结模型来集结群体的一致或妥协偏好评判值。

依据上述分析，为得到决策群体对方案 A 的群偏好向量 X_g，须解下面的非线性规划问题：

$$(P)\begin{cases} \min Q(X_g) = \sum_{i=1}^{m} w_i \sum_{j=1}^{n} \left(\log x_{gj} - \log \dfrac{x_{ij}}{\sum_{j=1}^{n} x_{ij}} \right) x_{gj} \\ \text{s.t. } \sum_{j=1}^{n} x_{gj} = 1, x_{gj} > 0 \end{cases} \quad (4\text{-}10)$$

由式（4-10）看出，每个决策者对方案集合 A 中的方案的偏好效用值的大小通过规范化限定在区间［0，1］，通过对各个决策者的偏好效用值与群偏好向量之间偏离值的极小化，使得各个决策者偏好效用与群偏好效用进行了比较，而且对各个人之间的偏好效用也进行了比较，最后通过解此非线性规划我们可以得到群决策 REM 算法相对熵模型算法。

3. 熵模型的求解和性质

为求解下面的数学规划

$$(P_1)\begin{cases} \min Q(X_g) = \sum_{i=1}^{m} w_i \sum_{j=1}^{n} \left(\log x_{gj} - \log \dfrac{x_{ij}}{\sum_{j=1}^{n} x_{ij}} \right) x_{gj} \\ \text{s.t. } \sum_{j=1}^{n} x_{gj} = 1, \end{cases}$$

我们先给出

引理 4-2 规划问题 P_1 中群偏好向量有局部最优解 $\boldsymbol{X}_g^* = \left(x_{g1}^*, x_{g2}^*, \cdots, x_{gn}^* \right)^{\mathrm{T}}$

$$x_{gj}^* = \prod_{i=1}^{m} (b_{ij})^{w_i} \bigg/ \sum_{j=1}^{n} \prod_{i=1}^{m} (b_{ij})^{w_i}, j = 1, 2, \cdots, m$$

式中，$b_{ij} = x_{ij} \bigg/ \sum_{k=1}^{n} x_{ik}$。

证明：作拉格朗日函数

$$L(X_g, \lambda) = Q(X_g) - \lambda g(X_g)$$

式中，$g(X_g) = 1 - \sum_{j=1}^{n} x_{gj}, j = 1, 2, \cdots, n$。

令 $\nabla L(X_g, \lambda) = 0$，即 $\begin{cases} \nabla_{X_g} L = 0 \\ \nabla_{\lambda} L = 0 \end{cases}$

则 $\begin{cases} \sum_{i=1}^{m} w_i \left[\dfrac{1}{x_{gj}} x_{gj} + \log x_{gj} - \log \dfrac{x_{ij}}{\sum_{k=1}^{n} x_{ik}} \right] + \lambda = 0 \\ \sum_{j=1}^{n} x_{gj} = 1 \end{cases}$, $j = 1, 2, \cdots, n$

令 $b_{ij} = x_{ij} \left/ \sum_{k=1}^{n} x_{ik} \right.$，解上面联立方程组

得 $\begin{cases} x_{gj} = \prod_{i=1}^{m} (b_{ij})^{w_j} \left/ \sum_{j=1}^{n} \prod_{i=1}^{m} (b_{ij})^{w_i} \right. \\ \lambda = \log \sum_{j=1}^{n} \prod_{i=1}^{m} (b_{ij})^{w_i} - 1 \end{cases}$, $j = 1, 2, \cdots, n$

下面就求得的极值点 $\boldsymbol{X}_g^* = \left(x_{g1}^*, x_{g2}^*, \cdots, x_{gn}^* \right)^{\mathrm{T}}$ 讨论其二阶充分条件，加边海森行列式

$$D_q(X_g, \lambda) = (-1)^M \begin{vmatrix} \dfrac{\partial L}{\partial x_{g1}^2} & \dfrac{\partial^2 L}{\partial x_{g1} \partial x_{g2}} & \cdots & \dfrac{\partial^2 L}{\partial x_{g1} \partial x_{gq}^2} & \dfrac{\partial g}{\partial x_{g1}} \\ \vdots & \vdots & & \vdots & \vdots \\ \dfrac{\partial^2 L}{\partial x_{gq} \partial x_{g1}} & \dfrac{\partial^2 L}{\partial x_{gq} \partial x_{g1}} & \cdots & \dfrac{\partial^2 L}{\partial x_{gq}^2} & \dfrac{\partial g}{\partial x_{gq}} \\ \dfrac{\partial g}{\partial x_{g1}} & \dfrac{\partial g}{\partial x_{g2}} & \cdots & \dfrac{\partial g}{\partial x_{gq}} & 0 \end{vmatrix}$$

$$= (-1)^1 \times \begin{vmatrix} \dfrac{1}{x_{g1}} & 0 & \cdots & 0 & 1 \\ 0 & \dfrac{1}{x_{g1}} & \cdots & 0 & 1 \\ \vdots & \vdots & & \vdots & \vdots \\ 0 & 0 & \cdots & \dfrac{1}{x_{gq}} & 1 \\ 1 & 1 & 1 & 1 & 0 \end{vmatrix} = (-1)^{1+1} \times \sum_{j=1}^{q} x_{gj} \left/ \prod_{j=1}^{q} x_{gj} \right. = \sum_{j=1}^{q} x_{gj} \left/ \prod_{j=1}^{q} x_{gj} \right.$$

式中，M 为等式约束方程的个数，$q = M+1, M+2, \cdots, n$。

将 $\boldsymbol{X}_g^* = \left(x_{g1}^*, x_{g2}^*, \cdots, x_{gn}^*, \right)^{\mathrm{T}}$ 代入 $D_q(X_g^*, \lambda)$ 式，得

$$D_q\left(X_g^*,\lambda\right)=\sum_{j=1}^{q}x_{gj}\bigg/\prod_{j=1}^{q}x_{gj}$$

$$x_g^*>0, D_q\left(X_g^*,\lambda\right)>0$$

表明点 $X_g^*=\left(x_{g1}^*,x_{g2}^*,\cdots,x_{gn}^*\right)^{\mathrm{T}}$ 处有局部最优值。

式中，$x_{gj}^*=\prod_{i=1}^{m}\left(b_{ij}\right)^{w_i}\bigg/\sum_{j=1}^{n}\prod_{i=1}^{m}\left(b_{ij}\right)^{w_i}$，$j=1,2,\cdots,n$。

定理 4-5 $X_g^*=\left(x_{g1}^*,x_{g2}^*,\cdots,x_{gn}^*\right)^{\mathrm{T}}$ 亦是 P 的局部最优解。

证明： 因为 $X_g^*=\left(x_{g1}^*,x_{g2}^*,\cdots,x_{gn}^*\right)^{\mathrm{T}}$ 中

$$x_g^*>0, j=1,2,\cdots,n, X_g^*\in R\subset R_1$$

式中，$R=\left\{x\bigg|\sum_{j=1}^{n}x_{gj}=1,x_{gj}>0\right\}$，$R_1=\left\{x\bigg|\sum_{j=1}^{n}x_{gj}=1\right\}$，即局部最优解在 R 域内，故 X_g^* 亦是 P 的全局最优解。

定理 4-6 $X_g^*=\left(x_{g1}^*,x_{g2}^*,\cdots,x_{gn}^*\right)^{\mathrm{T}}$ 亦是 P 的全局最优解。

证明： 显然 P_1 的可行解集 $R_1=\left\{x\bigg|\sum_{j=1}^{n}x_{gj}=1\right\}$ 为凸集，而目标函数 $Q(X_g)$ 为 R_1 上的凸函数，非线性规划 P_1 为凸规划问题，所以 P_1 的局部最优解 $X_g^*>0$ 就是 P_1 的全局最优解，也是 P 的全局最优解。

在 REM 集结模型中，我们还假设 $x_{ij}\neq 0$，这时 REM 集结规则满足 Arrow 理性条件中的非独裁条件，即

定理 4-7 决策者对方案的评判值不能为零。

如果不是这样，假如某一个 $x_{ij}=0$，则 $b_{ij}=0$，即专家 i 对方案 j 的评估概率估计为 0，这时依据 REM 集结模型专家群体对方案 j 的评估概率估计也等于 0。这说明如果专家 i 有肯定的判断，不管其他专家意见如何，专家群体都将把专家 i 的意见作为自己的判断，这时出现了独裁现象。

根据上述定理，得到群决策的新算法 REM 计算步骤：

（1）由群决策矩阵 $X=\left(x_{ij}\right)_{m\times n}$ 计算规范化矩阵 $B=\left(b_{ij}\right)_{m\times n}$

$$b_{ij}=x_{ij}\bigg/\sum_{k=1}^{n}x_{ik}, j=1,2,\cdots,m$$

（2）根据公式计算群偏好向量 $X_g^*=\left(x_{g1}^*,x_{g2}^*,\cdots,x_{gn}^*\right)^{\mathrm{T}}$，式中

$$x_{gj}^* = \prod_{i=1}^{m}(b_{ij})_{w_i} \bigg/ \sum_{j=1}^{n}\prod_{i=1}^{m}(b_{ij})_{w_i}, j=1,2,\cdots,n$$

（3）根据 $\boldsymbol{X}_g^* = \left(x_{g1}^*, x_{g2}^*, \cdots, x_{gn}^*\right)^{\mathrm{T}}$ 中 x_{gj}^* 的大小对决策方案集 A 进行排序，然后选择方案。

4. 案例研究

设决策方案集 A 有三个被选方案，即 $A = \{a_1, a_2, a_3\}$，决策群体由三个决策人组成 $E = \{e_1, e_2, e_3\}$，各个决策人权重相等 $w_1 = w_2 = w_3 = 1/3$，即决策人对各方案的偏好评判值如下：

情况 I：

$e_1 : a_1 > a_2 > a_3$
　　$x_{11} = 0.8, x_{12} = 0.5, x_{13} = 0.3$
$e_2 : a_1 > a_2 > a_3$
　　$x_{21} = 0.7, x_{22} = 0.4, x_{23} = 0.2$
$e_3 : a_3 > a_2 > a_1$
　　$x_{31} = 0.4, x_{32} = 0.5, x_{33} = 0.6$

由 REM 算法计算的结果

$$x_{g1}^* = 0.43, x_{g2}^* = 0.33, x_{g3}^* = 0.24$$
$$a_1 > a_2 > a_3$$

情况 II：

$e_1 : a_1 > a_2 > a_3$
　　$x_{11} = 0.9, x_{12} = 0.8, x_{13} = 0.7$
$e_2 : a_1 > a_2 > a_3$
　　$x_{21} = 0.5, x_{22} = 0.4, x_{23} = 0.3$
$e_3 : a_3 > a_2 > a_1$
　　$x_{31} = 0.1, x_{32} = 0.2, x_{33} = 0.9$

由 REM 算法计算的结果

$$x_{g1}^* = 0.27, x_{g2}^* = 0.30, x_{g3}^* = 0.43$$
$$a_3 > a_2 > a_1$$

由情况 II 可看出，虽然有两个人赞同 $a_1 > a_2 > a_3$，只有一个赞同 $a_3 > a_2 > a_1$，但赞同第一种排序的两人对三个方案的偏好相差并不大，两方案偏好相差最大仅为 0.2，第二种排序两方案偏好相差最大则为 0.8，有 4 倍之多。再看个人之间的偏好比较，方案 1 决策人偏好之和为 1.5，方案 2 决策人偏好之和为 1.4，方案 3

决策人偏好之和为 1.9，从以上分析可看出 REM 算法计算出的结果是合理的。

4.1.3.4 熵集结函数的合理性分析

1. 序数下的 Arrow 条件简介

记 $R_i, i = 1, 2, \cdots, m$，表示成员 i 对方案集合 A 各对象的排序，A 上所有可能的排序关系记为 $R_{A \circ u} = (R_1, R_2, \cdots, R_m)$ 表示排序断面；$a_1 R_u a_2$（或记作 $a_1 \geqslant_u a_2$）（$a_1, a_2 \in A$）表示根据偏好断面 u，成员 i 认为对象 a_1 优于 a_2 或 a_1 与 a_2 无差异；$a_1 P_{iu} a_2$（或 $a_1 >_{iu} a_2$）表示 i 认为 a_1 严格优于 a_2；$a_1 I_{iu} a_2$（或 $a_1 \sim_{iu} a_2$）表示 i 认为 a_1 与 a_2 无差异。所有可能的排序断面的集合记为 U，显然 $U = R_A^{(m)}$，即 R_A 的 m 重笛卡儿积。

A 非空幂指集（即所有非空子集所构成的集合）称为议程集，记为 $V = 2a - \{\phi\}$，其中的元素 $v \in V$ 称为议程。那么选择函数 $C_u(v) \subset v$ 是 $V \to A$ 的映射，$C_u(v)$ 的全体记作 $C(v)$，社会选择规则是 $U \to C(u)$ 的映射。

从常识出发，Arrow 提出了两个公理和五个条件：

1）两个公理

第一，连通性公理：对 $\forall a_1 \in A, \forall a_2 \in A, a_1 R_u a_2$ 和 $a_2 R_u a_1$ 二者必居其一。

第二，传递性公理：设 $a_1 \in A, a_2 \in A, a_3 \in A$，若 $a_1 R_u a_2$ 和 $a_2 R_u a_3$，则 $a_1 R_u a_3$。

2）五个条件

一是广泛性。个人对被评对象的任何排序都是允许的，用符号表示就是 $u \in R_A^{(m)}$。

二是一致性。若 $u, u' \in U, v \in V$，且

a. 当 $a_1 、 a_2 \neq a_3$ 时，对 $\forall i \in N$，有 $a_1 R_{iu} a_2 \to a_1 R'_{iu} a_2$；

b. 当 $a_2 \neq a_3$ 时，对 $\forall i \in N$ 有 $a_3 R_{iu} a_2 \to a_3 R'_{iu} a_2$ 和 $a_3 P_{iu} a_2 \to a_3 P'_{iu} a_2$；

那么 $(a_3 \in v \to a_2 \in C_u(v)) \Rightarrow (a_3 \in v \to a_2 \in C'_u(v))$。

a. 的含义是当从排序断面 u 变为排序断面 u' 时，对 a_3 以外的方案对，各成员优先序不变；b. 的含义是当 a_3 与其他方案相比较时，不发生不利于 a_3 的变化。结论是，若排序断面为 u 时，C_u 判定 a_3 优于 a_2，当排序断面为 u' 时，a_3 仍然优于 a_2。

三是无关方案独立性。$v \subseteq v' \Rightarrow v \cap C_u(v') \Rightarrow C_u(v)$，即某两个元素之间的优先序不因议程中其他元素的增加而发生变化。

四是民主性（或 Pareto 性）。对 $\forall \{a_1, a_2\} \subset v$，使 $(\forall i \in N' \subseteq N, a_1 P_{iu} a_2) \Rightarrow$（$a_1 \in v$ 且 $a_2 \in C_u(v) \to a_1 \in C_u(v)$）的 $|N'| \geqslant 1$。

这一条件的含义是在群体中总有某些成员认为 a_1 优于 a_2，群体才能认为 a_1 不

劣于 a_2。换言之，群体的序不能与所有成员的个人序都不同。

五是非独裁性。对 $\forall\{a_1,a_2\}\subset v$，若 $(\forall i\in N'\subseteq N,a_1P_{iu}a_2)\Rightarrow$（$a_1\in v\rightarrow a_2\in C_u(v)$）那么 $|N'|\geqslant 1$。

非独裁性即社会中没有哪个成员具有如此权利：只要他认为 a_1 优于 a_2，不管其他成员偏好如何，群都认为 a_1 优于 a_2。

Gibbard-Satterthwaite 给出了如下投票稳定的概念：

Gibbard-Satterthwaite 稳定性，设 $u\in U$，且 $a_1\in v\rightarrow a_2\in C(v)$ 和 $C(v)a_2R_{iu}a_1$。若 $\exists u'=u/i\in U$ 使得 $a_1\in v\rightarrow a_2\in C'_u(v)$，那么就称选择规则 $U\rightarrow C(v)$ 在 (u,v) 上是可操纵的。

定义中的 $u/i=(R_1,R_2,\cdots,R_{i-1},R'_i,R_{i+1},\cdots,R_m)$ 表示 N 中仅 i 改变了偏好，选择规则 $U\rightarrow C(v)$ 可操纵意味着在委员会各成员中，当 i 有意识地改变自己的偏好时，可使选择结果发生有利于自己的变化；如果 $U\rightarrow C(v)$ 在任何情况下都不可操纵，那么它就是"稳定"的。

2. 基数下的条件修改

为了在个人效用为基数（即评分）而群体效用为序数条件下讨论 Arrow 的结论，我们规定基数与序数间关系如下：设 $a_1,a_2\in A,x_i\in X_A$ 和 $x_{i1},x_{i2}\in x_i$，那么

$$a_1\geqslant a_2\Leftrightarrow x_{i1}>x_{i2};a_1>a_2\Leftrightarrow x_{i1}>x_{i2};a_1\sim a_2\Leftrightarrow x_{i1}=x_{i2}$$

首先，Arrow 的两个公理是方案间序数关系的一种要求，它与究竟是个体还是群体的偏好无关，因此，在基数效用下可以保持不变。但是 Arrow 的五个条件由于与个人偏好有关，则需做相应的修改或调整。

（1）广泛性。个人对被评对象的任何评分都是允许的，用符号表示就是 $O\in X_A^{(n)}$。

（2）一致性。若 $O,o'\in O,v\in V$，且对 $\forall i\in N$ 有 $x_{i2}<x'_{i2}$，而对 $\forall a_1\neq a_2\in A$ 有 $x_{i1}=x'_{i1}$ 那么 $(a_2\in v\rightarrow a_1\in C_o(v))\Rightarrow(a_2\in v\rightarrow a_1\in C'_o(v))$。

（3）无关方案独立性。$v\subseteq v'\Rightarrow v\cap C_o(v')\subseteq C_o(v)$。

（4）民主性（或 Pareto 性）。对 $\forall\{a_1,a_2\}\subset v$，使 $(\forall i\in N'\subseteq N,x_{i2}>x'_{i2})\Rightarrow(a_1\in v,$ 且 $a_2\in C(v)\rightarrow a_1\in C(v))$，那么 $|N'|>1$。

（5）非独裁性。对 $\forall\{a_1,a_2\}\subset v$，使 $(\forall i\in N'\subseteq N,x_{i2}>x'_{i2})\Rightarrow(a_1\in v\rightarrow a_2\in C(v))$，那么 $|N'|>1$。

对基数下的稳定性和可操纵性做如下修改或定义：

Gibbard Satterthwaite 稳定性，设 $o\in O$，且 $a_1\in v\rightarrow a_2,C(v)$ 和 $a_2R_{io}a_1$。若存在 $o'=o/i\in O$ 使得 $a_1\in v\rightarrow a_2\in C_{o'}(v)$，那么就称选择规则 Φ 在 (o,v) 是可操纵

的。其中的 $o/i=(x_1,x_2,\cdots,x_{i-1},x'_i,x_{i+1},x_m)N$ 中仅 i 改变了偏好。

3. REM 法的合理性分析

按照 Arrow 的概念为什么不存在一个社会福利函数能集结个人的偏好以形成群的偏好，同时又适合 Arrow 的两条公理和五个条件？这是因为在 Arrow 集结个人偏好时避开了两个重要的问题，一个是个人对各方案的偏好程度，另一个是人与人之间偏好程度的比较。当我们用基数效用的概念修改 Arrow 集结个人的序数概念，那么 Arrow 的不可能定理就有可能变成可能定理。

定理 4-8 对于 $n \geqslant 3$，REM 法可以同时满足基数条件下 Arrow 的两条公理和五个条件。

证明：在 REM 法中，$\boldsymbol{X}_g=(x_{g1},x_{g2},\cdots,x_{gn})^{\mathrm{T}}$ 是一个向量，其中的元素 $x_{gj}=\prod_{i=1}^{m}\left[\dfrac{x_{ij}}{\sum_{j=1}^{n}x_{ij}}\right]^{\frac{1}{m}} \Bigg/ \sum_{j=1}^{n}\prod_{i=1}^{m}\left[\dfrac{x_{ij}}{\sum_{j=1}^{n}x_{ij}}\right]^{\frac{1}{m}}$ 是一个确定的数，而任何两个方案 a_1 和 a_2 之间群体偏好的比较等价于它们个人基数集结值之间的比较，基数之间满足连通性和传递性，因此，REM 满足 Arrow 的两条公理。另外，在 REM 法中，对于 $\forall a_j \in A$ 和 $\forall e_i \in E$，x_{ij} 的取值范围 X_A 都相同，即 $o \in X_A^{(m)}$，因此，REM 满足广泛性；又因为方案集合中方案的排序由向量 $\boldsymbol{X}_g=(x_{g1},x_{g2},\cdots,x_{gn})^{\mathrm{T}}$ 中元素比值决定，由 x_{gj} 的计算表达式可知，其比值只与分子部分有关，因为分母部分均相同，所以 REM 满足无关方案独立性。下面证明 REM 满足其他三个条件：

设 $a_1 \in A, a_2 \in A$ 和 $o \in O, o' \in O$。

（1）一致性。设 $\forall e_i \in E$ 有 $x_{i2} \leqslant x'_{i2}$，而对 $\forall a_1 \neq a_2 \in A$ 有 $x_{i1}=x'_{i1}$。那么根据 REM 法的定义有 $x_{gj}=\prod_{i=1}^{m}\left[\dfrac{x_{ij}}{\sum_{j=1}^{n}x_{ij}}\right]^{\frac{1}{m}} \Bigg/ \sum_{j=1}^{n}\prod_{i=1}^{m}\left[\dfrac{x_{ij}}{\sum_{j=1}^{n}x_{ij}}\right]^{\frac{1}{m}}$，由式中看出 $\forall x_{gk} \neq x_{gh}$，二者间排序仅与其分子部分有关，因其分母相同。假设 $x_{i2} \leqslant x'_{i2} \Rightarrow \dfrac{x_{i2}}{\sum_{j}^{n}x_{kj}} \leqslant \dfrac{x'_{i2}}{\sum_{j \neq 2}^{n}x_{ij}+x'_{k2}} \Rightarrow x_{g2} \leqslant x'_{g2}$。对 $\forall a_1 \neq a_2 \neq a_3 \in A, x_{k2}=x'_{k2}$ 有 $x_{k1}=x'_{k1}$，$x_{k3}=x'_{k3}$，

$\dfrac{x_{g1'}}{x_{g3'}} = \dfrac{x'_{k1}}{x'_{k3}} = \dfrac{x_{k1}}{x_{k3}} = \dfrac{x_{g1}}{x_{g3}}$，所以如果 $a_2 \in v \to a_1$，$C_{o'}(v)$，即 $x_{g2} > x_{g1}$，由 $x_{g2} \leqslant x'_{g2}$。我们可以证明 $x'_{g1} \leqslant x_{g1}$，得到 $x'_{g2} \leqslant x'_{g1}$，即 $a_2 \in v \to a_1 \in C_{o'}(v)$。

（2）民主性。假设 $|N'| = 0$，即 $\forall i \in N, x_{i1} < x_{i2}$。但是（$a_1 \in v$，且 $a_2 \in C(v)$），即 $x_{g1} > x_{g2}$。由 REM 的定义知，$\dfrac{x_{g1}}{x_{g2}} = \dfrac{\prod_{i}^{m}(x_{i1})^{\frac{1}{m}}}{\prod_{i}^{m}(x_{i2})^{\frac{1}{m}}}$，若 $x_{g1} > x_{g2}$，即 $\dfrac{x_{g1}}{x_{g2}} > 1$，则必有 $i \in N'$，使得 $x_{i1} > x_{i2}$，则 $|N'| \neq 0$，这与假设 $|N'| = 0$，即 $\forall i \in N$，$x_{i1} < x_{i2}$ 矛盾，所以 $|N'| \geqslant 1$。

（3）非独裁性。假设 $|N'| = 1$，即 $\exists i \in N$，当 $x_{i1} > x_{i2}$ 时，$a_1 \in v$，且 a_2，$C(v)$，即 $x_{g1} > x_{g2}$。设计对 $k \neq i \in N'$ 使得 $x_{k1} < x_{k2}$，且 $x_{k2} > x_{i1}$，$x_{k1} < x_{i2}$，根据 REM 的定义使得 $x_{g2}/x_{g2} < 1$，即 $x_{g2} < x_{g2}$，这与假设 $|N'| = 1$，$x_{g1} > x_{g2}$ 矛盾，所以 $|N'| \neq 1$，由民主性的结论 $|N'| \geqslant 1$ 得，$|N'| > 1$。

定理 4-9 说明 REM 法满足经过基数效用修改了的 Arrow 的不可能定理的要求，即具有一定的合理性。

定理 4-10 REM 法不满足 Gibbard Satterthwaite 稳定性，即不具备防操纵性。

证明：根据 REM 法的定义稍加分析可知，根据 Gibbard Satterthwaite 稳定性概念，REM 法不具备防操纵性的能力。因为任何一个专家 e_k 如果将其对方案 a_h 的评分值 x_{kh} 改为 x'_{kh}，即 $x'_{kh} > x_{kh}$，专家 e_k 的评分向量 $\boldsymbol{x}_k = \{x_{k1}, x_{k2}, \cdots, x'_{kh}, \cdots, x_{kn}\}$ 经过规范化限定在区间 [0, 1] 中，因为满足 $\dfrac{x'_{kh}}{\sum_{j \neq h}^{n} x_{kj} + x'_{kh}} > \dfrac{x_{kj}}{\sum_{j \neq h}^{n} x_{kj} + x_{kh}}$，得出 $x'_{gh} > x_{gh}$。$\dfrac{x_{kj}}{\sum_{j \neq h}^{n} x_{kj} + x'_{kh}} < \dfrac{x_{kj}}{\sum_{j \neq h}^{n} x_{kj} + x_{kh}}$，所以最后得出 $x_{gj} > x'_{gi}$，故专家群体的选择结果变得更有利于 a_h 了，即不具备防操纵性。

例如，三个专家（k_1, k_2, k_3）分别根据自己的偏好给出三个方案（a_1, a_2, a_3）的评分值，且各个专家的评分值为 $r_1 = (0.6, 0.5, 0.3)$，$r_2 = (0.5, 0.4, 0.2)$，$r_3 = (0.4, 0.5, 0.6)$，根据 REM 法可计算出：$x_{g1} = 0.38 > x_{g2} = 0.36 > x_{g3} = 0.26$。现在，专家 2 有意增加方案 2 的评分值，各专家的评分值变为 $r'_1 = (0.6, 0.5, 0.3)$，$r'_2 = (0.5, 0.8, 0.2)$，$r'_3 = (0.4, 0.5, 0.6)$，则 $x_{g2} = 0.42 > x_{g1} = 0.35 > x_{g3} = 0.23$。

事实上，Gibbard 证明了当任何一个非独裁的群决策方法对至少三个方案进行决策时，都不具备防操纵性。

4.1.3.5 相对熵集结公式与 Bordley 乘积集结公式的比较应用

采用相对熵优化原理得到的 REM 集结模型是一个集结公式，我们不难发现这是一个乘积集结公式。1982 年 Bordley 在对专家主观概率预测集结的研究中也独立地发现了类似集结公式。

1. Bordley 乘积集结公式

专家群体中每一位专家分别对一个事件的发生概率进行主观评估，研究的问题是如何将不同的个体概率评估正确地集结为事件发生的群体概率评估。在前人研究的基础上，Bordley（1982）采用公理化的方法，对这个问题进行研究，并且证明了他的研究成果比前人的成果更具一般性。

首先定义了可能性函数：

$$O_G = \frac{P_G}{1-P_G}, O_k = \frac{P_k}{1-P_k} \quad 0 < P_k < 1; k=1,2,\cdots,m$$

式中，P_k 为第 k 个专家给出的评估概率；O_k 为第 k 个专家评估概率的可能性函数；P_G 为专家群体对事件发生的概率评估；O_G 为专家群体的可能性函数。

Bordley 认为有如下公式化公理：

$$O_G = F\left(\sum_{k=1}^{m} u_k(O_k)\right)$$

式中，F、u_k 均为连续函数。通过一系列定义，Bordley 找到 F 的形式只能是乘积集结

$$O_G = \left(\prod_{k=1}^{m}(O_k)^{w_k}\right)(O_o)^{\left(1-\sum_{k=1}^{m}w_k\right)}$$

此处，O_o 被视作可能性的先验评估，用 P_G 和 $P_1,\cdots,P_m$ 代入上式，可得

$$P_G = \frac{\prod_{k=1}^{m}(P_k/P_0)^{w_k} P_0}{\prod_{k=1}^{m}(P_k/P_0)^{w_k} P_0 + \prod_{k=1}^{m}(1-P_k)/(1-P_0)^{w_k}(1-P_0)}$$

式中，常数 P_0 为群体对事件的先验概率。实际上该式反映了事件只有发生或不发生两种情况时的集结公式，而且只对决策者之间的概率评估是非交互性的。

2. 相对熵集结公式与 Bordley 乘积集结公式

Bordley 公式是当事件只有发生或不发生两种情况时得出的，如果在此基础上

考虑更一般的情况，即事件的发生的可能情况为 $E=(E_1,E_2,\cdots,E_m)$，可以将 Bordley 乘积集结公式拓展为

$$P_{Gj} = \frac{\prod_{k=1}^{m}\left(P_{kj}/P_{0j}\right)^{w_k} P_{0j}}{\sum_{j=1}^{n}\prod_{k=1}^{m}\left(P_{kj}/P_{0j}\right)^{w_k} P_{0j}}$$

式中，P_{kj} 为第 k 个专家对事件发生 E_j 状态的概率估计；P_{0j} 为群体对事件发生 E_j 状态的先验概率估计；P_{Gj} 为专家群体对事件发生 E_j 状态的概率估计集结值。

采用相对熵得出的集结公式为

$$x_{gj}^* = \prod_{i=1}^{m}\left(b_{ij}\right)^{w_i} \Big/ \sum_{j=1}^{n}\prod_{i=1}^{m}\left(b_{ij}\right)^{w_i}, \ j=1,2,\cdots,n$$

可以看出，这时上下两式在形式上非常相似。

相对熵得出的集结公式是当方案集合中的方案个数为 n 时，对决策群体关于方案 j 的偏好效用值进行规范化之后的数值；而拓展之后的 Bordley 概率集结公式描述的是事件发生的情况为当 $E=(E_1,E_2,\cdots,E_m)$ 时，专家群体对事件发生情况为 E_j 时的概率估计集结数值。因此，虽然两个公式在形式上非常一致，但是表达的意义却不一样。乘积集结公式当其中任何一个专家给出的估计值为 0 时，整个专家群体的估计值也就为 0 了。因此，Bordley 在他得出乘积集结公式时假设任一专家的概率估计值 $0<P_k<1$，并且讨论了当这个假设不满足时的情况。基于同样的理由，在推导相对熵乘积集结公式时，也给出类似的假设。

4.2 群决策的熵模型

4.2.1 群决策可靠性分析原理

我们知道，Clausius 之熵用于定义信息（或实验）的不确定（或可靠）性，奠定了现代信息论的基础。在第 4 章中，我们定义了复熵，建立了信息全价值的熵模型，并以此改进 Bayes 决策，并取得良好效果。类似地，专家及其群组在进行决策或评估时，也存在决策水平（价值）差异反映到其做决策或评估结论的可靠性上。它与事业成败息息相关。因此，研究和优化决策群组与个体提供信息的可靠性，无论对于国家、企业或家庭，都是至关重要的。

为了得到上述可靠性模型，我们设 $S_1,S_2,\cdots,S_m$ 为 m 个专家，他们构成决策群组

G。被评估的对象(或称目标、指标)为 $B_1, B_2, \cdots, B_n$,共 n 个。$x_{ij} \in [I, J]$ 是第 i 个专家对第 j 个被评目标的评分值 ($i=1,2,\cdots,m$;$j=1,2,\cdots,n$)。x_{ij} 越大,B_i 认为目标 B_j 越好。向量 $\boldsymbol{x}_i = (x_{i1}, x_{i2}, \cdots, x_{in})^T \in \boldsymbol{E}^n$ 和矩阵 $\boldsymbol{x} = (x_{ij})_{m \times n}$ 代表个体 S_i 与群组 G 在一次决策行为中所做的结论(为领导提供的信息)。S_* 记为理论专家。他是理想中的决策水平最高、评分最准、最公正或可靠性达最大值 1、不确定性为最小值零的专家。其评分向量

$$\boldsymbol{x} = (x_{*1}, x_{*2}, \cdots, x_{*n})^T \in \boldsymbol{E}^n$$

显然,个体 S_i 的决策水平越低,其结论与 S_* 相差越大。因此,可以用这种"差异"来度量 S_i 的决策水平(可靠性)。最优专家是决策结论与理想专家完全一致的专家。

为得到模型,先将各已知因素单位化成

$$\boldsymbol{D}_i = (d_{i1}, d_{i2}, \cdots, d_{im})^T \in \boldsymbol{E}^n$$
$$\boldsymbol{D} = (D_1, D_2, \cdots, D_m)^T = (d_{ij})_{m \times n}$$

式中,$i = *, 1, 2, \cdots, m$;$d_{ij} = x_{ij} / \sqrt{x_{i1}^2 + x_{i2}^2 + \cdots + x_{in}^2}$,$j=1,2,\cdots,n$。于是 $0 \leq d_{ij} \leq 1$,且

$$\boldsymbol{D}_i^T \boldsymbol{D}_i = \|\boldsymbol{D}_i\|_2^2 = \sum_{j=1}^n d_{ij}^2 = 1, \quad i = *, 1, 2, \cdots, m$$

再以 $N_i = (N_{i1}, N_{i2}, \cdots, N_{in})$ 表示按专家 $S_i (i = *, 1, 2, \cdots, m)$ 的评分大小排列的被评目标 $B_1, B_2, \cdots, B_n$ 的优劣名次。把被 S_i 给予了最高评分的目标记为 B_{j*}

$$x_{ij*} = \max_{1 \leq j \leq n} x_{ij} \quad i = *, 1, 2, \cdots, m$$

则 $N_{ij*} = 1$。反之,对评分最低的目标 B_{j0} 有

$$N_{ij0} = n$$

定义 4-3 专家 S_i 的决策水平向量为

$$\boldsymbol{E}_i = (e_{i1}, e_{i2}, \cdots, e_{in}) \tag{4-11}$$

$$e_{ij} = 1 - |N_{*j} - N_{ij}| - |d_{*j} - d_{ij}| \quad (i=1,2,\cdots,m;\ j=1,2,\cdots,n) \tag{4-12}$$

定义 4-3 规定了以下内容:

(1)理想专家 S_* 的决策水平向量 $\boldsymbol{E}_* = (1, 1, \cdots, 1)$ 各分量值达最大值 1,决策水平最优。

(2)专家个体 S_i 的决策水平越低,与理想专家 S_* 的决策结论的差异越大,E_i 各元素越小。这主要反映在以下方面:①S_i 与 S_* 对被评目标 B_j 所打的评分值差越大,即式(5-12)的后一个绝对值大。②S_i 与 S_* 对被评目标 B_j 所排优劣名次的差

异越大,即式(5-12)的前一个绝对值较大;且 $e_{ij} \in [1-n, 1]$。

因此,决策水平向量 E_i 客观全面地反映了专家 S_i 对目标 $B_1, B_2, \cdots, B_n$ 所做决策结论的水平。

定理 4-11 最优专家 S_0 的必要充分条件是,其决策水平向量 E_0 为 E^n 中单位向量 $\varepsilon_j^T (j = 1, 2, \cdots, n)$ 之和。

证明:必要性:

设最优专家 S_0 的决策水平向量

$$E_0 = (e_{01}, e_{02}, \cdots, e_{0n})$$

由于 S_0 与 S_* 的决策结论完全一致,故对 $j = 1, 2, \cdots, n$ 有

$$N_{0j} = N_{*j}, \quad d_{0j} = d_{*j}$$

得

$$e_{0j} = 1, \quad j = 1, 2, \cdots, n$$

即 $E_0^T = (1, 1, \cdots, 1)^T \in E^n$。

由 $\varepsilon_j = (0, \cdots, 0, 1, 0, \cdots, 0)^T$ (第 j 个元素为 1,其余元素全为零)

故

$$\sum_{j=1}^{n} \varepsilon_j = (1, 1, \cdots, 1)^T \in E^n$$

$$E_0 = \sum_{j=1}^{n} \varepsilon_j^T$$

充分性

$$E_0^T = \sum_{j=1}^{n} \varepsilon_j = (1, 1, \cdots, 1) \in E^n$$

对 $j = 1, 2, \cdots, n$ 有

$$N_{0j} = N_{*j}, d_{0j} = d_{*j}$$

即 S_0 与 S_* 结论完全一致,故 S_0 为最优专家。

当决策水平向量的各分量都是 1 时,它与各坐标面交角均相等(不难算出交角等于 $\arccos \sqrt{\frac{n-1}{n}}$)。说明当相应专家做决策时,对各被评目标不偏不倚,所做结论最公正,因而是最优专家。

定义 4-4 专家 S_i 的决策水平,用其结论的不准确(或不确定)性——决策熵 H_i 来测度。H_i 等于 S_i 的决策水平向量各分量的广义熵之和

$$H_i = \sum_{j=1}^{n} h_{ij}, \quad i = *, 1, 2, \cdots, m$$

式中，$h_{ij} = \begin{cases} -e_{ij}\ln e_{ij}, 1/e \leq e_{ij} \leq 1 \\ \dfrac{2}{e} - e_{ij}|\ln e_{ij}|, e_{ij} < 1/e \end{cases}$。

由定理 4-2 可知，熵函数 H_i 是 $\left[\dfrac{-1}{n-1}, 1\right]^n$ 上的非负降函数。因此有

定理 4-12 专家 S_i 决策的不确定性越小，可靠性越高，则决策熵越小，其决策水平越高。

定义 4-4 与定理 4-12 将专家决策过程定量化，是衡量专家决策水平的理论依据。事实上，高水平专家做决策时失误很少，说明其决策结论的可靠性高，不准确性低，决策熵值 H_i 很小。反之亦反。

定理 4-13 理想（或最优）专家的必要充分条件是其决策熵为零。

证明：必要性：理想专家 S_* 的决策水平向量

$$\bm{E}_*^{\mathrm{T}} = (1, 1, \cdots, 1)^{\mathrm{T}} \in \bm{E}^n \tag{4-13}$$

S_* 的决策熵

$$H_* = \sum_{j=1}^{n} h_{*j} = -\sum_{j=1}^{n} 1 \times \ln 1 = 0$$

充分条件由 H_i 的非负递减性不难推出。

定理 4-13 说明理想专家的不确定性最小（等于零），可靠性最高（达到1），决策结论最公正。表 4-4 列出了专家决策可靠性与熵值 H_i 的部分数值。从该表可以看出，决策可靠性在 90% 左右的专家，在对 3 个被评目标决策时，决策熵值小于 0.284 5 奈特。

表 4-4 决策可靠性与决策熵值

决策可靠性 （1-不确定性）	决策熵 H_i 的最大允许值/奈特		
	$n=3$	$n=5$	m
100%	0	0	0
99%	0.029 8	0.049 7	0.009 949 8m
98%	0.059 4	0.099	0.019 799m
95%	0.146 2	0.243 6	0.048 73m
90%	0.284 5	0.474 1	0.094 82m
85%	0.414 4	0.690 7	0.138 14m
80%	0.535 5	0.892 6	0.178 51m
75%	0.647 3	1.078 8	0.215 76m
70%	0.749	1.248 4	0.249 67m

续表

决策可靠性 （1-不确定性）	决策熵 H_i 的最大允许值/奈特		
	$n=3$	$n=5$	m
65%	0.84	1.4	$0.280\,009m$
60%	0.919 5	1.532 5	$0.306\,495m$
50%	1.039 7	1.722 9	$0.346\,57m$

定义 4-5 群组 G 的整体决策水平测度函数为

$$H_G = \frac{1}{m}\sum_{i=1}^{m} H_i \quad (4\text{-}14)$$

式中，H_i 为该群组中各专家的决策熵；H_G 又称为群组决策熵，简称群组熵。

定理 4-14 （群组优化原理）群组熵较小的决策支持系统的决策水平较高（优）。

该定理用归纳法证。由它给出了优化决策群组的一个直接而简便的方法。

定理 4-15 用决策熵较小的专家替代较大的，将降低群组熵，提高群组决策水平。

群组熵反映决策群组的全局决策水平。群组优化原理用广义熵理论的新思想来定量研究个体和群组的决策质量，导出优化策略，为群组决策支持系统的理论研究开辟了一条新路。

4.2.2 应用实例

例 4-3 根据例 4-1，求得理想专家评分向量及目标名次为（$\varepsilon = 0.000\,3$）

$$\boldsymbol{x}_* = (0.369\,4, 0.609\,1, 0.701\,9)^\mathrm{T}$$
$$N_{*1} = 3, N_{*2} = 2, N_{*3} = 1$$

将 x 按行模单位化得

$$\boldsymbol{D}^\mathrm{T} = \begin{pmatrix} 0.771\,5 & 0.196\,1 & 0.298\,1 & 0.218\,2 & 0.424\,3 & 0.154\,3 \\ 0.617\,2 & 0.588\,3 & 0.596\,3 & 0.436\,4 & 0.565\,7 & 0.617\,2 \\ 0.154\,3 & 0.784\,5 & 0.745\,4 & 0.872\,9 & 0.707\,1 & 0.771\,5 \end{pmatrix}$$

代入式（4-11）、式（4-12）和式（4-13），计算后的结果列于表 4-5 中。表 4-5 的最可靠性由表 4-4 查出，H_{G_1} 由式（4-14）计算得 2.002 1 奈特。可见该群组的整体决策水平由于专家 S_1 失误而下降。专家 S_5 的决策水平最高，S_3 次之，余类推。

表 4-5 例 4-3 的计算结果

S_i	$E_i=(e_{i1},e_{i2},e_{i3})$	H_i/奈特	可靠性
S_1	（-1.402 1, 0.991 9, -1.547 6）	10.813 8	<50%
S_2	（0.826 7, 0.979 2, 0.917 4）	0.257	90%
S_3	（0.928 7, 0.987 2, 0.956 5）	0.124	95%
S_4	（0.848 8, 0.827 3, 0.829 0）	0.451 5	80%
S_5	（0.945 1, 0.956 6, 0.994 8）	0.101	95%
S_6	（0.784 9, 0.991 9, 0.930 4）	0.265 3	90%
H_{G_1}	2.002 1 奈特		<50%

例 4-4 设专家 S_7 对例 4-2 三个目标的评分为

$$x_7=(1,2,3)^T;\quad N_{71}=3,\quad N_{72}=2,\quad N_{73}=1$$

辞退专家 S_1，聘请专家 S_7 得到由 S_2、S_3、S_4、S_5、S_6、S_7 6 个专家组成的群组 G_2。通过类似计算的结果列于表 4-6 中。从该表中可以看出，专家决策水平从高到低的排序为

$$S_3>S_7>S_2>S_5>S_6<S_4$$

表 4-6 例 4-4 的计算结果表

S_i	$E_i=(e_{i1},e_{i2},e_{i3})$	H_i/奈特	可靠性
S_1	（0.951 4, 0.975 6, 0.965 0）	0.105 9	95%
S_2	（0.880 2, 0.970 6, 0.982 3）	0.158 8	90%
S_3	（0.982 2, 0.962 6, 0.978 6）	0.075 5	95%
S_4	（0.902 3, 0.877 5, 0.828 8）	0.363 1	85%
S_5	（0.891 6, 0.993 2, 0.940 3）	0.167 0	90%
S_6	（0.838 4, 0.941 7, 0.995 3）	0.209 0	90%
H_{G_2}	0.179 885 奈特		90%
S_*	$x_*^T=(0.315\ 9, 0.558\ 9, 0.766\ 8)\ (\varepsilon=0.000\ 2)$	0	100%

群组 G_2 的可靠性达 90%。可见用决策熵较小的专家代替决策熵较大的专家后，整体决策水平提高了，达到了优化群组的目的。

本模型对序贯群体评估问题亦适用。

例 4-5 例 4-2 的评分矩阵为

$$\boldsymbol{x} = \begin{bmatrix} 1 & 1 & 0 & 1 & 0 \\ 1 & 1 & 0 & 0 & 0 \\ 0 & 1 & 0 & 1 & 1 \\ 0 & 0 & 1 & 1 & 1 \\ 1 & 1 & 0 & 1 & 0 \end{bmatrix}$$

计算出理想专家评分（$\varepsilon = 0.005$）得

$$\boldsymbol{x}_*^\mathrm{T} = (0.4535, 0.6053, 0.0998, 0.5955, 0.2516) \tag{4-15}$$

由于原问题是从 5 个被评目标中选 3 个的序贯决策问题，评分只有 0 和 1（分别表示不选和选中），而无评分高低之分。故计算 e_{ij} 时，应将式（4-12）右端第 2 项（它表示名次）删去，于是表 4-7 的 E_i 按下式计算：

$$e_{ij} = 1 - |d_{*j} - d_{ij}|, \quad i = 1, 2, \cdots, m = 5; \quad j = 1, 2, \cdots, n = 5$$

同时，理想专家评分应取前三名记为 1，其余记成 0。于是理想专家评分向量应改成

$$\boldsymbol{x}_*^\mathrm{T} = (1, 1, 0, 1, 0)$$

计算，再将其按第 2 类范数标准得

$$\boldsymbol{d}_*^\mathrm{T} = (0.5774, 0.5774, 0, 0.5774, 0)$$

最后将例 4-5 的计算结果列于表 4-7 中。

表 4-7 例 4-5 的计算结果表

S_i	$E_i = (e_{i1}, e_{i2}, e_{i3}, e_{i4}, e_{i5})$	H_i/奈特	可靠性
S_1	（1,1,1,1,1）	0	100%
S_2	（0.8703, 0.8703, 1, 0.4226, 1）	0.6058	85%
S_3	（0.4226, 1, 1, 1, 0.4226）	0.7280	80%
S_4	（0.4226, 1, 0.4226, 1, 0.4226）	1.0920	70%
S_5	（1,1,1,1,1）	0	100%
H_{G_3}	0.4857 奈特		90%

表 4-7 给出各专家决策水平优劣次序为

$$S_1 = S_5 > S_2 > S_3 > S_4$$

群体熵 $H_{G_3} = 0.4857$ 奈特，可靠性达 90%，应淘汰专家 S_4。

4.3 群决策权力分布分析

无论在经济学或政治学范畴内,都共同存在着类似权力分布的主题。二者的区别在于:经济学中涉及的是物品、资源、设施等;而政治学中的主题是权力分布。理论研究和心理学实验也都表明了这样一件事实:在群决策过程中,对于最后决策结果的形成,每个决策者的作用并不相同,而且决策者之间的相互关系对决策结果也有很重要的影响。

本节主要研究群决策权力的概念、评价方法及其在群决策过程中的合理分配问题。研究内容有群决策权力分布的概念和确定方法,针对一类群决策过程,给出基于决策支持水平概念基础上的权力分布和计算方法;基于专家之间的比较信息导出了一个趋于收敛的专家权力分布计算方法,并对算法的收敛性进行了证明,最后给出了算例说明。

4.3.1 引言

许多研究者试图定义"权力"这个术语,而实际上"权力"的本质是对渴望已久目标的实现的能力。群决策权力最被人们熟知的是权力指数和权重这两个概念,许多研究者还用其他的名称对其进行了定义。

权力指数的概念出现在投票选举环境中,许多研究者对它进行了研究,因此,出现了 Shaptey-Shubik 权力指数、Banzhaf 权力指数以及 Deegan-Packel 权力指数等不同的权力指数。研究者引入一个指数来测度决策者的权力,而决策者的权力指数值定义为其成为最后一个成员以使失败联盟转变为获胜联盟的机会,即表示该成员投决定性一票的概率。

权重是在多属性决策中出现的概念,是指由决策人相对于各个属性的效用函数集结为决策人的总的效用函数时,各属性效用函数相对的重要程度。几乎在所有由分量集结为总量的加权模型中都会遇到确定权重的问题。在群效用函数的集结中,也有类似的问题。

群效用函数是反映群体效用的函数,很自然地会想到求群效用函数的一种方法是通过集结个人的效用函数来得到群效用函数。集结规则中最简单的也是应用最广泛的是加性群效用函数。决策群体中每个人所掌握的知识以及在群体中的重要程度等因素决定了在形成群效用函数的过程中个人效用函数的相对重要程度。这个重要程度在集结过程中体现为加权集结系数对决策的影响,因此,实际上它反映了决策者对群决策的决策权力的大小。

可以看出权重和权力指数都表示了决策者在形成群决策时的重要程度，也就是决策者在群决策过程中的决策权力。但是两者的定义和计算公式都不相同。相比之下，权重的定义相对来讲较为模糊，但是权重和权力指数共同点在于同样反映群决策过程中决策个人的决策权力的大小。当应用模型不同时，适用的计算方法也不相同，这充分反映了群决策的类型多种多样以及名词和术语复杂多变与群决策研究的复杂性。

4.3.2 权力指数

传统上，对投票系统中权力分布的研究是利用对策论进行的，权力指数也被称为这类对策论的解，它测度的是投票者的权力，因此，权力指数反映了投票环境中的"权力"概念。在加权投票对策中，通常存在着一组权重 $[\omega_1, \omega_2, \cdots, \omega_n]$，其中 ω_i 是投票 i 的投票权重。这里需要强调的是在投票环境中，投票权重与权力指数是有区别的，典型的情况是投票权重可以用该投票人所拥有的选票数来表示，而权力指数则有其与概率相联系的特有的含义，表示的是某个投票人决定联盟转变为失败或获胜联盟的机会，即该成员投决定性一票的概率。

考虑有三个政党 X、Y、Z 的立法机构，X、Y、Z 分别有 x、y、z 个席位。有以下三种可能性：

（1）$x > y + z$。在这种情况下，政党 X 拥有大多数席位。在决策规则是多数票的假设时，我们可以看到这个政党掌握全部的决策权力。

（2）$x < y + z$，$y < x + z$，$z < x + y$。因为没有政党拥有大多数席位，但是任意两个政党的联盟拥有多数席位。可以说全部的决策权力均匀分布于三个政党之中。

（3）如果 $x + y + z$ 之和是偶数，如果令一个政党的席位恰好是所有席位的一半，即 $x = y + z$。这时，政党 X 在简单多数决策规则下没有像情况（1）那样有全部权力，但是拥有否决权。

当投票的情况更加复杂时，上面的简单分析就远远不够了，需要更加复杂的计算公式对权力分布进行测度。

1. Shapley-Shubik 权力指数

定义 4-6　Shapley 和 Shubik（1954）引入了一个指数来测度决策者权力，Shapley-Shubik 权力指数表达式为

$$\varphi_i = \sum_{S \subset N} \frac{(s-1)!(n-s)!\left[v(S)-v(S-\{i\})\right]}{n!} \quad (4\text{-}16)$$

某投票人的权力指数指的是他成为最后一个成员使失败联盟转变为获胜联盟的概率,此时该成员的一票具有决定性。这里 φ_i 是决策者 i 的权力指数,$v(S)$ 是联盟 S 的特征函数,$s=|S|$ 是联盟中的成员数,$n=|N|$ 是决策者的总数,S 是获胜联盟,$S-\{i\}$ 是失败联盟。Shapley-Shubik 权力指数是在成员有序加入的情况下,成员 i 的参与使得失败联盟成为获胜联盟的次数与所有可能的有序联盟的个数之比。

2. Banzhaf 权力指数

定义 4-7 权力指数也是与等概率值相联系的,规范化的 Banzhaf 权力指数定义为

$$\beta_i = \frac{\sum_{S \subset N}\left[v(S)-v(S-\{i\})\right]}{\sum_{i=1}^{n}\sum_{S \subset N}\left[v(S)-v(S-\{i\})\right]} \\ = \frac{B_i'}{\sum_j \beta_j'} \quad (4\text{-}17)$$

与 Shapley-Shubik 权力指数相比,Banzhaf 权力指数只计算成员 i 加入后使得失败联盟变为胜利联盟的次数,此时失败联盟只算一次。

3. Deegan-Packel 权力指数

定义 4-8 Deegan-Packel 权力指数为

$$\rho_i = \frac{1}{|M|}\sum_{\substack{S \in M \\ i \in S}} \frac{v(S)}{|S|} \quad (4\text{-}18)$$

这里 M 是最小获胜联盟的集合。Deegan-Packel 权力指数基于假设:联盟只计算最小获胜联盟的次数,其拥有都有同样的概率。

上面这三种权力指数都可作为投票活动中相对权力的测度。然而由于三个权力指数的定义不同,其表达的含义也有所不同,故同一个问题在应用上面三个公式后会得到三种不同的权力分布,下面举例来说明。

例 4-6 狮子(L)、老虎(T)和狐狸(F)结成合伙关系,它们决定根据多数票的决策原则来分配它们共同的猎物。根据能力差别,L、T 和 F 的选票数分布为 50、49 和 1,则有 $v(\phi)=0$,$v(L)=v(T)=v(F)=0$,$v(LT)=v(LF)=1$,$v(TF)=0$,$v(LTF)=1$。计算结果见表 4-8。

表 4-8　权力指数分配表

各种权力指数	狮子	老虎	狐狸
Shapley-Shubik 权力指数	2/3	1/6	1/6
Banzhaf 权力指数	3/5	1/5	1/5
Deegan-Packel 权力指数	1/2	1/4	1/4

上面的例子深刻地说明了权力指数表示的是决策者在决策群体中的相对权力,尽管与选票数目有关,但并不表示决策者手中的选票数目。

4.3.3　群效用函数权重的确定

考虑有 n 个决策者负责进行的群决策问题。令 $u_i(x)$ 为第 i 个决策者关于方案 x 的 Von Neumann-Morgenstern 效用。定义群决策效用函数 $u(x)$ 作为个体决策者效用的加权集结函数如下

$$u(x) = \sum_{i=1}^{n} \omega_i u_i(x) \quad (4-19)$$

式(4-19)定义的函数可以被认为是 Bergson-Samuelson 社会福利函数。许多著名学者对这类加权集结函数进行了研究,并指出其拥有许多令人满意的性质。

许多学者提出各种各样的机制对式(4-19)中的 ω_i 进行赋值。不同的研究者出于不同的研究角度和研究程度对群决策的决策权力分布进行了研究,相应的决策权力名称有权重、权力指数、能力、决策水平和表决权等。

1. 按相对需要确定能力权重

群决策的权重实际上反映了决策者对最终决策结果影响的重要程度。Brock 于 1980 年提出了一种估计决策者权重的方法。这种方法是建立在效用按照群中各成员的相对需求去分配的基础上的,决策结果反映了决策对决策者当事人利益的影响。这个模型的前提假设中最重要的是公平性假设和有效性假设。该方法强调了决策者成员的相对需求,仅限于研究一类"纯转让"问题,即物资从个人 i 转移到个人 j,既没有增加物资,也没有减少物资。

假设 4-9　公平性假设:成员 i 和成员 j 之间分配的效用增量的比,必须等于他们的相对需要,而相对需要是指相对愿望程度。

$$\frac{u_i - u_{io}}{u_j - u_{jo}} = -\frac{d_{u_i}}{d_{u_j}} \quad (4-20)$$

式中,u_{io} 和 u_{jo} 为现状点,反映在获得新的分配效用之前每个人已有的效用。公

式的右边为 Pareto 前沿的斜率，左边为成员 i 与成员 j 相对现状点的需要，亦即相对愿望程度。

假设 4-10 Pareto 有效性假设：设 $\{k_1,k_2,\cdots,k_n\}$ 是非负权重，分别等于式（4-20）相对愿望程度的倒数。规划问题

$$\max \sum_{i=1}^{n} k_i (u_i - u_{io}) \tag{4-21}$$

$$\text{s.t. } u = U$$

的解 $\boldsymbol{u}^* = \left(u_1^*, u_2^*, \cdots, u_n^*\right)^{\mathrm{T}}$ 必为 Pareto 解。

2. 通过委托过程确定能力权重

首先，假设群效用函数能采用加权集结的方式，并且假设群中每个成员的效用函数 U_i（$i=1,2,\cdots,n$）已被确定，因此，确定群效用函数犢的问题归结为对一组权 $\{\lambda_1,\lambda_2,\cdots,\lambda_n\}$ 的确定。

假设群中各成员对选择权重负有责任，而且各成员对选择权值的意见不一。为了选择大家都满意的权重，Bodily（1979）提出了一个委托过程解决这个问题。这种方法是基于难于找到一个公正无私的人来设定权重值，转而依靠群的全体成员选择一集权重值。

假设 4-11 （委托）群中的每个成员有一委托小组，这个小组是由群中其余 $n-1$ 个成员组成，成员 i 对委托小组中每个成员 j 指定一个权 P_{ij}，而 $0 \leq P_{ij} \leq 1$，$i,j=1,\cdots,n$；$P_{ij}=0$，当 $i=j$，且 $\sum_{j=1}^{n} P_{ij}=1$，对所有 i。

假设 4-12 （决策规则）每个委托小组都有一形式为式（4-19）的群效用函数对方案排序，式中的权 P_{ij} 按假设 4-11 定。

假设 4-13 （代替）用成员 i 的委托小组的群效用函数去代替成员 i 的效用函数，每次这种代替成为委托的一步。

整个委托过程的第一步：成员 i 对他的委托小组中各成员的效用设定权重 P_{ij}，用委托小组效用函数的线性组合代替自己原来的效用函数 u_i^0

$$u_i^1 = \sum_{j=1}^{n} P_{ij} u_j^0 \tag{4-22}$$

委托过程的第二步：成员 i 产生新的委托函数

$$u_i^2 = \sum_{j=1}^{n} P_{ij} u_j^1, \quad i=1,2,\cdots,n \tag{4-23}$$

把委托过程进行下去，则成员 i 在第 r 步的委托效用函数为

$$u_i^r = \sum_{j=1}^{n} P_{ij} u_j^{r-1}, \quad i=1,2,\cdots,n \tag{4-24}$$

用矩阵形式表示为

$$\boldsymbol{u}^r = P\boldsymbol{u}^{r-1} = P^r \boldsymbol{u}^0 \tag{4-25}$$

这时一般有两种情况：一种情况是从一集方案中选择一个方案。在这种情况，委托步骤必须进行下去，直到 Pareto 最优集压缩到一个点才终止。此时，无须明显地确定群效用函数。第二种情况是当群企图把所有方案按群的偏好排序时，就必须标定群效用函数。委托效用函数如果收敛，即各成员的效用函数收敛到相同的函数时，则委托过程产生唯一的群效用函数

$$u = \lim_{r \to \infty} u_i^r, \quad i=1,2,\cdots,n \tag{4-26}$$

按群效用函数的定义：$u = \sum_{i=1}^{n} \lambda_i u_i^0 = \boldsymbol{\lambda}^\mathrm{T} \boldsymbol{u}^0$，$\boldsymbol{\lambda}^\mathrm{T}$ 为列向量 $\boldsymbol{\lambda}$ 的转置。$u_i^r = \boldsymbol{P}_i^r \boldsymbol{u}^0$，$\boldsymbol{P}_i^r$ 为矩阵 $\boldsymbol{P}^r$ 的第 r 行构成的行向量，$\boldsymbol{u} = \boldsymbol{\lambda}^\mathrm{T} \boldsymbol{u}^0 = \lim_{r \to \infty} \boldsymbol{P}_i^r \boldsymbol{u}^0$，$i=1,2,\cdots,n$。

由于上式对任意选择的 $\boldsymbol{u}^0$ 都必须适合，故有

$$\boldsymbol{\lambda}^\mathrm{T} = \lim_{r \to \infty} \boldsymbol{P}_i^r, \quad i=1,2,\cdots,n \tag{4-27}$$

由于矩阵 $\boldsymbol{P}$ 具有 n 个状态的马尔可夫链的一步转移矩阵的所有性质，则 $\boldsymbol{P}^r$ 是这个链的 r 步转移概率矩阵，我们要求这个链具有这样的性质

$$\lim_{r \to \infty} \boldsymbol{P}_1^r = \cdots = \lim_{r \to \infty} \boldsymbol{P}_n^r = \boldsymbol{\lambda}^\mathrm{T} \tag{4-28}$$

概率论中已经证明，对一个有限马尔可夫链，如果存在正整数 S，使 $P_{ij}(S) > 0$，$i,j=1,2,\cdots,n$，则 $\{\lambda_1, \lambda_2, \cdots, \lambda_n\}$ 是方程组

$$\lambda_j = \sum_{i=1}^{} \lambda_i p_{ij}, \quad j=1,2,\cdots,n \tag{4-29}$$

满足条件 $\lambda_j > 0$，$\sum_{i=1}^{n} \lambda_j = 1$ 的唯一解。

4.3.4 决策熵与决策者能力权重

决策熵的本质是对专家组成员决策或评估时决策可靠性的测度。应该说，决策者的决策可靠性在一定程度上可以被视作决策者的能力，至少可以认为二者之间有正向关系。知道了决策者的能力，进而就可以从中导出群体效用函数加权集结模型中的权重，由本章 4.2 节得到了群体每个决策者的决策支持水平后，我们试图从中得到群体加权集结模型的权重。

由决策支持水平对决策者的权重进行求解至少可以有两个优点：

(1) 首先对决策群体中的决策者的决策熵进行计算，根据群决策者的可靠性比较，将可靠性显著差的决策者剔除出去，以便提高群决策的整体可靠性。

(2) 其次在决策者可靠性基础上，可以得到决策者在群决策加权模型中相应的权重，最终得到群体效用函数。

基于决策支持水平的能力权重的优点是可以剔除可靠性显著差的专家，以提高整个群组决策的支持水平，这是别的算法所不具备的。一般来说，专家的相对可靠性越高，专家的能力也相对越强，在群体加权集结模型中的相对权重也应该越大。从上面的分析可以知道，每个决策者的可靠性可以用决策熵来测度的，决策者的决策熵越小，决策者的能力就越强。据此，我们认为专家能力测度是决策熵的函数。

定义 4-9 首先设 $C = (c_1, c_2, \cdots, c_m)$ 为专家能力测度，即有

$$c_i = 1/H_i \quad i = 1, 2, \cdots, m \tag{4-30}$$

可以看出式（4-30）中的 H_i 不能为零，否则该式是没有意义的。在实际应用中是可以理解的，因为如果专家 i 的决策熵 H_i 为零，则由定理 4-13 可知专家 i 必为理想专家，能力趋于无穷大，也就不需要利用和借助其他决策者的知识和能力了。因此，我们假设决策者的决策熵不等于 0。

定义 4-10 专家的能力权重定义为

$$\omega_i = c_i \Big/ \sum_{i=1}^{m} c_i, \quad i = 1, 2, \cdots, m \tag{4-31}$$

得知每一个决策者的能力测度后，对之进行规范化便可得到专家的能力权重。一般有 2~3 次测试性评估，就基本上可以对决策者的可靠性进行测度，以便剔除可靠性低的决策者，进一步得到决策者的决策权重。如果不可能进行测试性评估，也可以直接利用决策者给出的评估数据对决策者的可靠性进行测度，进一步可以得到决策者的权重。

4.3.5 序数信息下专家权重的确定

在群体效用函数中，加权集结群体效用函数由于其良好的集结性质和应用上操作简便成为应用最广泛的一种群体效用函数。在对加权集结函数的研究中，确定专家权重最为关键。许多学者对专家权重进行了研究，提出了各种各样的赋专家权重机制。其中，较为著名的是 Harsanyi 于 1955 年提出在给定的条件和假设下，加权集结函数是唯一的一种群体效用函数。

从专家权重的本质来看，专家权重实际是反映了专家的能力和重要程度等信息。这些信息既可以从专家在评价意见一致程度中体现出来，又可以通过对专家

重要性的比较上得到。Bodily 的代理委托方法偏重专家评价的一致性，我们将在本节中导出的方法则更注重于反映专家的重要程度。从这一思路出发，我们将把对专家权重的赋值看作是对专家权重的比较和排序，理由是对一组专家的权重确定实际上暗含着对专家组中的专家进行排序。应该说在实际中，由上级或其他机构给出专家群体中的任意两个专家的确定值是较易引起争议的，而只给出专家的比较信息相对来讲是较为容易的，而且在很多情况下，这种比较的序数信息是唯一可靠或唯一精确的信息。

定义 4-11 严格偏好是指二元成对比较中，偏好方案 a_i 优于方案 a_j，即 $a_i > a_j$。

定义 4-12 由成对比较的方案形成的集合称为偏好结构，如果一个偏好结构只有严格偏好关系，则称之为严格偏好结构。

定义 4-13 具有严格偏好结构的偏好矩阵 A 被定义为 $A = (a_{ij})$，式中

$$a_{ij} = \begin{cases} 1, & \text{如果专家}i\text{比专家}j\text{重要}(i > j) \\ 0, & \text{其他} \end{cases}$$

定义 4-14 在偏好矩阵中，对于任意专家 i 和 j 都有 $a_{ij} + a_{ji} = 1$。

证明： 由定义 4-13 可知，a_{ij} 与 a_{ji} 不能同时等于 1，也不能同时等于 0，且只有 1 和 0 两个取值，因此本定义得证。

定理 4-16 一个偏好结构被定义为传递偏好结构，当且仅当对于任意三个专家 i、j 和 k，如果 $i > j$ 和 $j > k$，那么 $i > k$。

对于矩阵的排序已经有很多不同的方法，如 Borda 法等。一般来说，应用不同的排序方法得到的排序结果并不相同。目的之一是通过对偏好矩阵进行排序，得出专家的相对重要程度，即一个规范化的向量；目的之二是我们希望由偏好矩阵得出的专家权重能够是一个相对稳定的向量，而不是任意的数值。

例如，考虑下面偏好矩阵

$$A = \begin{bmatrix} 1 & 1 & 1 & 1 & 0 \\ 0 & 0 & 1 & 1 & 0 \\ 0 & 0 & 0 & 1 & 1 \\ 0 & 0 & 0 & 0 & 1 \\ 1 & 1 & 0 & 0 & 0 \end{bmatrix}$$

把每一个方案的分值 x_i 定义为在两两比较中，该方案优于其他方案的数目，从完全序数偏好结构中对方案进行排序的最简单和在实际中最为常用的方法是根据每个方案的得分值对方案进行排序。

设 x_i 是专家 i 的分值,可以采用 Borda 法得出专家群体的分值 $x=(x_1,x_2,\cdots,x_n)$。上述求专家的分值公式考虑了专家 i 在两两比较中战胜的次数。我们发现分值只考虑了专家优于对手的次数,而没有考虑优于不同对手的难度是有差别的这一因素。因此,二阶分值为

$$x^2=\left(x_1^2,x_2^2,\cdots,x_n^2\right)$$
$$x^2=Ax^1 \tag{4-32}$$

式中,A 为专家的两两比较矩阵,$x^1=x$。

我们可以依次得到 3 阶、4 阶等,直至 k 阶专家分值。

$$x^k=Ax^{k-1},\quad j=1,2,\cdots,k \tag{4-33}$$

从式(4-33)可以看出,每一阶分值都是在上一阶的基础上考虑了对手的难度加权集结得到的。由于在每一阶分值向量值并不相同,故很自然地提出一个问题,究竟专家的排序或权重确定应该基于哪一阶分值向量呢?或者说这个问题能否如同 Bodily 委托方法一样能够收敛到一个权重向量?

注意到偏好矩阵 A 中的第 i 行表示专家优于其他专家的情况,第 t 列表示优于专家 t 的专家的情况。因此,第 i 行和第 t 列的标量乘积表示专家 i 优于专家 j,且专家 j 优于专家 t 的专家 j 的数目。

对式(4-33)进行整理,可得

$$x^k=A^ke \tag{4-34}$$

式中,e 为元素为 1 的列向量,即 $e^T=(1,1,\cdots,1)$,表明在两两比较之前并没有对决策者的重要性程度的先验分布,或者认为所有的决策者的重要性都同样重要。

如果预先得到决策者重要性程度的先验信息分布 e_p^T,此时可以将迭代过程视作对决策者的重要性程度进行动态的后验校正。

定义 4-15　一个偏好结构被称作是可分解的,如果方案的集合可以被分为两个子集,以致其中一个子集的所有方案优于另一个子集的所有方案。

一个不可分解的偏好结构被称作是不可分解的。

下面我们引入 Frobenius 定理的结论如下:

引理 4-3　令 n 阶实矩阵 A 为非负且不可约矩阵,则有结论

(1)A 有最大的正特征根 $\rho(A)$,且为单根。

(2)有一个正的向量 x,以致 $Ax=\rho(A)x$。

(3)如果矩阵 A 并且是简单的,则有

$$\lim_{m\to\infty}\left[\rho(A)^{-1}A\right]^m=L>0,$$

式中,$L=xy^T$,$Ax=\rho(A)x$,$A^Ty=\rho(A)y$,$x>0$,$y>0$,且 $x^Ty=1$。

定理 4-17 如果矩阵 A 是一个不可分解偏好矩阵，则

（1）A 有一个绝对值最大的正特征根值 α，且为单根。

（2）对应于 α 的特征向量 $\boldsymbol{\omega}$ 的所有元素都是正的。

（3）$\lim\limits_{m \to \infty}(A/\alpha)^k \boldsymbol{e} = \boldsymbol{\omega}$

式中，$\boldsymbol{e} = (1,1,\cdots,1)$。

证明：如果不可分解矩阵 A 为可约，则方案集合可以分成两个子集 a_1 和 a_2，a_1 对应着矩阵 A 左上角不为 0 的子方阵的行；而 a_2 对应为 0 子矩阵的行，即 a_1 的余集。意味着 a_1 中的所有方案均优于 a_2 中的所有方案，因此，一个不可分解的偏好矩阵必定是不可约的。又由于矩阵 A 中的元素 $a_{ij} \geq 0$，即矩阵 A 为非负矩阵，接引用 Frobenius 定理，则定理 4-15 的（1）、（2）得证。

由引理可知，$\lim\limits_{k \to \infty}(A/\alpha)^k \boldsymbol{e} = L\boldsymbol{e} = \boldsymbol{x}\boldsymbol{y}^T \boldsymbol{e}$

令

$$\boldsymbol{x} = (x_1, x_2, \cdots, x_n)^T, \quad \boldsymbol{y} = (y_1, y_2, \cdots, y_n)^T$$

则有

$$\boldsymbol{x}\boldsymbol{y}^T = \begin{bmatrix} x_1 y_1 & x_1 y_2 & \cdots & x_1 y_n \\ x_2 y_1 & x_2 y_2 & \cdots & x_2 y_n \\ \vdots & \vdots & & \vdots \\ x_n y_1 & x_n y_2 & \cdots & x_n y_n \end{bmatrix}$$

因此，$\boldsymbol{x}\boldsymbol{y}^T \boldsymbol{e} = (x_1, x_2, \cdots x_n)^T = \boldsymbol{x}$。因为向量 $\boldsymbol{x}$ 是矩阵 A 的 Perron 向量，满足 $\sum\limits_i x_i = 1$，且对应的特征值 $\rho(A)$ 为单根，因此 $\boldsymbol{x} = \boldsymbol{\omega}$，证毕。

从定理 4-17 可以知道，只要 k 足够大，则第 k 阶分值向量与矩阵 A 的最大正的特征根 α 对应的向量 $\boldsymbol{\omega}$ 成正比，当 k 趋向于无穷大时，决策者的重要性权重向量即式（4-34）的解。

例 4-7 有一个投资项目需要进行可行性论证。由于该项目对企业的将来市场份额是至关重要的，且项目本身耗资巨大，故带来了很大的风险。项目负责人希望能够由五个专家组成的决策群体对项目进行充分的分析论证，以降低项目潜在的巨大风险。专家组中的专家由于专业知识等因素不可避免地存在着能力上的差别。加权集结模型中的权重系数的确定直接关系到决策群体的集结值，因此，权重系数是群决策问题的关键。

对于这种涉及专门知识的群决策问题，我们希望经验和专业知识越丰富的专家在形成群体意见的时候所占的比重越大，相对经验和专业知识越少的专家在形成群体意见的时候所占比重越小。由于获取专家组成员在相似决策问题中的能力

值相对较为困难，而直接对专家组成员的能力进行测度或者由专家组中成员对其他成员进行直接评价也较为困难，甚至是难以进行的。我们这里采用成对比较方法对专家的权重进行确定。

设集合 $E=(e_1,e_2,e_3,e_4,e_5)$ 是专家集合。能力矩阵 C 是专家组中两两比较矩阵，其中的元素既可以是由项目负责人对专家组成员进行两两比较的结果，也可以是专家组内部的互评。成对比较的结果如下：$e_1>e_2$，$e_1>e_3$，$e_1>e_5$，$e_2>e_3$，$e_2>e_4$，$e_2>e_5$，$e_3>e_4$，$e_3>e_5$，$e_4>e_1$，$e_5>e_4$，则对应的关于专家相对重要性的偏好矩阵为

$$A = \begin{bmatrix} 0 & 1 & 1 & 0 & 1 \\ 0 & 0 & 1 & 1 & 1 \\ 0 & 0 & 0 & 1 & 1 \\ 1 & 0 & 0 & 0 & 0 \\ 0 & 0 & 0 & 1 & 0 \end{bmatrix}$$

我们分别应用迭代算法和求最大特征根方法进行求解。首先

$$A\omega=\alpha\omega \tag{4-35}$$

偏好矩阵的特征方程为

$$-\alpha^5+3\alpha^2+3\alpha+1=0$$

其最大正的特征根为

$$\alpha=1.7194$$

然后求解对应 α 的特征向量，其结果见表 4-9。

表 4-9　专家相对重要性的偏好矩阵的特征向量

向量	e_1	e_2	e_3	e_4	e_5
特征向量	0.3029	0.2563	0.1621	0.1762	0.1025

我们希望得到的是权重的值，而不是对专家进行排序。因此，和纯粹的排序问题不同的是，我们允许存在特征向量中的元素可以相等，即允许专家同样重要。

下面，通过式（4-33）迭代算法得到五个决策者的 Borda 迭代分值，再进一步规范化得到了其能力权重迭代向量，结果见表 4-10。

表 4-10　决策者能力权重迭代向量

迭代次数	e_1	e_2	e_3	e_4	e_5
$K=1$	0.3	0.3	0.2	0.1	0.1
$K=2$	0.3750	0.2500	0.1250	0.1875	0.0625

续表

迭代次数	e_1	e_2	e_3	e_4	e_5
$K=3$	0.269 2	0.230 8	0.153 8	0.230 0	0.115 4
$K=4$	0.270 8	0.270 8	0.187 5	0.145 8	0.125 0
$K=5$	0.337 3	0.265 1	0.156 6	0.156 6	0.084 3
$K=6$	0.308 8	0.242 6	0.147 1	0.205 9	0.095 6
$K=7$	0.277 3	0.256 3	0.172 3	0.176 5	0.117 6
$K=8$	0.310 3	0.264 9	0.167 1	0.157 5	0.100 2
$K=9$	0.316 3	0.252 5	0.153 2	0.184 4	0.093 6
$K=10$	0.292 1	0.252 3	0.162 7	0.185 1	0.107 9
$K=11$	0.299 0	0.260 6	0.167 5	0.167 1	0.105 8
$K=12$	0.311 6	0.257 1	0.159 3	0.174 5	0.097 5
$K=13$	0.301 7	0.253 2	0.159 7	0.183 0	0.102 5
$K=14$	0.297 8	0.257 2	0.164 9	0.174 3	0.105 7
$K=15$	0.306 0	0.258 0	0.162 3	0.172 6	0.101 1
$K=16$	0.304 9	0.255 0	0.160 1	0.179 0	0.101 0
$K=17$	0.300 1	0.255 8	0.162 8	0.177 3	0.104 1
$K=18$	0.302 9	0.257 4	0.163 1	0.174 9	0.102 7
$K=19$	0.304 8	0.256 2	0.161 2	0.176 5	0.101 3
$K=20$	0.302 1	0.255 7	0.161 8	0.177 6	0.102 8

我们看到在表 4-10 中迭代次数达到 18 时，专家能力权重的迭代向量已经非常接近式（4-35）得出的特征向量了。

4.4 群决策风险-收益模型

4.4.1 群决策风险-收益模型概述

4.4.1.1 引言

选择最佳投资组合的目的是在收益与风险之间取得平衡。证券组合的收益至少应该与其中所含的风险一致，或许还要好一些。所有的投资组合都是收益与风险之间的一种协调，而最佳投资组合则是在给定的风险水平上为投资者创造最大收益。

在 Markowitz 投资组合理论提出以前，分散投资的理念已经存在。Hicks 提出了"分离定理"，并解释了由于投资者有获得高收益低风险的期望，因而有对货币的需要；同时他认为和现存的价值理论一样，应构建起"货币理论"，并将风险引入分析中，因为风险将影响投资的绩效，将影响期望净收入。又有专家提出了风险补偿的概念，认为由于不确定性的存在，应该对不同金融产品在利率之外附加一定的风险补偿，Hicks 还提出资产选择问题，认为风险可以分散。不确定条件下的序数选择理论，同时也注意到了人们往往倾向高收益低风险等现象。分散折价模型认为通过投资于足够多的证券，就可以消除风险，并假设总存在一个满足收益最大化和风险最小化的组合，同时能通过法律保证使得组合的事实收益和期望收益一致。随后 von Neumann 和 Goldstine（1947）应用预期效用的概念提出不确定性条件下的决策选择方法。

Markowitz 于 1952 年发表的著名论文《证券组合选择》奠定了应用数理方法来确定最佳资产组合投资的基本理论，均值-方差模型成为人们进行组合投资理论研究和应用的基础。随机收益的均值作为投资者的收益，随机收益的方差作为投资的风险，将二者从证券的随机收益中区分开来研究资产组合投资问题，以获得较高的收益并尽可能地避免风险。一般而言，大多数投资者有以下几个方面的客观局限：一是拥有的是小额资金，容易受大户操纵；二是缺乏专门的投资知识；三是没有充裕的时间去了解市场行情并做出合理的预测和最优的决策。

投资基金的一个重要特点就是组织一个具有专门证券知识和丰富投资经验的专家群体进行证券组合的投资决策，因此，它是一种特殊的群体多目标决策模型。具体表现在分散条件下难以做到委托专家经营，并且经济成本也不允许，在集合式条件下这一问题则迎刃而解。在投资基金中，通过专家的精心计算和策划就可以达到分散风险和提高收益的目的。对于每一个投资专家而言，他们的目标是大致相同的；每个专家都有自己的独特的信息结构和投资风格以及风险偏好。为了更好地利用不同投资专家的专家知识和经验，有必要建立证券投资群体决策模型，为投资专家决策问题进行决策支持。

4.4.1.2 证券组合风险-收益模型

1. 风险与收益的假设

Markowitz 于 1952 年发表的著名论文《证券组合选择》奠定了证券组合投资的基本数学模型，即风险-收益模型。其基本背景是，投资者将一笔给定的资金在一定时期进行投资,在期初购买,期末卖出。那么在期初他要决定购买哪些证券以及资金在这些证券上如何分配?Markowitz 指出,任何一个投资者在追求"高收益"的同时,必然还希望"收益尽可能是确定的",即投资者的目标应该有两个:尽可能高的收益率和尽可能低的不确定性(风险)最好的决策应该是使得这两个相互制约的目标达到最佳的平衡。

证券组合风险-收益模型的建立是基于以下的两个假设:

假设 4-14 投资者以期望收益率(即收益率均值)来衡量未来收益率水平,以收益率方差来衡量收益率的不确定性(即风险)因而投资者在决策中只关心期望收益率和方差。

投资组合理论中使用预期收益率的变动来估测投资组合的风险,方差是测量风险的重要工具之一。

因为这是一种量化的投资组合理论,所以 Markowitz 从量化的角度,假定投资者可以用数学表达式确定风险。数学表达式就是说,风险是随预期收益率而变动的情况,并且这种变动能够用数学方法来衡量或估测,而不是只是用高、中、低这种简单的方式描述。

假设 4-15 投资者是不知足的和厌恶风险的,即投资者总是希望期望收益越高越好,而方差越小越好。

假设 4-15 实际上描述的是一种理性投资者,即其效用函数是收益极大化和风险厌恶的。在给定风险情况下,投资者希望得到较高的收益率;而在相同的收益率水平下,则希望承受尽量小的风险。

2. 证券组合的风险-收益模型

假设决策者(即证券投资人)可供选择的共有 N 种风险证券,第 i 种证券的投资收益率的随机变量为 r_i,期望收益率为 $R_i = E(r_i)$,投资于第 i 种证券的份额比例为 x_i。

本节中,我们考虑一个资本市场,提供 N 个风险资产的随机收益率和一个无风险的资产收益率。一个投资者在 N 个风险资产和一个无风险资产上将他的财富分别以不同的比例进行投资。这样一个证券组合可以描述如下:

x_i:投资风险资产 i 的比例,$i=1,2,\cdots,N$;

x_{N+1}:投资于无风险资产的比例;

r_i:风险资产 i 的随机收益率,$i=1,2,\cdots,N$;

R_{N+1}:无风险资产的收益率;

R_i:$E(r_i)$,风险资产 i 期望收益率,$i=1,2,\cdots,N$;

$\sigma_{ij} - \text{cov}(r_i, r_j)$,风险资产随机收益率 r_i 与 r_j 之间的协方差,$i, j = 1, 2, \cdots, N$,

这里假设协方差矩阵是正定的。

交易费用在本节被假设为一个给定证券组合 $x^0 = \left(x_1^0, \cdots, x_N^0, x_{N+1}^0\right)$ 和新的证券组合 $x = \left(x_1, \cdots, x_N, x_{N+1}\right)$ 之间差别的函数，于是第 i 个风险证券的交易费用为

$$c_i = K_i \left|x_i - x_i^0\right|, \quad i=1,2,\cdots,N$$

N 个风险证券的交易费用为

$$\sum_{i=1}^{N} c_i = \sum_{i=1}^{N} K_i \left|x_i - x_i^0\right|$$

对应证券组合投资 $x = \left(x_1, \cdots, x_N, x_{N+1}\right)$ 的期望收益和方差分别为

$$R(x) = \sum_{i=1}^{N+1} R_i x_i \text{ 和 } \sigma^2(x) = \sum_{i=1}^{N} \sum_{j=1}^{N} \sigma_{ij} x_i x_j$$

一般而言，投资者的目标是证券组合投资的期望收益 $R(x)$ 越大越好，证券组合投资风险越小越好。证券组合投资问题可以转化成一个数学优化问题如下

$$\begin{cases} \max R(x) = \sum_{i=1}^{N+1} x_i R_i \\ \min V(x) = \sum_{i=1}^{N} \sum_{j=1}^{N} \sigma_{ij} x_i x_j \\ \min C(x) = \sum_{i=1}^{N} K_i \left|x_i - x_i^0\right| \\ \text{s.t. } \sum_{i=1}^{N+1} x_i = 1 \\ x_i \geqslant 0, i=1,\cdots,N+1 \end{cases}$$

其中的两个约束意味着，所有的投资基金都要按比例分配到 $N+1$ 个资产上，且不允许卖空和借贷。

4.4.1.3 专家投资决策的风险-收益模型

1. 投资专家偏好信息的集结

投资基金的本质是由具有专门证券投资知识和丰富投资经验的专家群体进行证券市场的经营操作，每一位投资专家对证券组合投资都有自己的投资风格、风险偏好以及对市场的判断。且每一位投资专家都是理性的，表现在判断证券组合的决策指标，即希望投资组合的收益趋于最大化，都希望投资组合的风险和交易费用极小化。每一位专家虽然都具有收益极大化、风险极小化和交易费用极小化的特点，但是他们对市场的判断不可能完全相同，而且对风险的厌恶程度也不相

同。为了能够充分利用各个投资专家的知识和经验，以便能够在风云变幻的证券市场使资本增值的同时规避风险，需要能将来自各位专家的宝贵信息集结为专家群体做出的判断。

设投资专家的集合为 $E=(e_1,\cdots,e_m)$，式中，e_r 表示第 r 个投资专家，且 $m \geq 2$。各个投资专家分别给出投资组合的期望收益 R^r、风险 w^r、风险厌恶系数 λ^r 和交易费用 C^r 四项决策指标，$r=1,2,\cdots,m$。风险厌恶系数 λ^r 表示第 r 个专家给出的收益和风险与给定目标偏离重要性之间的权重，$r=1,2,\cdots,m$。交易费用 C^r 由投资专家根据经验给出。

投资组合的期望收益率为 $R_i = E(r_i)$，投资组合的风险用 $\rho = \sum_{i=1}^{N}\sum_{j=1}^{N} x_i x_j \sigma_{ij}$ 表示，$\sigma_{ij} = \text{cov}(r_i, r_j)$ 表示任意两个证券收益率的协方差。

形成下列 m 个投资专家的决策指标矩阵

$$M = \begin{matrix} e_1 \\ e_2 \\ \vdots \\ e_m \end{matrix} \begin{bmatrix} R^1 & \rho^1 & \lambda^1 & C^1 \\ R^2 & \rho^2 & \lambda^2 & C^2 \\ \vdots & \vdots & \vdots & \vdots \\ R^m & \rho^m & \lambda^m & C^m \end{bmatrix}$$

现在需要对 m 个投资专家给出的偏好信息进行集结，不同的集结方法有可能得到不同的集结结果。

首先，应用 REM 法只需要最后排出方案集中方案的一个序即可，为了清楚起见，对方案 j 的群体集结值 x_{gj} 进行了规范化，使 x_{gj} 的值在区间 $[0,1]$。现在我们对投资专家四个决策指标的集结，不存在排序的问题，因此，在集结投资专家偏好时不需要对此进行规范化。

其次，REM 法可以直接得出集结值的公式实际上是一个经过规范化后的乘积集结公式，要求集结的数值中不能为 0。因此，投资专家在给出决策指标值时，不能有等于 0 的数值。

基于上面两点，将 REM 法的集结公式改造为乘积公式

$$x_{gj} = \prod_{i=1}^{m}(x_{ij})^{\omega_i}$$

式中，ω_i 为专家的权重。

Forman 曾经证明了乘积集结公式既可以对决策者的偏好信息集结，又可以对决策者判断信息集结，而且还满足 Pareto 性质，也说明了乘积集结公式是一个具有很好性质的集结方法。这样，投资专家群体的期望收益、风险、风险厌恶系数及交易费用可以分别集结为

$$R_g = \prod_{r=1}^{m}(R^r)^{\omega^r}$$

$$\rho_g = \prod_{r=1}^{m}(\rho^r)^{\omega^r}$$

$$\lambda_g = \prod_{r=1}^{m}(\lambda^r)^{\omega^r}$$

$$C_g = \prod_{r=1}^{m}(C^r)^{\omega^r}$$

式中，ω^r 是专家 r 的权重。

根据对 Markowitz 模型及投资专家群体偏好的分析，可以得到证券投资的分层多目标规划模型。

2. 投资基金中专家投资决策的风险-收益模型

根据多目标规划的概念，一个证券组合 $x = (x_1, \cdots, x_N, x_{N+1})$ 若满足两个约束，就称为可行的。一个可行的证券组合 x^* 若是规划模型（M_1）的 Pareto 有效解就称为有效的，即 x^* 为有效解是指不存在其他可行解 x，使 $R(x) \geqslant R(x^*)$，$V(x) \leqslant V(x^*)$ 和 $C(x) \leqslant C(x^*)$，且至少有一个不等式为严格的。所有有效前沿所构成的集合称为有效前沿，问题（M_1）的有效前沿的求解可以转化为如下形式的参数规划问题：

$$\begin{cases} \min C(x) = \sum_{i=1}^{N} k_i |x_i - x_i^0| \\ \text{s.t.} \ \sum_{i=1}^{N+1} x_i R_i \geqslant l \\ \sum_{i=1}^{N}\sum_{j=1}^{N} x_i x_j \sigma_{ij} \leqslant \sigma^2 \\ \sum_{i=1}^{N+1} x_i = 1 \\ x_i \geqslant 0, i = 1, 2, \cdots, N+1 \end{cases}$$

该问题是一个非线性约束的规划问题，不易求解。可以将其中的约束项方差替换为绝对差，在统计上，方差和绝对差都表示随机变量与均值的偏离程度，因此，可以等价的作为风险的度量。当随机收益 $(r_1, \cdots, r_N)$ 服从多维正态分布时，有

$$W\left(\sum_{i=1}^{N} x_i r_i\right) = \sqrt{\frac{2}{\pi} V\left(\sum_{i=1}^{N} x_i r_i\right)}$$

式中，$W(r) = E|r - E(r)|$ 为随机变量的绝对差。当随机收益不服从正态分布时，二者也有相当高的相关性。风险-收益模型替代为均值-绝对差模型已得到许多学者的分析和讨论，实证研究上证实应用两种模型得到极相近的结论。因此，应考虑如下问题：

$$\begin{cases} \min C(x) = \sum_{i=1}^{N} K_i \left| x_i - x_i^0 \right| \\ \text{s.t.} \sum_{i=1}^{N+1} x_i R_i \geq l \\ E \left| \sum_{i=1}^{N} x_i r_i - \sum_{i=1}^{N} x_i R_i \right| \leq \omega \\ \sum_{i=1}^{N+1} x_i = 1 \\ x_i \geq 0, i = 1, 2, \cdots, N+1 \end{cases}$$

假设已知证券市场的历史数据：r_{it}（$i=1,2,\cdots,N$；$t=1,2,\cdots,T$）表示第 i 个证券第 t 个时期的收益值，则以上模型可以有一个直接的表示：

$$\begin{cases} \min C(x) = \sum_{i=1}^{N} K_i \left| x_i - x_i^0 \right| \\ \text{s.t.} \sum_{i=1}^{N+1} x_i R_i \geq l \\ \frac{1}{T-1} \sum_{t=1}^{T} \left| \sum_{i=1}^{N} x_i r_{it} - \sum_{i=1}^{N} x_i R_i \right| \leq \omega, \\ \sum_{i=1}^{N+1} x_i = 1 \\ x_i \geq 0, i = 1, 2, \cdots, N+1 \end{cases}$$

式中，$R_i = \frac{1}{T} \sum_{t=1}^{T} r_{it}$，$i=1,2,\cdots,N$，模型（$M_4$）的目标函数及约束函数都是分段线性函数。

根据投资专家的集结意见，可以得到均值和方差的集结水平之间的权重（R_0、W_0、λ_0）和交易费用的集结水平（C_0）。将目标收益和风险作为第一优先类，交易费用作为第二优先类，构造如下分层目标规划模型

$$\begin{cases} \min\left\{P_0\left(d_0^+ + d_0^- + \sum_{i=1}^{N+1} d_i^-\right), P_1\left(d_{N+2}^- + \lambda_0 d_{N+3}^+, P_2\left(d_{N+4}^+\right)\right)\right\} \\ G_0: \sum_{i=1}^{N+1} x_i + d_0^- - d_0^+ = 1, d_0^- \geq 0, d_0^+ \geq 0, d_0^- d_0^+ = 0 \\ G_i: x_i + d_i^- - d_i^+ = 0, d_i^- \geq 0, d_i^+ \geq 0, d_i^- d_i^+ = 0, i = 1, \cdots, N+1 \\ G_{N+2}: \sum_{i=1}^{N+1} x_i R_i + d_{N+2}^- - d_{N+2}^+ = R_0, d_{N+2}^- \geq 0, \\ d_{N+3}^+ \geq 0, d_{N+3}^- d_{N+3}^+ = 0 \\ G_{N+3}: E\left|\sum_{i=1}^{N} x_i r_i - \sum_{i=1}^{N} x_i R_i\right| + d_{N+3}^- - d_{N+3}^+ = W_0, d_{N+3}^- \geq 0, \\ d_{N+3}^+ \geq 0, d_{N+3}^- d_{N+3}^+ = 0 \\ G_{N+4}: \sum_{i=1}^{N} K_i \left|x_0 - x_i^0\right| + d_{N+4}^- - d_{N+4}^+ = C_0, d_{N+4}^- \geq 0, \\ d_{N+4}^+ \geq 0, d_{N+4}^- d_{N+4}^+ = 0 \end{cases}$$

式中，$G_0, G_1, \cdots, G_{N+1}$ 为超级目标，具有优先等级 P_0；G_{N+2}，G_{N+3} 为一级目标，具有等级 P_1；G_{N+4} 为二级目标，具有等级 P_2。各目标中的非线性约束（互补性条件和绝对值符号）可以变化为线性约束，为此，容易证明以下三个引理。

引理 4-4 对于规划问题

$$\min\left\{P_0\left(d_0^+ + d_0^- + \sum_{i=1}^{N+1} d_i^-\right)\right\}$$

$$G_0: \sum_{i=1}^{N+1} x_i + d_0^- - d_0^+ = 1, d_0^- \geq 0, d_0^+ \geq 0$$

$$G_i: x_i + d_i^- - d_i^+ = 0, d_i^- \geq 0, d_i^+ \geq 0, \quad i = 1, 2, \cdots, N+1$$

若（$x_i, \cdots, x_{N+1}, d_0^-, d_0^+, d_i^-, d_i^+, i = 1, \cdots, N+1$）为最优解

则 $d_0^- = 0$，$d_0^+ = 0$，$d_i^- = 0$，$d_0^+ = \dfrac{1}{N+1}$。

证明： 因为 $x_1 = x_2 = \cdots = x_{N+1} = \dfrac{1}{N+1}$，$d_0^- = 0, \cdots, d_i^- = 0$，$d_i^+ = \dfrac{1}{N+1}$ 为最优解，所以，该目标的最优值为 0，即 $d_0^- \times d_0^+ = 0$，$d_i^- \times d_i^+ = 0$，$i = 1, 2, \cdots, N$，可以省略。

引理 4-5 对于规划问题

$$\min\{P_1(d_{N+2}^- + \lambda_0 d_{N+3}^+)\}$$

$$G_{N+2}: \sum_{i=1}^{N+2} x_i R_i + d_{N+2}^- - d_{N+2}^+ = R_0, d_{N+2}^- \geq 0, d_{N+2}^+ \geq 0$$

$$N_{N+3}: \frac{1}{T-1}\sum_{t=1}^{T}(l_t + m_t) + d_{N+3}^- - d_{N+3}^+ = W_0, d_{N+3}^- \geq 0, d_{N+3}^+ \geq 0$$

$$l_t \geq 0, m_t \geq 0, l_t - m_t = \sum_{i=1}^{N} x_i r_i - \sum_{i=1}^{N} x_i R_i, t = 1, \cdots, T$$

$$(x_1, \cdots, x_{N+1}) \in X = \{\sum_{i=1}^{N+1} x_i = 1, x_i \geq 0\}$$

若 $(x_1, \cdots, x_{N+1}, d_{N+2}^-, d_{N+2}^+, d_{N+3}^-, d_{N+3}^+, l_1, m_1, \cdots, l_T, m_T)$ 为最优解则一定存在 $\tilde{d}_{N+2}^-, \tilde{d}_{N+2}^+, \tilde{d}_{N+3}^-, \tilde{d}_{N+3}^+, \tilde{l}_1, \cdots, \tilde{m}_T$ 使 $(x_1, \cdots, x_{N+1}, \tilde{d}_{N+2}^-, \tilde{d}_{N+2}^+, \tilde{d}_{N+3}^-, \tilde{d}_{N+3}^+, \tilde{l}_1, \cdots, \tilde{m}_T)$ 为最优解。式中,$\tilde{d}_{N+2}^- \cdot \tilde{d}_{N+2}^+ = 0$,$\cdots$,$\tilde{l}_1 \tilde{m}_1 = 0, \cdots, \tilde{l}_T \tilde{m}_T = 0$。

由引理 4-5 可知,该规划可以省略非线性约束(互补性条件)。

引理 4-6 对于规划问题

$$\min\{P_2(d_{N+4}^+)\}$$

$$G_{N+4}: \sum_{i=1}^{N} K_i(a_i + b_i) + d_{N+4}^- - d_{N+4}^+ = C_0, d_{N+4}^- \geq 0, d_{N+4}^+ \geq 0$$

$$a_i \geq 0, b_i \geq 0, a_i - b_i = x_i - x_i^0, i = 1, 2, \cdots, N$$

$$(x_1, \cdots, x_{N+1}) \in X = \left\{\sum_{i=1}^{N+1} x_i = 1, x_i \geq 0\right\}$$

若 $(x_1, x_2, \cdots, x_{N+1}, a_1, b_1, \cdots, a_N, d_{N+4}^-, d_{N+4}^+)$ 为最优解,则一定存在 $\tilde{a}_1, \tilde{b}_1, \cdots, \tilde{a}_N, \tilde{b}_N, \tilde{d}_{N+4}^-, \tilde{d}_{N+4}^+$ 使得 $a_i b_i = 0, \tilde{d}_{N+4}^- \tilde{d}_{N+4}^+ = 0$,且 $(x_1, \cdots, x_{N+1}, \tilde{a}_1, \tilde{b}_1, \cdots, \tilde{a}_N, \tilde{b}_N, \tilde{d}_{N+4}^-, \tilde{d}_{N+4}^+)$ 为最优解。

由以上三个引理得知,互补性约束可以省缺,绝对值条件可以转换为线性条件;并注意到超级目标层的最优值为零;根据假设的历史数据,这样求解规划模型(M_5)即可以经过转换为规划模型(M_6)、规划模型(M_7)之后等价地转换为下两个线性规划问题 [规划模型(M_6)、规划模型(M_7)及上面三个引理的证明过程见附录 C]。

$$\begin{cases} \min\left(d_{N+2}^- + \lambda_0 d_{N+3}^+\right) \\ \text{s.t.} \sum_{i=1}^{N+1} x_i = 1, x_i \geq 0, i=1,2,\cdots,N+1 \\ \sum_{i=1}^{N+1} x_i R_i + d_{N+2}^- - d_{N+2}^+ = R_0 \\ d_{N+2}^- \geq 0, d_{N+2}^+ \geq 0 \\ \frac{1}{T-1}\sum_{t=1}^{T}(l_t + m_t) + d_{N+3}^- - d_{N+3}^+ = W_0, d_{N+3}^- \geq 0 \\ d_{N+3}^+ \geq 0 \\ l_t - m_t = \sum_{i=1}^{N} x_i r_{it} - \sum_{i=1}^{N} x_i R_i \\ l_t \geq 0; m_t \geq 0; t=1,2,\cdots,T \end{cases}$$

设以上问题的最优值为 P_1，求解如下规划问题即可得最优的证券投资组合

$$\begin{cases} \min\left(d_{N+4}^+\right) \\ \text{s.t.} \sum_{i=1}^{N+1} x_i = 1, x_i \geq 0, i=1,2,\cdots,N+1 \\ \sum_{i=1}^{N+1} x_i R_i + d_{N+2}^- - d_{N+2}^+ = R_0, \ \ d_{N+2}^- \geq 0, d_{N+2}^+ \geq 0 \\ \frac{1}{T-1}\sum_{t=1}^{T}(l_t + m_t) + d_{N+3}^- - d_{N+3}^+ = W_0, d_{N+3}^- \geq 0 \\ d_{N+3}^+ \geq 0 \\ l_t - m_t = \sum_{i=1}^{N} x_i r_{it} - \sum_{i=1}^{N} x_i R_i, \ \ l_t \geq 0, m_t \geq 0; t=1,2,\cdots,T \\ \sum_{i=1}^{N} K_i(a_i + b_i) + d_{N+4}^- - d_{N+4}^+ = c_0, d_{N+4}^-, d_{N+4}^+ \geq 0 \\ a_i \geq 0, b_i \geq 0, i=1,\cdots,N \\ a_i - b_i = x_i - x_i^0, d_{N+2}^- + \lambda_0 d_{N+3}^+ = p_1, i=1,2,\cdots,N \end{cases}$$

规划（P_1）求出的解是当没有考虑交易费用情况时的最优投资组合，规划（P_2）的解是考虑了交易费用的最后的最优投资组合。

4.4.2 群决策在投资风险分析中的案例研究

4.4.2.1 引言

投资者投资于证券的主要目的在于获取高收益，而目标越高，风险也越大。大多数投资者有以下三个方面的客观局限：首先，大多数投资者只拥有小额资金，容易受大户操纵，一般认为，投资者是厌恶风险的，其绝对风险厌恶度是关于其现有资金的相对下降函数，即资金越多，风险承受能力越大，所能期待的收益也越大；其次，由于缺乏专门的投资知识，大多数投资者投资的风险是很大的；最后，大多数投资者没有充裕的时间去获悉市场信息进而做出合理的预测和最优的决策。

投资基金是当今世界经济中一种重要的、十分活跃的投资方式。作为一种社会化、新型的信托投资制度，投资基金受到世界各国的普遍欢迎，发展十分迅猛。投资基金就是集合大众资金，委托专家来操作管理，共同分享投资利润，分担风险的一种投资工具，是一种利益共享、风险共担的集合投资制度。证券投资基金就是通过向社会公开发行基金单位筹集资金，并将资金用于证券投资。基金单位的持有者对基金享有资产所有权、收益分配权、剩余财产处置权和其他相关权利，并承担相应义务。

投资基金的特点：一是集众多的非特定的、分散的小额资金为一个整体，节约交易成本，提高投资收益；二是委托具有丰富的证券投资知识和经验的专家经营管理；三是分散投资，通过投资组合来降低投资风险。

1992 年，中国人民银行批准成立创设的山东省淄博乡镇企业投资基金方式成为国内第一家人民币投资基金，揭开了中国基金方式业务的序幕。随着证券市场的逐渐发展和成熟，投资基金也得到了较大的发展。目前在我国，证券投资基金的主要投资范围是上市股票，股票投资组合的管理在基金的投资组合管理中占有举足轻重的地位。

4.4.2.2 投资基金证券投资的风险

任何证券投资都带有风险。这些风险因素主要有财务风险、市场风险、利率风险和购买风险等。按风险的性质和应付措施的不同，可以将证券投资的总风险分为两个部分：系统性风险和非系统性风险，在数量上，风险等于这二者之和。

系统性风险是由于某种原因对市场上所有证券都会带来损失的可能性，它在企业外部发生，企业自身不能控制。系统性风险来源主要有市场风险、利率风险、购买力风险和政治风险。非系统性风险是某个企业独有的风险，基本上只同某个具体的股票相关联，与其他有价证券无关，包括经营风险、财务风险等。

在我国，证券投资基金的主要投资范围是上市股票，因此，股票投资组合的管理在基金的投资组合管理中占有举足轻重的地位。证券组合投资的一个主要目的就是分散风险。由于大部分基金是投资于股票的，而股票与其他任何金融产品一样，都是有风险的。证券中的风险就是指预期投资收益的不确定性，一般用股票投资收益的方差或者股票的 β 值来衡量一种股票或多种股票组合的风险。传统的组合投资的方差是由组合中各股票的方差和股票之间的协方差两部分组成。组合的期望收益是各股票的期望收益率的加权平均，而除去各股票完全正相关的情况下，组合资产的标准差将小于各股票的标准差的加权平均。当组合中的股票数目 N 增加时，单只股票的投资比例减少，方差项对组合资产的风险的影响下降。当 N 趋向无穷大时，方差项将趋近 0，组合资产的风险仅由各股票之间的协方差所决定。也就是说，通过组合投资，能够减少直至消除各股票自身特征所产生的风险（非系统性风险），而只承担影响所有股票收益率的因素所产生的风险（系统性风险）。

在统计上，方差和绝对差都表示随机变量与均值的偏离程度，因此，可以等价的作为风险的度量。当随机收益（$r_1,\cdots,r_N$）服从多维正态分布时，有

$$W\left(\sum_{i=1}^{N} x_i r_i\right) = \sqrt{\frac{2}{\pi} V\left(\sum_{i=1}^{N} x_i r_i\right)}$$

式中，$W(r) = E|r - E(r)|$ 为随机变量的绝对差。当随机收益不服从正态分布时，两者也有相当高的相关性。许多学者分析讨论了风险-收益模型替代为均值-绝对差模型，并且实证研究发现应用两种模型可以得到极相近的结论。

按照国外专家对股票市场的实证研究，将股票投资在 10～15 种个股上，即可以消除大部分非系统性风险。在我国的股票市场上，非系统性风险所占的比例更小，证券投资基金投资的分散化和多样化属于基金规范运作的基本要求。但是，我国股市一半左右的风险属于分散投资无法消除的系统性风险，当基金组合中股票数超过 10 只时，增加基金组合中的股票数，降低投资风险的作用已经微乎其微。因此，一般认为在这一阶段，可以根据对非系统性风险的判断挑选出 6~10 只股票来构造投资组合已经可以达到分散风险的目的。

投资于投资基金，因基金基本上是把钱交给专家投资，专家凭借其专业知识及判断，自然会避免选择财务可能有问题的公司投资，加上执行风险分散的投资原则，财务风险方面可以得到有效控制。一般来说，除非投资债券基金，利率风险对投资基金的风险的影响也不会大，购买力风险同样也对投资基金的股票投资组合影响较小。

实际上，投资基金还面临着整个股票投资市场的系统风险，因为大部分基金是投资股票的，因而股票价格的波动与投资基金的风险息息相关。对这种系统性风险通过证券组合进行分散投资是不能减少的。一种办法是将风险证券与无风险证券进行投资组合，当增加无风险证券的投资比例时，系统风险将降低，极端的情况是将全部资金投资于无风险证券上，这时风险将全部消除。在下一节中，主要利用群决策风险-收益模型对某个投资基金的专家群体决策问题进行研究，由

于该组合模型加入了无风险证券,故在理论上可以同时降低系统风险和非系统风险,而在实际应用中风险的降低还有赖于对模型参数的选择。

4.4.2.3 投资专家群的决策问题

本节我们考虑一个投资专家群进行股票组合决策的问题。投资问题主要是希望能在规避风险的同时增加投资者的收益,同时尽量降低在这个过程中的交易费用。证券组合作为一种具有降低投资者风险的证券投资工具,有可能得出恰当的组合权重来满足投资者降低风险、增加收益的要求。

在风险-收益模型的理论与应用中,投资专家在确定有效边界之后,面临的任务是如何根据基金持有人的风险收益的无差异曲线与有效边界的切点来决定。但在实际的投资管理中,很难用数学公式来精确描述投资专家或基金持有人的风险-收益无差异曲线。我们建立的投资专家群决策的风险收益模型则是根据投资专家群给出的风险、收益、风险和收益之间的权重以及对交易费用的偏好估计值来确定投资基金的证券组合的权重。

例如,5个投资专家经过认真的观察和研究,从证券市场上选择了6种证券,准备进行证券组合以规避风险,增加收益。表4-11是6种证券8个周期的收益。

表4-11 6种证券8个周期的收益

证券	1	2	3	4	5	6	7	8
证券1	0.03	−0.01	0.09	0.24	−0.09	−0.02	0.05	0.11
证券2	0.14	0.03	−0.05	−0.07	0.05	0.11	0.05	0.04
证券3	0.13	0.12	0.05	−0.07	0.08	0.04	−0.04	0.03
证券4	−0.11	0.07	0.14	0.21	0.04	0.07	0.03	−0.06
证券5	0.05	−0.07	0.03	0.09	0.01	−0.08	0.04	0.06
证券6	0.01	0.08	−0.06	0.07	0.14	−0.10	0.13	−0.06

证券投资具有高收益同时又具有高风险的特点,投资基金以专家管理决策为特色,因此,为了更加有效地降低风险,增加投资者的资产收益,需要充分发挥专家丰富的投资知识和经验的作用。表4-12是5个投资专家群的偏好估计值。

表4-12 5个投资专家群的偏好估计值

项目	收益	风险	风险厌恶系数	交易费用
e_1	0.120	0.014	3.000	4.000×10^{-4}
e_2	0.080	0.016	4.000	5.000×10^{-4}
e_3	0.100	0.015	3.000	3.000×10^{-4}
e_4	0.110	0.017	5.000	3.000×10^{-4}
e_5	0.090	0.013	4.000	2.600×10^{-4}

实际上，投资专家给出的投资组合风险偏好估计值和风险厌恶系数两个均意味着对风险的厌恶程度。

4.4.2.4 群决策风险-收益模型的案例研究

为了建立考虑投资专家群信息的投资模型，首先需要对 5 个投资专家关于 4 个偏好估计值进行集结，得到一个投资专家群的赋值。我们采用 4.4.1.3 节中经过修正了的 REM 集结公式对 5 个专家给出的偏好值进行集结得出专家群的赋值，见表 4-13。

表 4-13 投资专家偏好估计值的集结值

项目	收益	风险	风险厌恶系数	交易费用
专家群体集结值	0.099	0.014 9	3.728	3.420×10^{-4}

此处当对专家偏好信息集结时，假定专家权重相等。

其次，我们可以从表 4-11 中求得 6 个证券的收益和风险，即随机收益的样本期望和绝对值方差，就可以利用投资基金的群决策风险-收益模型来确定这 6 个证券再组合中的相应权重。需要说明的是，交易费用 $c = \left| \sum_{i=1}^{6} c_i = \sum_{i=1}^{6} K_i \left| x_i - x_i^0 \right| \right|$ 中，$K_1 = K_2 = \cdots = K_6 = 0.005$，$x_i^0$ 是上一次证券 i 的组合权重，见表 4-14。

表 4-14 前次证券的组合权重

项目	$i=1$	$i=2$	$i=3$	$i=4$	$i=5$	$i=6$
x_i^0	0.05	0.1	0.1	0.15	0.15	0.2

证券组合中除了包括上面 6 个带有风险的证券以外，我们将无风险资产 R_7 也加进来进行组合以规避风险，其期望收益为 0.02，风险为 0。

对上面投资问题应用规划 P_1 和 P_2 进行求解，得到规划 P_1 和 P_2。

$$\min\ d_8^- + 3.728 d_9^+$$

$$\text{s.t.}\ \sum_{i=1}^{7} x_i = 1 \quad x_i \geq 0;\ i=1,2,\cdots,7$$

$$\sum_{i=1}^{7} x_i R_i + d_8^- - d_8^+ = 0.099, d_8^-, d_8^+ \geq 0$$

$$\frac{1}{8-1} \sum_{t=1}^{8} (l_t - m_t) + d_9^- - d_9^+ = 0.014\ 9$$

$$l_t - m_t = \sum_{i=1}^{6} x_i (r_{it} - R_i)$$

$$d_9^-, d_9^+ \geq 0, l_t, m_t \geq 0; t=1,2,\cdots,8$$

在规划 P_1 中，R_i 表示证券 i 的期望收益，r_{it} 表示证券 i 在时刻 t 的收益。

$$\min d_{10}^-$$

$$\text{s.t.} \sum_{i=1}^{7} x_i = 1 \quad x_i \geq 0; i=1,2,\cdots,7$$

$$\sum_{i=1}^{7} x_i R_i + d_8^- - d_8^+ = 0.099, d_8^-, d_8^+ \geq 0$$

$$\frac{1}{8-1}\sum_{i=1}^{8}(l_t - m_t) + d_9^- - d_9^+ = 0.0149$$

$$l_t - m_t = \sum_{i=1}^{6} x_i(r_{it} - R_i), d_9^-, d_9^+ \geq 0; l_t, m_t \geq 0; t=1,2,\cdots,8$$

$$\sum_{i=1}^{6} K_i(a_i + b_i) + d_{10}^- - d_{10}^+ = 0.000342, d_{10}^-, d_{10}^+ \geq 0$$

$$a_i - b_i = x_i - x_i^0, a_i, b_i \geq 0$$

$$d_8^- + 3.728 d_9^+ = P_1$$

在规划 P_2 中，K_i 表示证券 i 的期望收益，r_{it} 表示证券 i 在时刻 t 的收益。

规划 P_1 和 P_2 的计算结果见表 4-15 中第二行，表中第三行是为了进行对比当风险厌恶系数为 1 时，由 P_1 和 P_2 算出的组合权重。

表 4-15 风险厌恶系数分别为 3.728 和 1 的证券组合

λ_0	1	2	3	4	5	6	7	组合收益	组合风险
3.728	0.0872	0.1661	0.2594	0.1807	0.0490	0	0.2646	0.0479	0.0524
1	0.2087	0.2092	0.3206	0.2616	0	0	0	0.0613	0.0698

表 4-15 中的 $\lambda_0 = 3.728$ 表示在该投资基金中投资专家群认为目标函数中风险偏离重要程度是收益偏离重要程度的 3.728 倍，而 $\lambda_0 = 1$ 则表示风险偏离重要程度与收益偏离重要程度在专家群中被认为相当。

4.4.2.5 对案例计算结果的分析

从表 4-15 中很清楚地看到，当投资专家给出的收益、风险及交易费用指标值均不变，而当 λ_0 从 3.728 减小至 1 时，即风险的重要性在证券组合中被降低了，证券组合的风险就会上升，同时投资组合的收益也上升了。这也反映了当承担的风险增大时，投资者要求的收益同时也增大了。

一种情况是当投资专家代表的投资者极端厌恶风险，希望证券组合的风险为 0，此时风险证券的权重均为 0，整个证券的组合收益和风险与无风险证券相同；另一种情况是投资专家代表的投资者极端偏好收益，而不顾风险增大的可能性，此时不仅无风险证券的权重为 0，其他收益较小的风险证券的权重也为 0，证券组合只选择了收益最大的证券 1。这两种情况下的证券组合权重见表 4-16。

表 4-16 极端情况下的证券组合权重

1	2	3	4	5	6	7	组合收益	组合风险
0	0	0	0	0	0	1	0.02	0
1	0	0	0	0	0	0	0.084	0.058

选择最优投资组合的目的是在风险和收益之间取得平衡。由 Markowitz 投资组合理论可以知道，对应给定的一组证券的不同最优组合解构成了该组合的有效前沿。投资基金中投资专家进行决策的主要目的就是不仅找出证券组合的有效前沿，还要在投资基金愿意承受的风险水平上，找出使其收益最大化的组合权重解。实际上，群决策风险-收益模型的解是由投资专家群给定的参数确定的，因此，对投资专家提出了较高的要求。

第 5 章　管理系统结构熵模型分析

5.1　管理系统的信息流通结构

5.1.1　组织中的关系

　　知识创造性企业组织结构变革不但能够对企业的绩效产生重大影响，而且对行业能够产生推动作用，企业转型到知识创造性管理能够引起企业的生产、管理、经营、服务的方式、手段产生一系列变化，使得企业成为行业的佼佼者。在知识经济背景下，企业创造性知识管理是以创造性知识为中心，以人为本，以信息基础为管理工具，将创造性、创新性的知识在企业管理中进行不断的探索、积累、转换、运用，进而实现企业组织管理的绩效逐渐提升的一个活动过程。

　　管理组织结构应当遵循已有的知识管理组织的扁平化原则，为了克服知识管理组织结构中直线式、直线职能式及事业部式存在的管理幅度不够、组织层级较多、弹性较为缺乏的缺点，新型知识性管理组织结构中采用扁平化设计原则，不但加快了信息、知识在管理组织渠道之间传递的速度，增强了信息、知识的有效性，而且还有助于发挥知识性管理组织中具有较高的组织管理意识和职业素养的员工的积极性，使其能够更好地积累、处理、运用、交流、共享知识。扁平化的新型组织结构幅度比较宽、层级比较少，对于新型知识性管理组织的形成具有重要作用，较少的层级能够减少组织构建所需时间、减少组织结构冗余的管理人员，降低人力资源管理成本；较宽的幅度能够充分展现新型知识管理人员的才能、自主能力、人生理念，扩大知识性管理范围，营造良好的知识性管理企业的氛围，有利于培育知识创造型企业。

　　管理组织结构的构建与调整，对原有的企业的知识性管理层，不论是高层还是基层的管理人员都形成了较大的冲击，对其权力和功能都造成了一定程度的影响，因此，所构建的新型知识性管理组织结构要求具有有效性的原则，保证授权、沟通、协调具有有效性，这样才能保障新型知识性管理组织结构实现权力共享、知识共享、激励共勉。在设计新型知识性管理结构体系中，必须保证所设计的组织结构具有授权、沟通、协调和共享的有效性，既能够保证基层管理人员和专家拥有充分的自主执行权和事情决策权，又能保障高层对企业决策和执行的领导权力，使得这种领导权力更好地为企业实践服务。同时，在形成知识性管理过程中，汇集各个层级和岗位的知识，不断通过共享机制传递、交流、积累的反馈机制，有利于创新性知识的延伸与发展，进一步推动创造型企业在知识管理方向的升级，使得企业在知识创造性管理方面全方位、多角度地发展。

知识管理组织的构建流程。对于一个管理组织来说，组织等级的多少与组织的管理跨度的大小有直接关系。它是管理理论在组织结构方面讨论得较多的一个问题。管理跨度的大小直接影响管理层次的数量，它是一个定量的概念。定量研究管理跨度与管理层次的设置和设计问题是组织结构深入研究的现实要求，是一项很有意义的工作。法国管理学家格兰丘纳斯把组织中的上下级关系分为三种类型：

（1）直接的单一关系，即上级个别的与他的直接下级发生关系。
（2）直接的多数关系，即上级与下级的各种可能组合之间的关系。
（3）交叉关系，即下级相互之间的关系。

格兰丘纳斯还进一步提出了一个计算这种上下级关系的数量公式

$$C = n(2^{n-1} + n - 1) \qquad (5-1)$$

式中，C 为可能存在的关系总数；n 为直接向一位管理者汇报的下级数。表 5-1 给出了当下级人数 n 从 1 增加到 12 时，相应的上下级关系总数。

表 5-1 不同上下级人数的可能关系总数

下级人数 n	1	2	3	4	5	6
关系数 C	1	6	18	44	100	222
下级人数 n	7	8	9	10	11	12
关系数 C	490	1 080	2 376	5 210	11 374	24 708

从表 5-1 中可以看出，相互关系的数量随直接下级人数的增加而急剧上升，虽然这里有许多可能的互相关系不会同时发生，但如果考虑到某些上下级关系可能频繁发生，还有一些上下级关系可能涉及棘手的问题从而占用上级大量的时间和精力，因此，领导者必须确定适当的管理或领导跨度。近代法国著名管理专家法约尔根据工厂的实践经验认为：每出现一个由 10、20、30 名工人组成的新小组就应产生一名新的工长，每 2、3、4 或 5 个工长就需要任命一名车间主任。每一位新的领导一般拥有不超过 4、5 名的直接下属。美国管理协会对 141 家经营良好

的公司进行的调查表明：总经理直接领导下属人员在 1~24 人，大公司的中层管理人员数量为 8~9 人，中等规模的公司为 6~7 人。管理跨度对组织结构的形式和层次有重要影响。在规模一定的条件下，管理跨度越大，则管理层次越少；反之，就会越多。为了提高领导管理工作的效率，必须确定适当的管理跨度。管理跨度问题还涉及管理工作的性质、管理者和被管理者双方的能力、素质、管理者可自由支配的时间的多少、管理的标准化程度及传递信息的工具和方式等多方面的因素。然而任何事物的研究都必须把握其最本质、最重要和可行的因素，忽略非主流的、次要的因素，面面俱到的研究是不可能的。下面以信息流为主线去考察和研究管理系统中的组织结构问题。

5.1.2 管理系统结构对信息流通的影响

一个管理系统是否能正常高效地运转，取决于很多因素。例如，系统的组织规章制度、人的因素及外部环境等。在这些因素中，人们常常谈起的是组织机构的设置问题，因为人们通常把很多管理上的问题归咎于机构不合理，因而频繁调整机构，效果却不尽如人意。如何评价一个机构的合理性呢？有人从系统要素间的相对关系来评价系统有序度，开辟了定量评价系统结构的一条新路。然而模型计算比较复杂，还必须确定许多权重系数，实际应用不够方便，同时也未考虑机构的主体——信息流在机构中的流通问题。如果将企业生产过程比作企业的身体，管理机构比作企业的大脑，那么，管理的信息流系统就是企业的中枢神经系统，每条信息流就是企业的神经脉络。显然，任何一个系统，特别是管理系统，要面对动态的、复杂多变的内外部环境，系统各要素对信息要求是畅通、准确、及时、正确地反映各方面的情况和问题，保证上级能够做到"心中有数"，并适时做出正确的决策；保证下级能够心领神会，圆满地完成任务。只有这样，系统才能始终立于不败之地。本书从信息流的角度去定量评价一个系统结构的有序度，虽为一管之见，但希望起到一点抛砖引玉的作用。

在管理系统中，可以把系统管理的基本结构分为垂直结构和水平结构，从上向下的指令和从下向上的报告构成了系统信息的纵向流；而每一管理层次又按水平方向把各主要职能分系统的信息贯通起来，称为信息的横向流。这样就构成了纵横交错的信息网，它综合了各个职能部门的目标和规划，从总体上使各部门或职位协调统一，为实现系统的全面管理奠定良好的基础。

我们假设系统的管理信息是逐层流动的，即没有越层流动的信息。信息流通中的两个主要指标是传输的时效性和准确性。如果管理层次越多，那么上下流动的信息中转的次数也越多，流动的时效性也会减慢。相反，如果减少管理层次，则必然会增加每层的管理跨度,这样虽然流通时效性可以增强,然而信息交叉点增多,准确性就会受到影响,所以管理层数和每层管理跨度是影响系统内信息流通的重要因素,应该从这两个方面对系统结构的有序度进行评价并对系统结构进行优化设计。

对规模相同的组织来说,管理跨度越大,管理层次就越少;反之亦反。过多的管理层次会降低组织的效率,但过宽的管理跨度则会加重领导的负担,使之陷在日常的事务性工作里,无暇顾及企业经营和发展的重大问题,由此带来的损失可能更大。所以在实际管理中,总是在管理跨度和组织层次间求得某种适度,以兼顾提高效率和提高重大决策的效果的要求。

5.2 系统结构的时效质量熵

下面参考生物系统结构熵 H 来对系统结构进行描述,用系统结构有序度 R 来定义系统的组织化程度

$$R = 1 - \frac{H}{H_m} \quad (5-2)$$

式中,H 为系统的结构熵;H_m 为系统的最大熵。R 越大,表示系统有序化程度越高,组织机构的效率越高。

下面从信息传播的时效性和准确性角度分别定义系统的有序度,然后把两者综合起来即系统在考虑信息流通时效性和准确性时的系统有序度。用时效来表示系统信息在流通时效性方面的有效性,而用质量来表示系统信息在流通准确性方面的有序性。

1. 系统结构的时效

设有如图 5-1 所示的系统结构,系统共有 n 个基层要素,k 个管理层次,m 个中层管理机构($k=3$ 时)。

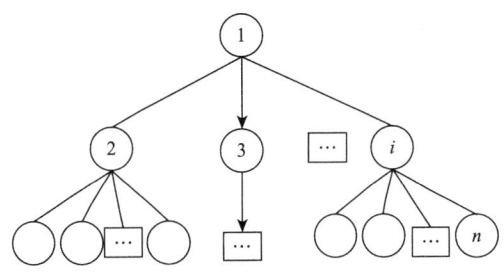

图 5-1 系统组织机构图

图 5-1 表示的是只有上下级之间的信息联系的系统，而在有些系统中也可能有横向信息联系（本书为了便于讨论，假设没有横向联系）。

图 5-1 中节点②表示系统的第 2 个元素，以此类推；…表示元素与元素之间具有直接信息流通，称为联系。两元素之间经过的联系数称之为两元素的联系长度。

定义 5-1 时效和时效熵。把信息在系统各元素之间的传递过程中信息流通迅速程度的大小称为系统结构的时效。把反映信息在系统中或元素间流通时效性的不确定性大小的度量称为系统的时效熵。

定义 5-2 系统微观态。当从某一角度考察系统时，系统可能呈现或经历的微观状态。

定义 5-3 状态的微观态总数（多重性）。系统演变成某一种状态的可能的途径数叫作状态的微观态总数。

状态的微观态总数越大，则系统最终处于这种状态的可能性也就越大。每个微观状态出现的概率称为系统微观态实现概率（The probability of microscopic state being realized）。

定义 5-4 联系的时效熵。系统纵向上下级任意两个元素之间联系的时效熵 $H_1(ij)$ 定义为

$$H_1(ij) = -P_1(ij)\log P_1(ij) \tag{5-3}$$

式中，$P_1(ij)$ 为系统第 i、j 个元素联系的时效微观态实现概率，其计算方法在时效的计算步骤中给出。

定义 5-5 系统总的时效熵。定义为

$$H_1 = \sum_{i=1}^{N}\sum_{j=2}^{N} H_1(ij)$$

$$H_1 = \log A_1 - \frac{1}{A_1}\left[2\left(N + m^2 - m + \frac{N^2}{m}\right) + 6(m-1)N\log 3 + 8\left(1 - \frac{1}{m}\right)N^2\right]$$

定义 5-6 系统的最大时效熵。定义为

$$H_{1m} = \log A_1$$

式中，A_1 为系统的时效微观态总数。

定义 5-7 系统的时效。定义为

$$R_1 = 1 - \frac{H_1}{H_{1m}}, \quad R_1 \in [0,1]$$

2. 时效的计算步骤

（1）联系长度 L_{ij} 的确定。两元素联系的长度定义为结构图中该两元素间的

最短路径，直接相连的长度为1，每中转一次长度加1。

根据系统结构图，确定系统中各上下级元素间的联系的最短长度 L_{ij}（其中 i，j 表示元素的编号，i，$j=1,2,\cdots,N$）。

（2）计算系统的时效微观态总数 A_1 下面公式针对的系统为三个管理层次，m 个中间管理部门，N 个基层个体，假设每个部门管辖相同数量的基层个体。

$$\begin{aligned} A_1 &= \sum_i \sum_j L_{ij} \\ &= (N+m+N+m) + 2\left[N+m(m-1)+N^2/m\right] \\ &\quad + 3\left[(m-1)N+N(m-1)\right] + 4\left[N^2-N^2/m\right] \\ &= 2m^2 + 4N^2 + 2N(3m-1) - 2N^2/m \\ &= 2(m+N)(m+2N-N/m) \end{aligned}$$

（3）计算系统的最大时效熵 H_{1m}。

（4）计算各联系的时效微观态实现概率值。

$$P_1(ij) = L_{ij}/A_1$$

（5）计算系统纵向上下级和横向同一层次的任意两个元素之间的时效熵 $H_1(ij)$。

（6）计算系统的总时效熵。

$$\begin{aligned} H_1 &= \sum_i \sum_j H_1(ij) \\ &= \log_2\left[2(m+N)\left(m+2N-\frac{N}{m}\right)\right] \\ &= -\frac{2[N+m(m-1)+N/m]^2}{A_1} - \frac{6(m-1)N}{A_1}\log_2 3 - \frac{8(N^2-N^2/m)}{A_1} \end{aligned}$$

（7）求出系统的时效 R_1。

3. 系统的质量

定义 5-8 系统的质量是信息在系统或元素中流通时准确性大小的测度；质量熵则描述信息质量不确定性的大小。

（1）元素的质量熵 $H_2(i)$。元素的质量熵描述本元素在信息传递过程中出错机会的不确定性：

$$H_2(i) = -P_2(i)\log P_2(i) \quad i=1,2,\cdots,N$$

式中，$P_2(i)$ 为第 i 个元素的质量微观态实现概率，计算方法在计算步骤中给出。

（2）系统的总质量熵：

$$H_2 = \sum_{i=1}^{N} H_2(i) = -\sum_i P_2(i) \log P_2(i)$$

（3）系统的最大质量熵：

$$H_{2m} = \log A_2$$

式中，A_2 为系统的质量微观态总数，计算公式在计算步骤中给出。

（4）系统的质量：

$$R_2 = 1 - H_2/H_{2m}$$

质量的计算步骤：

a. 元素的联系跨度 k_i 的确定。各元素的联系跨度定义为结构图中与该元素有直接联系的元素数量。

根据系统结构图，确定系统中各元素的联系跨度 k_i（其中 i 表示元素的编号，$i=1,2,\cdots,N$）。

b. 计算系统的质量微观态总数：

$$A_2 = \sum_i k_i = 2(N+m)$$

c. 计算系统的最大质量熵：

$$H_{2m} = \log_2 A_2 = 1 + \log_2(N+m)$$

d. 计算各元素的质量微观态实现概率值：

$$P_2(i) = k_i/A_2$$

e. 计算系统中各元素的质量熵 $H_2(i)$。

f. 计算系统的总时效熵：

$$H_2 = \log_2 A_2 - m \log_2 \frac{m}{A_2} - \frac{1}{2} \log_2 \frac{N+m}{m}$$

令 $N/(m+N) = \lambda$ 为跨度系数（系数值大，跨度也大）则上式可化为

$$H_2 = 1 + \frac{1}{2(1-\lambda)} \log_2(m+N) + \lambda \log_2 \frac{1}{2(1-\lambda)}$$

g. 求出系统的时效

$$R_2 \in [0,1]$$

4. 系统结构的有序度

系统结构的有序度就是在信息传输过程中考虑系统时效和质量问题时系统的确定性度量，用 R 表示。R 越大系统结构的有序度越优。

（1）有序度计算。有序度可按下式计算：

$$R = \alpha R_1 + \beta R_2$$

式中，α、β分别为时效和质量关于系统的权重系数。

（2）关于三层次结构管理跨度系数的讨论。设三层次管理系统中，基层单位数为N个，中层机构为m个，最上层为集权管理，只有一个管理者，并设每个中层的管理跨度相同。

在此基础上，可以引入两个量：上层管理跨度系数λ_1和中层管理跨度系数λ_2：

$$\lambda_1 = \frac{m-1}{m}7$$

$$\lambda_2 = \frac{N}{m+N}$$

λ_1和λ_2具有如下性质：

① λ_1、$\lambda_2 \in [0, 1]$；
② λ_1是m的单调增函数，λ_2是m的单调减函数（N不变时）；
③ λ_1与λ_2只与m有关，且它们具有确定的数量关系。因为当N确定后，λ_1只与m有关，λ_2也只与m和N有关：

$$\lambda_2 = \frac{(1-\lambda_1)N}{1+(1-\lambda_1)N}$$

④ 当λ_1（或λ_2）增加时，最上层（或中层）管理者的管理跨度也增加，因此，可以用λ_1、λ_2表示最上层和中间层管理跨度的大小程度。

参考上节的结论并简化，可以得到时效和质量的微观态总数A_1和两种熵如下

$$A_1 = 2(m+N)\left(m+2N-\frac{N}{m}\right)$$

$$A_2 = 2(m+N)$$

$$H_1 = \log A_1 - \frac{1}{A_1}\left[2m^2 + 2(N-m) + 6N(m-1)\log 3 + N^2\left(1-\frac{6}{m}\right)\right]$$

$$H = \frac{1}{2}\log(N+m) + 1 + \frac{N}{2(m+N)}\log m$$

如果把

$$\lambda_1 = 1-\frac{1}{m}, \quad \lambda_2 = \frac{N}{m+N}, \quad m = \frac{1}{1-\lambda_1}, \quad m+N = \frac{N}{\lambda_2}$$

代入以上各式，可得

$$A_1 = 2N^2\left(\lambda_2^{-2} + \lambda_1\lambda_2^{-1}\right)$$

$$A_2 = 2N\lambda_2^{-1}$$

$$H_1 = \frac{\log A_1 - \lambda_1 + 3\lambda_1(1-\lambda_1)N\log 3 + (1-\lambda_1)^2(N+4\lambda_1) + (1-\lambda_1)^3 N^2}{(1+N-\lambda_1 N)^2 + \lambda_1(1-\lambda_1)^2 N^2}$$

$$H_2 = 1 + \frac{1}{2}\log\frac{N}{\lambda_2} - \frac{\lambda_2}{2}\log(1-\lambda_1)$$

$$R_1 = 1 - \frac{H_1}{\log A_1}$$
$$= \frac{\lambda_1 + 3\lambda_1(1-\lambda_1)N\log 3 + (1-\lambda_1)^2(N+4\lambda_1) + (1-\lambda_1)^3 N^2}{\left[(1+N-\lambda_1 N)^2 + \lambda_1(1-\lambda_1)^2 N^2\right]\left[1 + 2\log N - 2\log \lambda_2 + \log(1+\lambda_1\lambda_2)\right]}$$

$$R_2 = 2\log A_2\left[\log\frac{N}{\lambda_2} + \lambda_2\log(1-\lambda_1)\right]$$

通过以上变换，可以用 λ_1 和 λ_2 的变化来考察 $R_1, R_2, H_1, H_2, A_1, A_2$ 的变化，也可以对上面这些公式借助连续函数求值的方法求其极值，以达到熵极大的最优设计目的。

在三层次结构管理系统中，在不同的基层单位数（N）和不同的中层机构数（m）时，不同管理跨度的有序度计算结果列于表 5-2 中。表中的第 1、2、5、6 列是人为取值。

表 5-2 三层次结构系统管理跨度计算表

N	m	λ_1	λ_2	α	β	R	m^*
10	3	0.666	0.769	0.5	0.5	0.4447	
10	2	0.5	0.8333	0.5	0.5	0.4750	
10	1	0	0.909	0.5	0.5	0.5026	1
10	4	0.75	0.7143	0.5	0.5	0.4301	
10	5	0.8	0.666	0.5	0.5	0.3946	
20	2	0.5	0.909	0.5	0.5	0.5046	2
20	3	0.6667	0.8696	0.5	0.5	0.4432	
20	1	0	0.952	0.5	0.5	0.4769	
20	5	0.8	0.8	0.5	0.5	0.4048	

从表 5-2 所列的计算结果来看，最优中层管理跨度系数为 0.909，即当管理跨度为 10 时，系统的有序度最大。当然这只是在 $N<21$ 和权数皆为 0.5 时的情形，它给出了一个三层次结构的有序度与管理跨度之间的数量关系式，同样还可以计算三层次的其他情况。

5. 应用举例

利用上述模型和计算步骤可以对任何一个系统的组织机构进行定量评价，特别适合于机构设置方案优选或对几个功能类似而结构不同的系统做出比较。参考李伟钢（1988）的案例以及相关数据，对俄美两国国防力量统帅机构的有序度进行分析，用上面的时效质量熵模型计算两个系统的效质有序度，并做出评价。

俄美两国国防力量统帅机构图和结构图如图 5-2~图 5-5 所示。

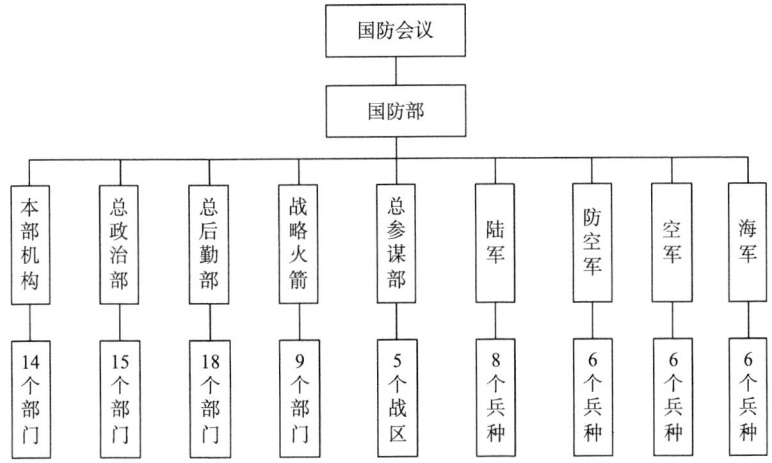

图 5-2　俄罗斯国防力量统帅机构图

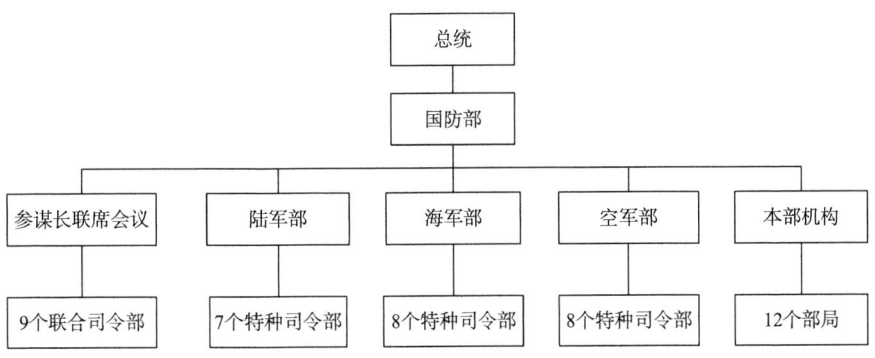

图 5-3　美国国防力量统帅机构图

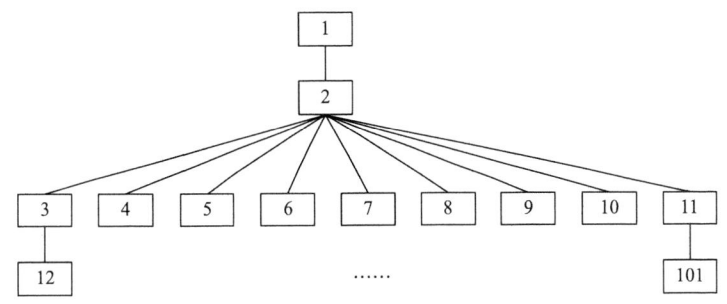

图 5-4　俄罗斯国防体制结构示意图

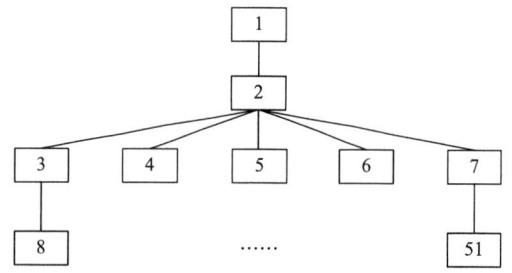

图 5-5　美国国防体制结构示意图

首先根据机构图 5-2 和图 5-3 画出结构图 5-4 和图 5-5，然后按照计算步骤算出 R_1 和 R_2；计算的过程和结果列于表 5-3~表 5-7 中。

表 5-3　俄罗斯国防机构的时效计算

联系长度	$P_1(ij)$	联系标号	合计	微观态
1	1/568	1-2，2-3…11，3-12…25，4-26…40，5-41…58，6-59…63，7-64…72，8-73…80，9-81…86，10-87…92，11-93	100	100
2	2/568	1-3…7，2-12…101	99	198
3	3/568	1-12…101	90	270
总计	1.0	$H_{1m}=\log 568=9.15$，$H_1=8.05$，$R_1=0.120$	289	$A_1=568$

表 5-4　美国国防机构的时效计算

联系长度	$P_1(ij)$	联系标号	合计	微观态
1	1/280	1-2，2-3…7，3-8…16，4-17…23，5-24…31，6-32…39，7-40…51	50	50
2	2/280	1-3…7，2-8…51	49	98
3	3/280	1-8…51	44	132
总计	1.0	$H_{1m}=\log 280=8.13$，$H_1=7.03$，$R_1=0.14$	143	$A_1=280$

表 5-5　俄罗斯国防机构的质量计算

联系跨度	1	6	7	9	10	15	16	19	合计	$H_{2m}=7.644$
10	1，12，…，101	6	9，10	8	2，7，11	3	4	5	101	$H_2=5.712$
$p_2(i)$	0.005	0.03	0.035	0.045	0.05	0.075	0.08	0.095		$R_2=0.253$
合计	91	1	2	1	3	1	1	1	101	
微观态	91	6	14	9	30	15	16	19	$A_2=200$	

表 5-6 美国国防机构的质量计算

联系跨度	1	6	8	9	10	13	合计	$H_{2m}=6.644$
标号	1,8…51	2	4	5	3	7	51	$H_2=4.865$
$p_2(i)$	0.01	0.06	0.08	0.09	0.10	0.13		$R_2=0.268$
合计	45	1	1	2	1	1	51	
微观态	45	6	8	18	10	13	$A_2=100$	

表 5-7 两国国防机构有序度比较

国别	系统时效熵 H_1	系统质量熵 H_2	系统时效 R_1	系统质量 R_2	系统的有序度 $R=R_1+R_2$
俄罗斯	8.05	5.712	0.120	0.253	0.373
美国	7.03	4.865	0.140	0.268	0.408

从表 5-7 中所列的计算结果可以看出,美国国防力量统帅机构的有序度大于俄罗斯国防力量统帅机构的有序度;而且无论从时效还是从质量的角度看前者都优于后者。

第6章 案　　例

6.1　航天器工程项目决策案例分析

6.1.1　引言

航天器研制过程是一个周期长，人、财、物消耗量大的生产过程，某型航天器工程立项实施后，面临着时间资源紧张、经费资源有限、没有新的条件保障资源投入、人力资源没有经验、深空探测领域信息资源匮乏、物资资源紧张等多方面的挑战。如何充分利用现有的资源条件合理地选择研制技术按期完成研制任务，同时确保首发必成的目标，成为某型航天器工程项目需要重点研究和解决的关键问题。

本章采用熵决策等理论模型，研究某型航天器工程项目管理技术决策这个核心问题。

6.1.2　某型航天器工程项目管理决策熵模型

航天器研制的技术资源决策，必须权衡资源质量和实现风险。以某型航天器研制工程的元器件选择为例，可选用高档进口元器件，其技术先进、功能稳定、可靠性强，但获得成本较高；也可选用国产元器件，降低成本、进度可控，却有较高的技术风险。在这个技术资源决策问题中，决策变量具有多个属性，且属性值均可采用区间数表示；由于客观事件的复杂性和不确定性及决策者的主观偏好，决策属性的权重信息不完全将引起决策方案择优的不确定性，通过已有的客观信息进行决策分析不足以获得期望的结果，往往会导致决策的错误。这是一个典型的属性权重信息不能完全确知的不确定多属性决策问题。

信息熵可以用来测量某个信息中期望的信息含量，因此熵可以作为不确定性的度量指标。由于决策矩阵包含一定量的信息,熵法就可以作为确定属性权重的一种工具。针对某型航天器研制工程的元器件决策问题的特性,我们建立了一个多属性决策熵模型。

多属性决策熵模型的原理:若有 m 个决策模式(方案) $x_1, x_2, \cdots, x_m$,每个模式具有 n 个属性 $u_1, u_2, \cdots, u_n$,即构成多属性决策问题的决策矩阵 A,其中 a_{ij} 为第 i 个决策模式第 j 个属性的测量值,若某个属性值为区间数,则取区间中点值。根据决策矩阵 A,可以度量决策模式 i 下属性 j 的权重为 $r_{ij} = a_{ij} \bigg/ \sum_{i=1}^{m} a_{ij}$,$i=1,2,\cdots,m$,$j=1,2,\cdots,n$,从而得到列归一化的决策矩阵 R。接着采用熵度量第 j 个属性提供的信息量大小,第 j 个属性的熵值定义为 $e_j = -(\log m)^{-1} \sum_{i=1}^{m} r_{ij} \log r_{ij}$;那么第 j 个属性的信息差异度(或称差异系数)为 $g_j = 1 - e_j$,$j=1,2,\cdots,n$,差异度 g_j 反映了第 j 个属性下各个模式数据值的差异性大小。如果决策者没有属性间的偏好,根据不确定理论,可以认为这 n 个属性具有相同的偏好,因此,在属性权重信息不能完全确知的情况下最好的赋权方法是,定义第 j 个属性的权重值为 $\omega_j = \dfrac{g_j}{\sum\limits_{j=1}^{n} g_j}$。这样,$g_j$ 的值越大,第 j 个属性下的数据变异程度越大,则该属性的权重 ω_j 也应大,反之亦反。通过对第 i 个决策模式下的各属性值进行加权(属性权重 ω_j)求和,可获得该决策模式的综合属性值 $Z_i(\omega) = \sum\limits_{j=1}^{n} a_{ij} \omega_j$;将不同决策模式的综合属性值进行排序,可判断决策模式的优劣;通过不同决策模式的综合属性值的比值,可得出不同决策模式之间的选择比例。

通过该多属性决策熵模型进行某型航天器研制元器件选择的步骤如下:

(1)根据某型航天器工程项目的特点,从资源、质量、风险三个角度列举决策变量的相关属性及其属性值,如表6-1所示。

表 6-1 决策对象的属性及属性值

类别	属性	进口元器件	国产元器件
资源	可获得性	[0, 0.1]	1
	技术领先性	[0.9, 1]	[0.5, 0.9]
	成本	1	[0.25, 0.3]
质量	故障率	[0.01, 0.03]	[0.01, 0.07]
	客户满意度	[0.7, 0.8]	[0.8, 1]
	可靠性	[0.98, 1]	[0.86, 1]

续表

类别	属性	进口元器件	国产元器件
风险	进度	[0.15, 0.25]	[0, 0.1]
	功能失效	[0, 0.1]	[0.3, 0.5]
	技术失效	0	[0.1, 0.6]

（2）根据表 6-1 构造决策矩阵 $A=(a_{ij})_{2\times 9}$，x_1 表示进口元器件，x_2 表示国产元器件，u_i 表示属性，如表 6-2 所示。其中 u_1 代表"可获得性"，u_2 代表"技术领先性"，u_3 代表"成本"，u_4 代表"故障率"，u_5 代表"客户满意度"，u_6 代表"可靠性"，u_7 代表"进度"，u_8 代表"功能失效"，u_9 代表"技术失效"。

表 6-2　决策矩阵 A

a_{ij}	u_1	u_2	u_3	u_4	u_5	u_6	u_7	u_8	u_9
x_1	[0, 0.1]	[0.9, 1]	1	[0.01, 0.03]	[0.7, 0.8]	[0.98, 1]	[0.15, 0.25]	[0, 0.1]	0
x_2	1	[0.5, 0.9]	[0.25, 0.3]	[0.01, 0.07]	[0.8, 1]	[0.86, 1]	[0, 0.1]	[0.3, 0.5]	[0.1, 0.6]

（3）将决策矩阵 A 的各区间数属性值取区间平均值（区间中点），并规范化为决策矩阵 A'，如表 6-3 所示，其中当属性为效益型时，$a'_{ij}=\dfrac{a_{ij}}{\max\limits_{i}(a_{ij})}$，$i=1,2$，$j=1,2,5,6$；当属性为成本型时，$a'_{ij}=\dfrac{\min\limits_{i}(a_{ij})}{a_{ij}}$，$i=1,2$，$j=3,4,7,8$，由于 u_9 的属性值存在 0，所以采用 $a'_{ij}=\dfrac{\max\limits_{i}(a_{ij})-a_{ij}}{\max\limits_{i}(a_{ij})-\min\limits_{i}(a_{ij})}$，$i=1,2$，$j=9$ 进行规划化。

表 6-3　决策矩阵 A'

a'_{ij}	u_1	u_2	u_3	u_4	u_5	u_6	u_7	u_8	u_9
x_1	0.05	1	0.28	1	0.833 3	1	0.25	1	1
x_2	1	0.736 8	1	0.5	1	0.939 4	1	0.125	0

（4）求列归一化矩阵 R，其中，$r_{ij}=\dfrac{a'_{ij}}{\sum\limits_{i=1}^{2}a'_{ij}}$，$i=1,2$，$j=1,2,\cdots,9$。

$$R=\begin{pmatrix} 0.047\,6 & 0.575\,8 & 0.218\,8 & 0.666\,7 & 0.454\,5 & 0.515\,6 & 0.2 & 0.888\,9 & 1 \\ 0.952\,4 & 0.424\,2 & 0.781\,3 & 0.333\,3 & 0.545\,5 & 0.484\,4 & 0.8 & 0.111\,1 & 0 \end{pmatrix}$$

（5）计算属性 u_j，输出信息熵 $E_j = -\dfrac{1}{\ln 2}\sum_{i=1}^{2} r_{ij} \ln r_{ij}$，$j=1,2,\cdots,9$。当 $r_{ij}=0$ 时，规定 $r_{ij}\ln r_{ij}=0$。

E_1=0.276 2，E_2=0.983 4，E_3=0.757 9，E_4=0.918 3，E_5=0.994，
E_6=0.999 3，E_7=0.721 9，E_8=0.503 3，E_9=0

（6）计算属性权重向量 $\boldsymbol{\omega}=(\omega_1,\omega_2,\cdots,\omega_9)$，其中 $\omega_j = \dfrac{1-E_j}{\sum_{k=1}^{9}(1-E_k)}$。

$\boldsymbol{\omega}=$（0.254 4　0.005 8　0.085 1　0.028 7　0.002 1　0.000 2　0.097 7　0.174 6　0.351 4）

（7）计算综合属性值 $z_i(\omega)=\sum_{j=1}^{9} a'_{ij}\omega_j$。

$z_1(\omega)=0.623\ 5$

$z_2(\omega)=0.480\ 0$

（8）可得决策模式之间的比例关系。

$d=z_1(\omega):z_2(\omega)=1.299\ 0$，其中决策模式 1 的选择比例约为 $d_1=z_1(\omega)\Big/\sum_{i=1}^{2}z_i(\omega)=56.5\%$，决策模式 2 的选择比例约为 $d_2=z_2(\omega)\Big/\sum_{i=1}^{2}z_i(\omega)=43.5\%$。

结果表明：

在某型航天器工程项目管理中选择元器件资源时，基于元器件资源的多属性特征，选择进口元器件好于国产元器件，即 $z_1(\omega)>z_2(\omega)$。

由于进口元器件在某些属性特征，尤其是技术属性中具有优势，所以使用进口元器件的可能性在一段时期内仍然较高，即 $z_1(\omega)>0$ 且 $d_1=56.5\%$。这也表明，我国航天项目元器件资源的国产化或本土化仍任重而道远。

根据 $d=z_1(\omega):z_2(\omega)=56.5:43.5$，此为选择进口元器件与国产元器件的最优比例。

6.2　航空工程管理应用案例

6.2.1　引言

随着我国科研技术实力日益加强，对航空型号的研发投入快速增长，航空科研

单位承担型号研制项目的数量相应出现大幅度增长，多型号项目并行研制已成为当前科研单位面临的现实情况。项目组织是型号研制项目管理的核心内容，合理的组织结构能够保证项目在满足时间、资源约束下有序运行直至完成预定目标。

航空型号工程管理是采用项目管理技术最典型的领域，项目型组织结构成为项目组织的主要形式。组织管理的本质作用是通过一系列制度、政策、方法在组织执行过程中调配项目资源和协调各业务单元工作，即管理信息的流动以提高信息传递的效率、准确性，增强组织对外部环境冲击、变化的适应性。

本节就航空科研单位所面临的现实情况，对采用何种项目组织模式以及如何分析评价组织结构的适用性这两个组织设计和项目管理领域的问题进行研究。

6.2.2 航空科研单位组织结构熵模型

6.2.2.1 航空科研单位的组织模式及特点

研发项目组织是为了完成研发活动预期目标而对各项资源（人员、资金、技术、设备和材料等）进行系统安排所采用的一种手段，研发项目不仅具有一般项目组织结构的特点，还要结合行业特点和研发活动的流程来建立项目的组织结构。

1. 一般项目组织结构模式及特点

职能型、项目型和矩阵型是三类常见的项目组织结构。职能型组织具有明确的等级划分，每个职员都有一个明确的上级，员工高度依赖其专长并在相应的职能部门工作。该组织结构适合规模化的生产运作，但将其应用于按项目方式运作的组织时，由于在结构的纵向上存在很深的管理层次及部门之间的壁垒，项目协调成本会比较高（图6-1）。项目型组织中，项目经理对整个项目拥有完全权利并具有独立性，其优点在于项目所需的资源可以得到保证，各项目之间独立工作，项目参与人员多为项目专用资源，缺点是项目具有独立性，从而割裂了专业人员之间业务交流，且项目之间的资源调配缺乏灵活性，容易造成资源的浪费（图6-2）。矩阵型组织结构是为最大限度地利用组织中资源而发展起来的，它是职能型和项目型的混合体，既有项目结构注重项目和客户的特点，又保留了职能型结构里的专业技能。项目经理对项目成功负有全部责任，职能部门有责任为项目提供最好的支持（图6-3）。

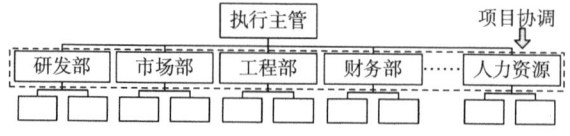

图 6-1 职能型组织结构

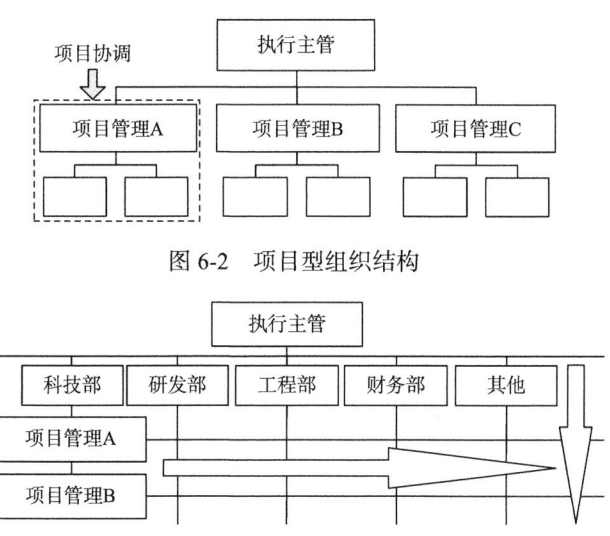

图 6-2　项目型组织结构

图 6-3　矩阵型组织结构

2. 航空型号研制项目特点及航空科研单位组织结构模式

某航空科研单位承担的研制项目在任务来源、研制模式、人员组织等方面具有显著特点并且随着国力的增强出现了很多新的发展趋势。项目的任务来源上，由指令性计划转变为军方需求与市场需求相结合。应该指出，航空科研单位作为国防工业的重要组成部分，其承担的研制项目是根据国防需要而立项，上级机关明确下达研制任务，带有计划性质。近些年随着航空工业市场化程度进一步提高，在研制模式上出现了研制单位自筹资金或先行垫资进行型号预先研制再寻求立项的市场化研制模式尝试。市场化程度的提高意味着激烈的竞争和对项目的经济效益、社会效益更加重视。

研制模式上，从单一型号研制转变为多型号研制与批生产相结合。随着国防科技工业体制改革的不断深入，国家和市场需求的旺盛，各研制单位承担的预先研究、型号研制等方面的课题在数量上较以往有很大增长，企业同时承担多个型号的研制任务，既需要其他单位的配套零件，又为其他单位提供配套服务。多型号并举已经成为当前航空科研单位面对的新形势。

型号研制过程中有明确的阶段划分和策划。航空产品研制技术含量高、系统复杂、研制周期长、参研人员和专业庞大，对研制工作要求高，为控制型号风险、加强研制管理、规范研制工作，通常将研制过程划分为需求分析阶段、可行性论证阶段、方案设计阶段、工程研制阶段、设计定型阶段、试生产阶段、批量生产阶段、使用改进阶段，每一个阶段都有明确的工作内容和阶段性成果。

在航空产品研制、试验、生产、装备、维护全生命周期中，通常某一阶段由一骨干企业为主体构成动态联盟进行生产,在管理上,多采用由集团、总师单位到厂所、车间的多级管理模式,设计所与制造厂分工明确,整个研制体系并非一般松散虚拟企业联盟,而是存在一定的上下级行政从属管理。

基于上述特点,项目型和矩阵型的组织结构是我国航空科研单位普遍采用的组织结构模式。针对每一型号项目的组织管理还会成立"三总"系统(图6-4),型号行政总指挥是项目的最高责任人,对型号研制负责,项目各分系统设有分系统指挥,对分系统的研制负责。型号总设计师是型号研制的技术负责人,各分系统设有主任设计师和若干副主任设计师,总体和重要系统还设有若干副总师,对型号的研制层层落实技术责任人。为了保证产品质量可靠性、有效控制研制过程中技术风险,有些项目还会设置"总质量师",针对产品的质量及型号研制开发控制程序进行规范和监督检查。"三总"系统可以理解为对项目管理知识体系中支持职能的再细分,其共同承担项目经理职能,承担对型号研制生产技术有关的人、财、物有效协调管理的责任。

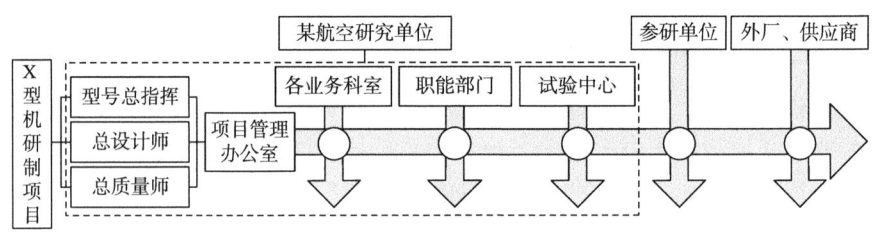

图 6-4　X 型机研制项目组织结构示意图

6.2.2.2　组织结构模式的熵分析

组织结构作为项目管理的组织框架,其中有大量的信息在流动和处理,组织结构的活力和效率很大程度上体现在流动的信息上,稳定高效的信息交流是组织功能得以实现的保证。从信息论角度来看,管理的过程就是信息流动处理的过程,组织结构、制度、业务规范实际上就是规定信息流动的方向和数量。对于稳定的组织结构而言,环境变化、非正式结构产生等因素,各种信息流动会产生越来越多堵塞、紊流,使组织状态渐趋混乱,不确定性提高。

熵是一个对随机事件不确定性进行度量的概念,对于系统而言,熵则是状态混乱性和无序度的度量。在管理学中,信息熵理论在研究组织结构有序度和适应环境变化的柔性度方面已经成为一个有效的工具。对组织结构中流动的信息,我们最关心它的时效性、准确性及当组织面临环境变化或外界冲击时重构信息的能力,即时效 R_1、质量 R_2 和适应度 R_3 三个指标。为刻画组织结构这三方面的特征分别引入组织结构的时效熵、质量熵和变化熵。用 R 表示组织结构的熵评价结果,

R 越大越优。组织结构的熵分析模型表示如下：

$$R = \alpha R_1 + \beta R_2 + \gamma R_3 \tag{6-1}$$

式中，α、β、γ 分别为时效、质量、适应度关于组织的权重系数，$\alpha + \beta + \gamma = 1$。

1. 组织结构的时效与时效熵

假设组织结构中有 n 个组成要素或部门，m 个管理层次，组织中没有横向信息交流。为方便讨论，引入如下定义。

定义 6-1 系统微观状态：当从某一角度考察系统时，系统可能呈现或经历的微观状态。

定义 6-2 状态的微观态总数（A_1）：系统演变成某一种状态的可能的途径数叫作状态的微观态总数。

$$A_1 = \sum_i \sum_j L_{ij} \tag{6-2}$$

式中，L_{ij} 为两元素的联系长度，定义为结构图中该两元素间的最短路径，直接相连的长度为 1，每中转一次长度加 1。

定义 6-3 系统时效微观态实现概率：每个微观态出现的概率。$P_1(ij)$ 为系统第 i、j 个元素联系的时效微观态实现概率，由 $P_1(ij) = L_{ij}/A_1$ 计算。

时效（R_1）把信息在系统各元素之间的传递过程中信息流通信速度的大小称为系统结构的时效；时效熵（H_1）把反映信息在系统中或元素间流通时效性的不确定性大小的度量称为系统的时效熵。

$$R_1 = 1 - \frac{H_1}{H_{1m}}, \quad R_1 \in [0,1] \tag{6-3}$$

式中，H_1 为系统总的时效熵；H_{1m} 为系统最大时效熵，$H_{1m} = \log_2 A_1$。

$$H_1 = \sum_{i=1}^{n} \sum_{j=1}^{n} H_1(ij) \tag{6-4}$$

$$H_1(ij) = -P_1(ij) \log_2 P_1(ij) \tag{6-5}$$

$H_1(ij)$ 为系统纵向上下级任意两个元素之间的时效熵。

2. 组织结构的质量与质量熵

定义 6-4 元素的联系跨度（k_i）：结构图中与该元素有直接联系的元素数量。

系统的质量（R_2）是信息在系统或元素中流通时准确性大小的测度；质量熵（H_2）则描述信息质量不确定性的大小。

$$R_2 = 1 - \frac{H_2}{H_{2m}}, \quad R_2 \in [0,1] \tag{6-6}$$

式中，H_2 为系统的总质量熵；H_{2m} 为系统的最大质量熵，由 $H_{2m} = \log_2 A_2$ 计算。

A_2 为系统的质量微观态总数，$A_2 = \sum_i k_i$。

$$H_2 = \sum_{i=1}^{n} H_2(i) \tag{6-7}$$

$$H_2(i) = -P_2(i)\log_2 P_2(i) \tag{6-8}$$

式中，$H_2(i)$ 为元素的质量熵，描述本元素在信息传递过程中出错机会的不确定性；$P_2(i)$ 为系统质量微观态实现概率，$P_2(i) = k_i / A_2$。

3. 组织结构的适应度与变化熵

科研单位任务来源具有多样性，不同的任务有自身的特点，科研机构本身面临外界的环境也是在不断变化的。通过分析组织结构在运行过程中熵变化来考察其对环境的适应性。从信息论的角度来看，组织的适应性反映在组织在环境变化时重构信息的能力、局部信息流通的效率。假设环境的改变引起项目或任务的重定位，为了实现新目标，组织需要新的信息沟通，本节我们只分析组织结构对新增任务冲击的适应性。

定义 6-5 环境变化所导致的系统微观态总数（A_3）：由于新增项目所产生的所有信息通道的联系数。组织中单个要素内部沟通联系数为 1，不同部门之间的成员沟通跨一个部门增加 1，同级部门之间的联系数为 1。

定义 6-6 环境变化后元素的微状态概率（$P_3(i)$）：要素 i 在组织变化过程中信息沟通消耗的微状态概率。

$P_3(i) = $（与元素 i 有关的主动联系数−有效主动联系数）$/ A_3$

定义组织结构的变化熵 H_3，它是对组织结构受到任务冲击时信息流通不确定性的度量。假设组织结构中有 N 个要素参与新任务，则要素的变化熵和组织结构的变化熵为

$$H_3(i) = -P_3(i)\log_2 P_3(i) \tag{6-9}$$

$$H_3 = \sum_{i=1}^{N} H_3(i) \tag{6-10}$$

定义组织结构对环境变化的适应度 R_3：

$$R_3 = 1 - \frac{H_3}{H_{3m}}, \quad R_3 \in [0,1] \tag{6-11}$$

式中，H_{3m} 为组织结构的最大变化熵，$H_{3m} = \log_2 A_3$。

4. 计算分析

项目型和矩阵型的组织结构是航空科研单位普遍采用的组织结构模式，本节以这两种组织结构进行分析。假设某研究单位承担 3 个型号研制项目，两种项目

组织结构如图 6-5 和图 6-6 所示。两种组织结构对应的信息结构图如图 6-7 和图 6-8 所示。

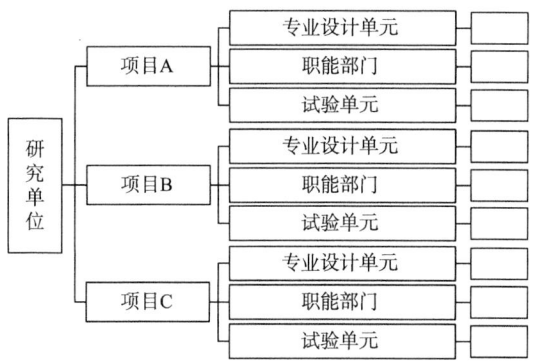

图 6-5　项目型组织结构

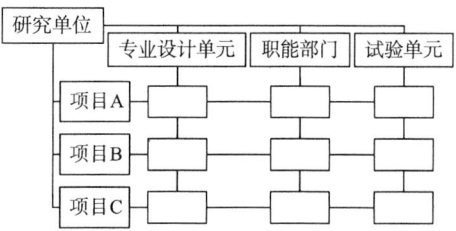

图 6-6　矩阵型组织结构

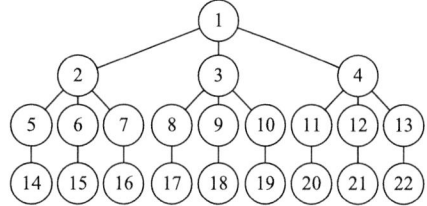

图 6-7　项目型组织信息结构图

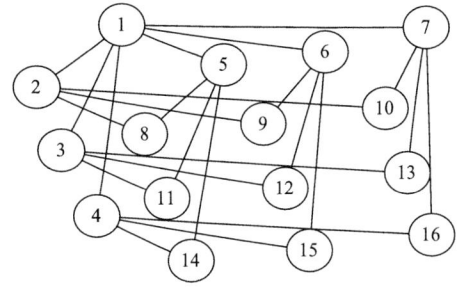

图 6-8　矩阵型组织信息结构图

分别计算两种组织时效微观态、质量微观态及因新增项目导致的变化微观态，进而计算两种组织的时效、质量和适应度。对于组织机构的适应度，在临时增加一个项目的情况下，分析该项目信息沟通情况（以图 6-5 所示的项目 A 为例）。计算结果如表 6-4~表 6-8 所示。最终，项目型和矩阵型组织结构的熵分析计算结果见表 6-9。

表 6-4　项目型组织的时效计算

联系长度	$P_1(ij)$	联系符号	合计	微观态
1	1/84	1-2⋯4，2-5⋯7，3-8⋯10，4-11⋯13，5-14，⋯，13-22	21	21
2	2/84	1-5⋯13，2-14⋯16，3-17⋯19，4-20⋯22	18	36
3	3/84	1-14⋯22	9	27
合计	1.0	H_{1m}=6.392，H_1=5.454，R_1=0.147	48	A_1=84

表 6-5　矩阵型组织的时效计算

联系长度	$P_1(ij)$	联系符号	合计	微观态
1	1/42	1-2⋯7，2-8⋯10，3-11⋯13，4-14⋯16，5-8，11，14，⋯，6-10，13，16	24	24
2	2/42	1-8⋯16	9	18
合计	1.0	H_{1m}=5.392，H_1=4.964，R_1=0.079	33	A_1=42

表 6-6　项目型组织的质量计算

联系幅度	$P_2(i)$	标号	合计	微观态
1	1/42	14⋯22	9	9
2	2/42	5⋯13	9	18
3	3/42	1	1	3
4	4/42	2⋯4	3	12
合计	1.0	H_{2m}=5.392，H_2=4.279，R_2=0.206	22	A_2=42

表 6-7　矩阵型组织的质量计算

联系幅度	$P_2(i)$	标号	合计	微观态
2	2/48	8⋯16	9	18
4	4/48	2⋯7	6	24
6	6/48	1	1	6
合计	1.0	H_{2m}=5.585，H_2=3.887，R_2=0.304	16	A_2=48

表 6-8　组织结构适应度计算

组织类型	联系数	联系符号	i 有关的主动联系数	A_3	p_i ($i=1,2,3$)	R_3
项目型	3	14-15、14-16、15-14、15-16、16-14、16-15	4	18	(4-1)/18	0.690
矩阵型	2	8-9、8-10、9-8、9-10、10-8、10-9	3	12	(3-2)/12	0.750

表 6-9　两种组织结构熵分析结果

组织类型	时效 R_1	质量 R_2	适应度 R_3	R ($\alpha = \beta = \gamma$)*
项目型组织	0.147	0.206	0.690	0.348
矩阵型组织	0.079	0.304	0.750	0.378

*表示时效、质量和适应度关于组织的权重系数 α、β、γ 反映三方面指标在分析结果中的重要程度，选取可根据组织承担的项目特点、组织现有的资源配置情况和评价者的偏好情况进行设定

6.2.2.3　某航空科研单位组织结构设计的启示

从上述对两类组织结构的计算结果可以看出，项目型组织结构中信息传递的时效性指标要优于矩阵型组织结构，而在信息传递的准确性和组织对环境适应度两方面矩阵型组织结构要好于项目型结构，可以说两种基于项目的组织各有优势，但是综合来看矩阵型组织以其对资源的合理利用和对项目质量的可靠保证成为航空科研型单位首选的组织结构形式。

随着先进数字化设计技术及信息平台在航空科研型组织中的广泛应用，科研型组织开放性增加，其信息量越来越大、通信速度更为迅捷、安全性进一步提升，科研单位内部及单位之间的信息可获取性显著增强，从而使组织结构的时效熵和质量熵也都减小。低熵的组织结构具有较高的有序度、组织效率高，但是要求环境相对比较稳定，组织任务变化和机构调整等因素没有大的变化。高熵组织结构有序性差，但易于改变，反而适应性更强。在面临我国航空工业快速发展、激烈变革的情况下，航空科研单位应该对现有组织结构进行探索，寻求一个平衡点，既能够在组织结构中存储大量信息，以合理的规章制度和流程控制为保证提高组织效率，同时在遇到突发情况或紧急任务冲击时尽快重构信息协调通道，使组织具有良好的环境适应性。

增加柔性和敏捷性能使科研型组织获得较好的适应性，由上述算例可以看出，当组织要处理的关系增加，面对不确定性时，组织的总熵增加。在组织总熵增加的同时，科研型组织可以通过降低组织的时效熵、质量熵以保持稳定状态和剧变状态都有较好的适应性，并且当前的信息技术已提供了可靠的手段使之成为可能。

通过上述分析可以看出，在航空科研型单位面对市场化竞争和多项目研制的现实情况下，一方面要设计好单位的专业分工、业务流程、抓好学科与专业建设并通过运用现代信息技术发展成果提高信息在组织中流动的速度和准确性，以保

证组织的低熵运行；另一方面更要关注组织对环境的适应能力，在课题管理、项目管理等方面进行深入研究。

6.3 大型客机项目供应商风险管理

中国航空工业经过多年的发展，已经具备发展大型飞机的技术和物质基础。2007年2月，国务院原则批准了大型飞机研制重大科技专项正式立项。大飞机项目立项以来，中国有序推进大飞机研发，布局大飞机产业链，启动国内供应商招标。大客机是研制的150座级双发运输类飞机，采用新一代LEAP-XIC发动机、优化的气动布局和新一代超临界机翼等多项先进设计，追求安全性、经济性、舒适性和环保性。大型客机是我国首次按照国际适航标准研制的150座级干线客机，首飞成功标志着我国大型客机项目取得重大突破，是我国民用航空工业发展的重要里程碑。

目前中国大型客机制造商主要采用"主制造商-供应商"模式，因此针对供应商的管理尤为重要。国外关于客机制造业供应商的管理研究走在前列，其按照市场规律对供应商的管理有比较完善、系统的管理体系，而国内大型客机制造业供应商管理研究尚处于初级阶段，因此对供应商风险管理研究迫在眉睫。

6.3.1 大型客机项目供应商风险识别概述

6.3.1.1 大型客机项目供应商风险识别原则

大型客机项目供应商风险识别原则是源头清楚，识别准确。供应商风险识别是风险管理的第一步，只有准确地把握风险的源头，运用科学的方法准确地识别所有可能的供应商风险事件和风险源，才能从源头上控制风险，防止风险源头识别错误而导致整个风险管理过程全盘错误。

6.3.1.2 大型客机项目供应商风险识别过程

大型客机项目具有高科技含量、独创性、复杂性、不确定性、大型客机项目系统环节多、耗费资金多、技术进步投资巨大，建设周期漫长等特点，所涉及的风险因素多，需要有效的方法对风险进行识别。项目组应用NASA风险管理识别程序对大型客机的国内供应商风险进行识别，通过访谈进行风险识别，初步确定风险主要包括技术风险、管理风险、人力资源风险和供应风险四大类，然后再应用风险全信息建模过滤风险，找出大型客机项目供应商各大类风险的主要中存在

的风险因素。这样可以有效识别对大型客机项目影响较大的风险。大型客机项目供应商风险识别过程如图6-9所示:

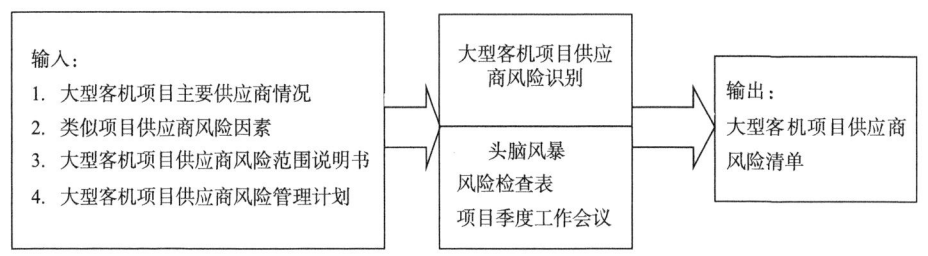

图6-9 大型客机项目供应商风险识别过程

6.3.1.3 大型客机项目供应商风险识别

分级全息建模由Haimes于1981年提出。"分级"指的是系统风险的不同层面。"全息"来源于"全息摄影"一词,展现了系统风险的多视角图像。将HHM应用于项目风险辨识上,是将待识别的系统根据实际需要分解为多个子系统,所有子系统的风险识别以后,就可以得到项目的整体风险清单。使用HHM的目的在于捕捉和展现一个系统的风险的多维特征。通过项目组的调查研究,建一个较简化的HHM模型。

对于HHM辨识的大量风险,决策者很难确定哪些信息是重要的。对于一个复杂的大型项目来说,要模拟和追踪上百个风险源,从时间和成本上又过于昂贵,决策者必须将有限的资源集中于最有可能和不确定的风险上。风险过滤、评价和管理结合定量和定性的方法过滤大量风险,只留下对决策者最重要的那部分。

1)情景过滤

如上所述,并非所有的风险都对各级别的决策制定和所有的时间有影响,根据对在航空领域专家的调查,考虑大型客机项目管理者和决策者的具体情景,从大型客机项目供应商管理者的角度出发,根据其职责与利益,过滤掉与其无关的风险。

2)双准则过滤与评级

剩余的风险借助于定性的严重性分级矩阵进一步过滤。"可能性"定性地表示风险出现的概率,"后果"则指出风险出现的五种后果,"可能性"和"后果"联合表示风险的严重性。

6.3.1.4 大型客机项目供应商风险分析

按照大型客机项目供应商风险管理的过程,供应商选择、供应商培养、供应商管理控制和供应商退出几个阶段对大型客机项目供应商风险进行管理的全信息建模,主要风险管理过程的主要风险如下:

1. 供应商选择中的主要风险分析

（1）原材料供应风险。评估时考虑原材料市场供求状况，供应商的选择是否过于集中以致无法及时应变，是否受到客观因素影响企业缺乏生产所必需的能源、技术、人员的供应，企业还价能力是否受到限制，是否存在着与原材料重要供应商的关系恶化，是否存在存货过多或过少的情况，是否存在原材料价格上涨及对产品成本和利润的影响，防范原材料上涨的应对措施及效果，等等。

（2）销售过程风险。是否存在着销售渠道单一，还价能力是否受限制，重要销售客户是否丢失，企业经营是否产生可预见的新变化（如企业使用的某项专利即将到期、企业进入不擅长的新领域、经营过程是否承受较大的或有负债风险、有无价格下降对利润的影响及应对的措施等）。

（3）投资项目风险。企业在投项目主要组成，项目是否具有可行性，有无详细的投资计划，是否通过组合投资分散投资风险。

（4）技术效果不确定性。新技术诞生之初并不完善，对于在现有技术知识条件下能否很快使其完善起来，开发者和进行技术创新的企业家都没有把握，因此新技术的发展前景是不确定的，企业面临相当大的风险。

（5）技术寿命不确定性。由于新技术产品变化迅速、寿命周期短，故极易被更新的技术替代，但被替代的时间难以确定，当更新的技术比预期提前出现时，原有技术将蒙受提前淘汰的损失。

（6）配套技术的不确定性。一项新技术的实施或转化，需要其他相关技术或工艺过程的支持，才能形成最终产品。落后的技术缺乏市场竞争或容易被同业模仿而导致企业被市场淘汰，超前的技术创新可能由于现有工艺水平的限制无法实现，或产品达不到设计要求的性能。

（7）知识产权风险。企业将一个科学成果转化为生产力的过程会涉及知识产权问题。知识产权可能引起两类风险：一是侵权风险，即在科研成果的转化过程中有可能涉及非风险方的知识产权问题，由于信息不对称则可能会产生侵权风险；二是泄密风险，即企业在成果转化过程中与第三方的必要合作导致的技术泄露。

（8）市场接受能力的不确定性。新技术产品是全新的产品，顾客在产品推出后不易及时了解其性能而持观望态度或做出错误判断，从而对市场能够接受及有多大容量难以做出准确估计。

（9）竞争能力不确定性。新技术产品面临着激烈的市场竞争，如果产品的成本过高将影响其竞争力。在竞争中能否占领市场、占领多大份额，在事先难以确定。

2. 供应商运营管理中的主要风险分析

（1）资产质量风险。企业内部控制制度能否保障所有财务数据真实、及时反映企业经营状况，企业融资能力，管理层是否足够重视现金流量的管理，而不是一味强调净利润的增长。与同行业相比，企业盈利水平和趋势如何，企业资产、负债结构是否合理。

（2）债务风险。企业是否能够正确预测资金市场的供应变化趋势恰当选择贷款时间，是否通过长、短期债券来降低利率变动风险，是否加强了结算监控选择适当的结算方式，企业采取了哪些措施提高资产使用效果，企业偿债能力和资产变现能力如何。

（3）人力资源流动性风险。大型客机项目供应商的研制或技术人员队伍的变化而使大型客机项目面临的风险损失。大型客机项目周期长，对技术要求高，势必导致工作技术人员的工作强度和工作压力较大，导致供应商主要技术人才的离开而使得项目不能按技术实施的风险。由于科技成果转化、产品研制是一项技术技能要求很高的工作，这个过程中对隐性知识依赖程度大于对显性知识的依赖。这样技术人员的流失就使大型客机项目的技术、进度等方面面临较大的风险。另外，还包括用人不当、核心团队成员的不配合、管理层之间的矛盾等风险。

（4）人力资源的责任心和能力风险。大型客机项目供应商的人力资源的责任心不强和能力不够所造成的风险和损失。由于大型客机项目技术能方面的要求很高，要求供应商应该有一批技术能力过硬、责任心强的管理员工。员工的技术能力和责任心直接关系到供应商产品的质量与交付时间。由于人力资源的责任心和能力在评价时影响结果存在一致性，故把这两个指标合成一个指标进行评价。

3. 供应商管理控制中的主要风险分析

（1）组织风险。由于大型客机项目供应商企业组织结构不合理所带来的风险。企业主要以技术创新为主，忽视组织上的及时调整，这样就会造成企业规模膨胀与组织、结构落后的矛盾，成为企业风险的根源。

（2）决策风险。因供应商企业管理层管理经验的不足或不同专业背景管理人员结构的不平衡等导致的企业决策失误而带来的风险。由于新技术具有投资大，产品更新换代快的特点，这就使得对于技术产品项目的决策尤为重要，决策一旦失误，就会给企业造成不可估量的损失。

（3）次级供应商管理风险。大型客机项目主要供应商也都有所属的供应商，大型客机项目主要供应商对其次级供应商的选择，风险监控等措施的实施是否恰当合理直接关系到大型客机项目主要供应商的生产效率和供应质量。

（4）计划风险。大型客机项目供应商计划对研制经费、研制进度、技术方案、设施、设备保障方案、质量与适航、客服支持等方案安排的不合理而造成的风险。

（5）协调控制风险。大型客机项目供应商各分系统、零、部、件在研制和生产中协调不利和控制不利所造成的损失和风险。

（6）应收账款风险。对客户企业的财务状况和资信进行定期或不定期评估，运用折扣手段促进货款的及时回收，应收账款逾期率、坏账率有多大。

（7）外汇汇率风险。企业是否合理地选择计价货币。汇率变动损失额和损失率有多大，是否通过远期外汇交易、货币互换交易来避免或降低汇率风险。

（8）原材料风险。由于大型客机项目供应商原材料问题所造成的风险：一方面包括供应商无法按期购买到设计要求的原材料进行生产，某些原材料厂商不受客户控制，如钢材行业，有的时候某种钢材断货却未预先通知客户，供不应求导致交货期延误。或者原材料进口周期比较长。另有原材料质量方面可能存在供应商对其原材料无关键特性的检测手段，原材料价格问题。另一方面是原材料的质量不能满足需求或达不到环保要求，指原材料不能满足供应商设计和装配以及生产的质量要求或虽满足要求但是包含违反环保要求的化学成分。

（9）物流风险。物流风险指供应商在给顾客发运产品过程中发生的货物灭损、发货延迟、错发错运等。货物灭损发生的客观因素主要有不可抗力、火灾、运输工具风险等，主观因素主要有野蛮装卸、偷盗等。发货延迟的原因主要有交通工具安排不当、运输途中发生状况等。错发错运是手工制单字迹模糊、信息系统程序出错、操作人员马虎等原因造成的。在全球采购的情况下，顾客和供应商之间可能地理位置不同、工作时间不同，并且面临物流周期长，物流问题比同地区供应商的物流问题造成更大损失的风险。

（10）供应商入库风险。大型客机供应商供应产品的入库周期太长、入厂检验要求不一、入厂检验手段匮乏等影响正常入库。

（11）供应商付款风险。由于供应商提供产品无法入库或者文件缺失造成供应商付款延迟，不能满足合同要求。

（12）供应商生产制造风险。现场装配耗损过高引起的维修、重新采购等一系列问题，造成进度延误和经济损失等。

4. 供应商退出阶段的主要风险分析

（1）技术安全。技术安全指由于大型客机项目供应商技术不过关、材料选择不合理或制造力量薄弱而造成的提供产品或设备安全性较差，从而对整个大型客机项目的安全性造成安全性影响的风险。我国飞机设计水平与国际水平相比差距约20年。国内供应商的技术力量和技术的安全性都比较薄弱，如飞机的总体设计能力，尤其是集成能力得靠经验上的累积。电传操作是一项核心技术，空客在这个方面已比较成熟，波音777同样采用了电传操作技术，其中包括最新的光传技术，这种技术由于涉密性等原因只能靠企业自主研发。自主研发的过程中所面临的实验和设计的不稳定性是显而易见的，因此存在着较大的技术安全风险。到2020年它们的飞机已全部采用复合材料。国内大型客机项目供应商目前仅掌握金属飞机的研制能力，复合材料只能少量地用在飞机辅件上，在主结构上的应用还需要进一步预研。这也在一定程度存在着技术安全方面的风险。再有大型客机项目供应商的制造力量薄弱也给大型客机项目的技术安全带来了隐患。

（2）适航风险。供应商退出后，由于主要供应商的原因造成产品适航出现风险，不能达到预先的要求或出现故障。

6.3.1.5 大型客机项目供应商 RBS

根据分阶段识别出的供应商风险归纳整理，并进行大型客机项目供应商的 RBS 分解，大型客机项目供应 RBS 风险分类层级结构框架如图 6-10 所示。

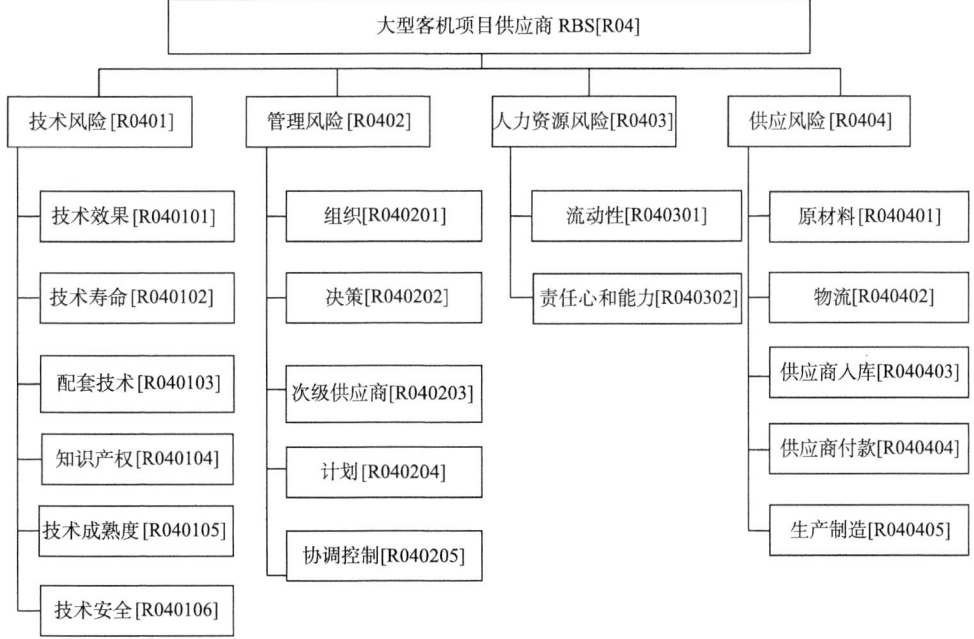

图 6-10 大型客机项目供应商 RBS 风险分类层级结构框架

1. R0401 技术风险

R0401 技术风险是指由于供应商的技术原因而使大型客机项目在研制过程中遇到风险，影响整个项目的费用和进度控制和大型客机项目的技术性指标。风险大型客机项目要求技术高，许多零部件要求与供应商共同研究和共同设计。供应商的技术水平和设计方案能达到要求，决定了零部件的质量和产品交付质量。直接关系到大型客机项目的成败，所以技术风险是大型客机项目供应商风险管理面临的主要风险之一。在项目组调研中发现大多数大型客机项目组成员都强调了供应商的技术风险。项目组通过归纳和总结认为大型客机项目的技术风险主要包括以下几个方面。

（1）R040101 技术效果不确定性。大型客机项目要大量地采用新技术，而新技术诞生之初并不完善，对于在现有技术知识条件下能否很快使其完善起来，开发者和进行技术创新的供应商家都没有把握，因此新技术的发展前景是不确定的，大型客机项目面对的相当大的风险。

（2）R040102 技术寿命不确定性。新技术产品变化迅速、寿命周期短，因此极易被更新的技术替代，但被替代的时间难以确定，当更新的技术比预期提前出现时，原有技术将蒙受提前淘汰的损失。

（3）R040103 配套技术不确定性。一项新技术的实施或转化，需要其他相关技术活工艺过程的支持，才能形成最终产品。落后的技术缺乏市场竞争或容易被同业模仿而导致企业被市场淘汰，超前的技术创新可能由于现有工艺水平的限制无法实现，或产品达不到设计要求的性能。

（4）R040104 知识产权。供应商将一个科学成果转化为生产力的过程会涉及知识产权问题。知识产权可能引起两类风险：一是侵权风险，即在科研成果的转化过程中有可能涉及非风险方的知识产权问题，由于信息不对称则可能会产生侵权风险；二是泄密风险，即企业在成果转化过程中由于与第三方的必要合作导致的技术泄露。

（5）R040105 技术成熟度。技术成熟度是指技术相对于某个具体系统或项目来说所处的发展状态，它反映了技术对于项目预期目标的满足程度。任何一项技术都必然有一个发展和验证的过程。在技术成熟度评价体系中往往根据技术达到的成熟水平分成不同的等级。大型客机项目作为技术高度复杂的综合集成系统，其研制存在很大的风险，其中新技术应用所带来风险可能导致大型客机项目进度滞后、研制成本增加甚至项目失败。但是为了使大型客机项目提升性能和可靠性，又必须采用新技术，因而供应商的技术成熟度的风险控制就非常关键。

（6）R040106 技术安全。大型客机项目供应商技术不过关、材料选择不合理或制造力量薄弱而造成的提供产品或设备安全性较差，从而对整个大型客机项目的安全性造成安全性影响的风险。我国飞机设计水平与国际水平相比差距约 20 年。国内供应商的技术力量和技术的安全性都比较薄弱，如飞机的总体设计能力，尤其是集成能力得靠经验上的累积。电传操作是一项核心技术，空客在这个方面已比较成熟，波音 777 也采用了电传操作技术，其中有些还是光传技术，这种技术人家是不会卖给我们的，只有靠自己研发。自己研发的过程中又面临着实验和设计的不稳定性，所以存在着较大的技术安全风险。到 2020 年它们的飞机将全部采用复合材料。国内大型客机项目供应商目前仅掌握金属飞机的研制能力，复合材料只能少量地用在飞机辅件上，在主结构上的应用还需要进一步预研。这也在一定程度存在着技术安全方面的风险。再有大型客机项目供应商的制造力量薄弱也给大型客机项目的技术安全带来了隐患。

2. R0402 管理风险

管理风险是指供应商在大型客机项目生产和研制过程中由于供应商内部的计划、组织、协调、控制等不到位而使项目研制和产品供应面临风险。大型客机项目供应商的管理风险不仅是指供应商企业内部的管理风险，也包括主要供应商的次级供应商的管理风险。项目组在调研中发现，大型客机项目的9大国内供应商中主要是航空制造企业，这些企业普遍存在着重生产轻管理的问题，所以风险管理和防控能力都存在一些问题。经项目组研究讨论认为大型客机项目的管理风险主要包括以下几个方面。

（1）R040201 组织风险。由于大型客机项目供应商企业组织结构不合理所带来的风险。由于企业主要以技术创新为主，往往忽视组织上的及时调整，这样就会造成企业规模膨胀与组织、结构落后的矛盾，成为企业风险的根源。

（2）R040202 决策风险。因供应商企业管理层管理经验的不足或不同专业背景管理人员结构的不平衡等导致的企业决策失误而带来的风险。由于新技术具有投资大、产品更新换代快的特点，这就使得对于技术产品项目的决策尤为重要，决策一旦失误，就会给企业造成不可估量的损失。

（3）R040203 次级供应商风险。由于大型客机项目主要供应商也都有所属的供应商，大型客机项目主要供应商对其次级供应商的选择、风险监控等措施实施的是否恰当合理直接关系到大型客机项目主要供应商的生产效率和供应质量。

（4）R040204 计划风险。大型客机项目供应商计划对研制经费、研制进度、技术方案、设施、设备保障方案、质量与适航、客服支持等方案安排的不合理而造成的风险。

（5）R040205 协调控制风险。大型客机项目供应商各分系统、零、部、件在研制和生产中协调不利和控制不利所造成的损失和风险。

3. R0403 人力资源风险

项目组通过调研发现，航空项目由于周期较长，进度、技术、质量要求很高，所以项目的研制和设计人员面临较大工作压力，造成人力资源流失严重，以往的ARJ项目也存在类似的问题。因此供应商的人力资源风险也是我们不能忽视的风险。航空项目是典型的高科技项目，规模巨大，对人员的要求很高，不但要求有关人员具有很高的业务素质和专业技术水平，而且要具有极强的质量意识和合作精神。否则便会影响项目的进展和最终成功。有时由于某个普通的操作工人工作上的一个极小疏忽，如某个焊点虚焊，或一点多余物遗留到产品中，致使整个项目的失败，造成巨大的损失。人员变动过于频繁、某些管理人员的不胜任或一些关键岗位人才的流失都会极大地影响到整个项目研制的顺利进行。所以，人力资源风险也是航空项目研制中不可忽视的一个风险源要加强监控。项目组通过调查和讨论认为人力资源风险包括流动性风险、责任心和能力风险：

（1）R040301 流动性风险。流动性风险指由于大型客机项目供应商的研制或技术人员队伍的变化而使大型客机项目面临的风险损失。大型客机项目周期长，对技术要求高，势必导致工作技术人员的工作强度和工作压力较大。导致供应商主要技术人才的离开而使得项目不能按技术实施的风险。由于科技成果转化、产品研制是一项技术技能要求很高的工作，这个过程中对隐性知识的依赖程度大于对显性知识的依赖程度。这样技术人员的流失就使大型客机项目的技术、进度等方面面临较大的风险。另外，还包括用人不当、核心团队成员的不配合、管理层之间的矛盾等风险。

（2）R040302 责任心和能力风险。责任心和能力风险指由于大型客机项目供应商的人力资源的责任心不强和能力不够所造成的风险与损失。由于大型客机项目技术能方面的要求很高，要求供应商应该有一批技术能力过硬、责任心强的管理员工。员工的技术能力和责任心直接关系到供应商产品的质量和交付时间。人力资源的责任心和能力在评价时影响结果存在一致性，因此把这两个指标合成一个指标进行评价。

4. R0404 供应风险

一方面指次级供应商供应给大型客机项目供应商的原材料风险，另一方面指大型客机项目供应商供应给产品的物流风险。

（1）R040401 原材料风险。由于大型客机项目供应商原材料问题所造成的风险：一方面包括供应商无法按期购买到设计要求的原材料进行生产，某些原材料厂商不受客户控制，如钢材行业，有的时候某种钢材断货却未预先通知客户，供不应求导致交货期延误，或者原材料进口周期比较长。另有原材料质量方面可能存在供应商对其原材料无关键特性的检测手段，原材料价格问题。另一方面是原材料的质量不能满足需求或达不到环保要求，指原材料不能满足供应商设计和装配以及生产的质量要求或虽满足要求但是包含违反环保要求的化学成分。

（2）R040402 物流风险。物流风险指供应商给顾客发运产品过程中发生的货物灭损、发货延迟、错发错运等。货物灭损发生的客观因素主要有不可抗力、火灾、运输工具出险等，主观因素主要有野蛮装卸、偷盗等。发货延迟的原因主要有交通工具安排不当、运输途中发生状况等。错发错运是由于手工制单字迹模糊、信息系统程序出错、操作人员马虎等原因造成的。在全球采购的情况下，顾客和供应商之间可能地理位置不同、工作时间不同，并且面临物流周期长，物流问题比同地区供应商的物流问题有造成更大损失的风险。

（3）R040403 供应商入库风险。大型客机供应商供应产品的入库周期太长、入厂检验要求不一、入厂检验手段匮乏等影响正常入库。

（4）R040404 供应商付款风险。由于供应商提供产品无法入库或者文件缺失造成供应商付款延迟，不能满足合同要求。

（5）R040405 生产制造风险。现场装配耗损过高引起的维修、重新采购等一系列问题，造成进度延误和经济损失等。

综合上述分析，供应商风险 RBS 见表 6-10。

表 6-10 供应商风险 RBS

风险类别	风险条目（风险识别问题项）	条目说明
	R0401 技术风险	
R040101 技术效果风险	对于供应商来说，所提供技术是否存在当前已知的不确定性影响？	对于供应商所提供的能够达到预期效果的技术，通常也伴随着引起某些其他非预期效果的不确定性，供应商应当对能够预见的可能问题提供明确的说明
	当技术所达到的效果不能够满足要求时，是否存在应急预案或者备用方案？	相对于技术，需求是动态变化，当需求变化或者技术自身效果达不到要求时，应急预案或者备用方案是保证项目顺利进行的重要保障
R040102 技术寿命风险	当前技术的预期使用年限是否能够满足要求？	产品的应用是有一定年限的，技术的使用是否能够满足预期的使用期限，并具备适当的可扩展性，是影响系统性能和成本的重要因素
	对于当前使用的技术所涉及的后续维护和升级对周边产品是否有影响？	随着技术的发展，设备的维护和升级在所难免，局部设备的调整也会影响其周边产品。因此，供应商应对当前技术的现状和发展做出说明
R040103 配套技术风险	对于当前产品的配套技术，是否处于行业领先或先进地位？	产品配套技术的水平是决定产品自身质量的关键因素，需要有较高水准的配套技术来保证供应商产品的质量
	当前提供的技术和产品，是否具有能够满足所需要求的大规模量产能力？	量产能力是体现供应商技术能力，保证项目顺利推进的基础，因此，要确保技术产品的供应能力
R040104 知识产权风险	供应商提供的技术产品是否具有自主知识产权且没有侵犯第三方知识产权？	知识产权是当今社会越来越受关注的问题，侵权的发生不仅会造成经济的损失，同时也会阻碍项目的进行，需要对这个问题重点关注
	供应商在与第三方合作时是否制定了详细的操作规程以防止泄密风险？	具体明确的操作规范、保密等级管理和奖惩制度制定能够在很大程度上防止泄密事件的发生，这对于项目数据和技术安全是至关重要的
R040105 技术成熟度风险	供应商提供的技术是否为当前国际范围内的主流技术？	主流技术的应用不仅体现了技术产品的科技含量和可靠性，同时也是关系项目可靠性和可操作性的重要参考
	针对技术产品的后续研发投入和预期效果是什么？	产品的后续研发能力是对当前产品质量和供应商技术能力的一个侧面反映
R040106 技术安全风险	供应商的技术产品是否经过安全测试，并满足项目安全要求？	技术产品的可靠性需要安全测试来进行保障，因此对产品的测试是产品质量的一个重要参考
	如果技术产品在使用过程中出现问题，预期的问题范围和后果是什么的？	对于技术产品可能出现的问题和影响，需要有一个预先的了解和预期，从而能够做出针对性的质量要求

续表

风险类别	风险条目（风险识别问题项）	条目说明
R0402 管理风险		
R040201 组织风险	大型客机项目供应商企业是否具有清晰合理的组织结构？	合理的组织结构能够拥有较高的工作质量和工作效率。可以实现信息在企业中快速流通，明确各部分责任，从而降低企业风险
	企业中每个层次是否都有技术相关人员？	在组织结构中，技术人员的参与是技术创新型企业的重要特点，以避免外行人指导内行人的情况
R040202 决策风险	供应商企业做过哪些相关的项目？	管理层管理经验的积累需要实际项目的操作，管理团队的合作也需要相关项目的磨合，这样才能保证管理团队做出决策的快速性和正确性
	管理层对所做决策是否具有相应的预案和负责制度？	管理层由于种种原因可能做出失误的决策。针对可能出现的失误，管理层应当做出相应的预案，如果有必要，可能需要追究相关管理人员的责任
R040203 次级供应商风险	次级供应商之间以及次级供应商和供应商之间是否具有交互关系？	大型客机项目各个次级供应商之间和供应商与次级供应商之间存在着交互关系，这些交互关系决定了大型客机供应商对次级供应商管理的有效性
	供应商与次级供应商之间是否可能存在专利问题或者不信任问题？	专利问题通常是可见的并且是可以处理的，虽然比较难处理，然而，供应商之间的信任问题则是隐性的，在系统研制初期，供应商不会主动揭示自己所存在的问题，直到系统研制后期，这些问题才会暴露出来。因此，在系统研制初期，系统责任方需要确认这些问题是否存在，并采取适当的措施确保问题能够解决
R040204 计划风险	供应商是否针对技术产品的供应做出了详细合理的整体方案？	大型客机项目的技术产品供应是一个涉及多方面内容的过程，只有指定了详细合理的整体方案和按计划的执行，才能够保证大型客机项目的顺利执行
	供应商对于超出原定计划的情况，能否做出快速合理的反应？	由于各种原因，方案的执行在某些情况下可能不能够完全按照预定计划进行。此时需要大型客机供应商企业要对此做出快速合理的反应，从而降低大型客机项目延期的可能性
R040205 协调控制风险	与供应商供应产品相关的零部件企业有哪些？	大型客机项目所需零部件数量巨大，供应商提供的也不止一个，需要提供的零部件越多，存在的问题的可能性也越大。因此对零部件提供多的供应商需要更多的控制和协调
	供应商之间是否存在零部件供应的先决条件？	对于需要深度加工的零部件，可能需要不止一家的供应商进行周转。对于需要深度加工的零部件，一个环节的延迟必然会导致后续操作的后延，因此对此类供应商和产品需要更多的关注和协调
R0403 人力资源风险		
R040301 流动性风险	大型客机供应商提供的技术产品项目团队成员构成是否相对稳定？	技术产品项目人员队伍的构成和稳定性对产品的研发具有较大的影响。频繁的人员流动，就需要人员的补充和培训，不可避免会造成进度的延误。因此相对稳定的团队能更好地保证产品的供应
	技术产品的核心技术是否依赖于一个或几个核心成员？	掌握核心技术的人员对产品的研发具有重要影响，这些核心人员的调动离职会在很大程度上影响产品的研发进程，进而影响大型客机项目的进度。对于这种人力资源流动性风险应提早进行防范

续表

风险类别	风险条目（风险识别问题项）	条目说明
R0403 人力资源风险		
R040302 责任心和能力风险	大型客机供应商提供的技术产品项目团队成员的受教育程度如何？	团队成员的教育背景在一定程度上反映了成员的技术能力，较好的受教育程度能够更好地保证技术产品的质量和科技含量
	项目团队中是否有完善的监管制度和相应的奖惩机制？	员工的责任心不尽相同，不能够完全依赖员工自己的自律，因此完善监管制度是必不可少的，与此对应的奖惩机制是监管制度顺利开展的保证
R0404 供应风险		
R040401 原材料风险	大型客机项目供应商是否有可靠的原材料供应渠道？	原材料的充足供应是保证项目顺利进行的基础，为避免因原材料短缺而造成的损失，可靠的原材料供应渠道和适量的原材料储备都是必需的
	供应商自身是否有完善的原材料质量检测和管理制度？	原材料的质量问题直接影响技术产品的质量，因此在生产初期的质量管理和检测对供应产品整体质量的可靠性是非常必要的
	相关的后备人才储备是否不足？	人员的不足会使工作进度受到严重制约
R040402 物流风险	大型客机项目的供应商是否存在因不可抗力等因素造成的不能按时提供原材料和零部件等情况？	供应商能够按时提供原材料、零部件和机体部件，是大型客机顺利生产的必要条件，然而由于供应商和制造商时间的距离可能比较远，由于天气、环境、意外情况等因素就可能造成不能及时供应的情况，制造商要提前预计种情况，提出应对方案，避免损失
	大型客机项目供应商物流在委托第三方的过程中是否存在违约风险而造成不能按时供货的情况？	大型客机项目的供应商可能委托第三方来完成物流的供应，但在供应过程中，第三方物流公司能否按照约定按时保质送到货是非常重要的，供应商应对委托第三方物流的信用状况等做充分的了解和跟踪
R040403 供应商入库风险	大型客机供应商供应产品的入库周期是否合理？	大型客机项目供应商供应产品入库周期的长短，决定着供应商供应产品是否能够及时的供应，尤其是在有特殊情况，如供应商供应时间延时的情况下，应适当地缩短入库时间，以便供应商产品的及时使用
	大型客机项目供应商供应产品入厂检验要求是否完善？入厂检验手段是否合理？	大型客机项目供应商供应产品要入厂检验，检验过程中有严格的要求和规定，检验过程中的要求完善和手段合理直接关系着对供应商提供产品质量的把关，决定着大型客机零部件的质量安全
R040404 供应商付款风险	大型客机供应商提供产品是否存在无法入库或者文件缺失的问题？从而造成供应商付款延迟，不能满足合同要求？	大型客机项目的供应商可能存在提供产品质量不合格等无法入库的问题，也可能由于供应商文件的部分缺失存在无法入库的问题，这些都会造成大型客机的供应商付款的延迟，造成不能按时付款，导致合同的违约
R040405 生产制造风险	大型客机供应商是否存在因现场装配耗损过高而引起的维修、重新采购等一系列问题，造成进度延误和经济损失？	大型客机供应商在生成制造过程中可能出现现场装配损耗过高、原材料不符合规定而重新采购等一系列问题，这些问题都可能造成供应商生产不能按进度进行，从而不能向制造商按时交货，最终引发制造商的进度和费用风险

6.3.2 大型客机项目供应商风险评估

6.3.2.1 基于评价指标体系的供应商风险评估方法

已有的关于供应商风险评估的研究采取了多种评价指标和方法。本书博采众长，在构建大型客机项目供应商风险评估指标体系的基础上采用综合评价方法。思路如下。

第一步，通过调研和查看相关文献找出大型客机项目供应商风险的构成要素，并采用恰当的方法过滤和识别风险，在广泛征求专家意见的基础上，建立大型客机项目供应商风险评估指标体系。

第二步，从大型客机项目供应商风险管理的整体和风险管理的全局考虑，建立、科学实用性、体现供应链战略、可比性等评估原则，并对大型客机项目供应商风险评估指标进行筛选，建立符合要求的评估指标体系。

第三步，运用专家调查法、相对熵集结模型、熵权法等方法进行指标的组合赋权使指标权重既反映客观因素又反映主观因素，从而确定每个指标对于大型客机项目供应商风险评估的相对重要程度，从而为各个指标赋权。

第四步，采用恰当的标准化方法，对各指标量纲进行标准化处理，以便于综合测算和评估。标准化方法力求反映决策者的意愿，从而有效避免决策结果的反转问题。

第五步，基于第二、三、四步的研究成果，构建大型客机项目供应商风险评估综合评估模型。采用改进的模糊 TOPSIS 法进行风险排序。

第六步，收集整理各指标的实际数据或符合评估原则的估计值，运用大型客机项目供应商风险评估综合评估及分级模型，计算出评价指数，并据此对大型客机项目供应商风险进行评估，并以此为依据制订监控计划。

1. 大型客机项目供应商风险评估指标体系

对大型客机项目工作分解结构及研制过程分析，确定出影响大型客机项目供应商的主要风险因素，并对它们进行分析和分类，建立了大型客机项目供应商风险评估指标体系，根据风险来源的不同，该体系将大型客机项目供应商风险主要分为技术风险、管理风险、人力资源风险和供应风险四个大类。该指标体系可以全面系统地对大型客机项目供应商风险进行评估，具体见表 6-11。

表6-11 大型客机项目供应商风险评估指标体系

目标	一级指标	二级指标	三级说明/备注
大型客机项目供应商风险	技术风险	技术效果风险	大型客机项目要大量地采用新技术，进行技术创新对供应商而言具有较大的不确定性，因此新技术的发展前景是不确定的，如荷载风洞试验技术及高低速补充测力、测压、铰链力矩技术等
		技术寿命风险	大型客机项目的新技术产品变化迅速、寿命周期短，因此极易被更新的技术替代，但被替代的时间难以确定，当更新的技术比预期提前出现时，原有技术将蒙受提前淘汰的损失
		配套技术风险	大型客机项目一项新技术的实施或转化，需要其他相关技术和工艺过程的支持，才能形成最终产品。落后的技术缺乏市场竞争或容易被同业模仿而导致企业被市场淘汰，超前的技术创新可能由于现有工艺水平的限制无法实现，或产品达不到设计要求性能
		知识产权风险	大型客机项目供应商将一个科学成果转化为生产力的过程会涉及知识产权问题
		技术成熟度风险	大型客机项目作为技术高度复杂的综合集成系统，其研制存在很大的风险，其中新技术应用所带来风险可能导致大型客机项目进度滞后、研制成本增加甚至项目失败。但是为了使大型客机提升性能和可靠性，又必须采用新技术，因而供应商的技术成熟度的风险控制就非常关键。供应商的技术成熟度风险要包括设计成熟度风险、材料技术成熟度、制造技术成熟度风险等
		技术安全风险	大型客机项目供应商技术不过关、材料选择不合理或制造力量薄弱而造成的提供产品或设备安全性较差，从而对整个大型客机项目的安全性造成安全性影响的风险
	管理风险	组织风险	由于大型客机项目供应商企业组织结构不合理所带来的风险
		决策风险	因大型客机项目的供应企业管理层管理经验的不足或不同专业背景管理人员结构的不平衡等导致的企业决策失误而带来的风险。由于新技术具有投资大、产品更新换代快的特点，这就使得对于技术产品项目的决策尤为重要，决策一旦失误，就会给企业造成不可估量的损失
		次级供应商风险	由于大型客机项目主要供应商也都有所属的供应商，因此对其次级供应商的选择、风险监控等措施直接影响到生产效率和供应质量
		计划风险	由于大型客机项目供应商计划对研制经费、研制进度、技术方案、设施、设备保障方案、质量与适航、客服支持等方案安排的不合理而造成的风险
		协调控制风险	由于大型客机项目供应商各分系统、零部件在研制和生产中协调不利和控制不利所造成的损失和风险
	人力资源风险	流动性风险	由于大型客机项目供应商的研制或技术人员队伍的变化而使大型客机项目面临的风险损失。大型客机项目周期长，对技术要求高，势必导致工作技术人员的工作强度和工作压力较大。这将导致供应商主要技术人才的流失，从而使得项目不能按原有技术实施
		责任心和能力风险	指由于大型客机项目供应商的人力资源的责任心不强和能力不够所造成的风险与损失
	供应风险	原材料风险	由于大型客机项目供应商原材料问题所造成的风险：一方面包括供应商无法按期购买到设计要求的原材料进行生产，另一方面是原材料的质量不能满足需求或达不到环保要求。指原材料不能满足供应商设计和装配以及生产的质量要求或虽满足要求但是包含违反环保要求的化学成分

续表

目标	一级指标	二级指标	三级说明/备注
大型客机项目供应商风险	供应风险	物流风险	指大型客机项目的供应商给顾客发运产品过程中发生的货物灭损、发货延迟、错发错运等
		供应商入库风险	大型客机供应商供应产品的入库周期太长、入厂检验要求不一、入厂检验手段匮乏等影响正常入库
		供应商付款风险	指由于供应商提供产品无法入库或者文件缺失造成供应商付款延迟,不能满足合同要求
		生产制造风险	现场装配耗损过高引起的维修、重新采购等一系列问题,造成进度延误和经济损失等

2. 指标权重的确定

大型客机项目供应商风险各指标的权重对最后的风险评估结果尤为重要,所以找到合理的指标赋权方法是很必要的。基于组合赋权法确定的权重同时考虑了主观和客观方面的信息,所以与以往的赋权方法相比这种赋权方法更为合理。基于相对熵集结模型的主观赋权法。

由专家 S_1、S_2,…,S_m 等组成 m 人专家决策群组 G,拟对 $B_1,B_2,…,B_n$ 等 n 个评估对象进行评价。我们用 X_{ij}($i=1,2,…,m$;$j=1,2,…,n$)代表第 i 个专家对第 j 个被评对象的评分值,X_{ij} 越大,表示 S_i 认为目标 B_j 越好。由各专家的评分结果形成专家判断信息矩阵 X,如下:

$$X = \left(x_{ij}\right)_{m \times n} = \begin{bmatrix} x_{11} & x_{12} & \cdots & x_{1n} \\ x_{21} & x_{22} & \cdots & x_{2n} \\ \vdots & \vdots & & \vdots \\ x_{m1} & x_{m2} & \cdots & x_{mn} \end{bmatrix} \quad (6\text{-}12)$$

其计算步骤如下:

(1)熵可靠性分析。专家及其群组在进行决策或评估时,决策水平的差异可以反映到其做决策或评估结论的可靠性上,它与最终的评定结果息息相关。因此,研究和优化决策群组及专家个体提供信息的可靠性是至关重要的。可靠性是指系统在规定的条件下、在规定的时间内完成规定功能的能力,应用于决策分析则代表专家的决策水平。

假设存在一理想专家 S_*,他的决策水平最高、评分最准、最公正,是可靠性达到最大值 1、不确定性达到最小值 0 的专家。记其评分向量为 $X = (x_{*1}, x_{*2}, \cdots, x_{*n})$,可利用数值代数中的幂法求得。很显然,专家 S_i 决策水平越低,其结论与 S_* 相差越大。因此,这种决策结果的差异在一定程度上反映了专家 S_i 的决策水平。

通过分析专家 S_i 的决策结果与理想专家 S_* 决策结果的差异,将专家 S_i 的决策结果向量转化为决策水平向量:

$$E_i = (e_{i1}, e_{i2}, \cdots, e_{in}), \quad j=1,2,\cdots,n;\quad i=1,2,\cdots,m \quad (6\text{-}13)$$

式中，$e_{ij}=1-\left|N_{*j}-N_{ij}\right|-\left|d_{*j}-d_{ij}\right|$，$\boldsymbol{N}_i=(N_{i1},N_{i2},\cdots,N_{in})^{\mathrm{T}}$ 表示按专家 S_i 的评分大小排列的被评价对象 $B_1,B_2,\cdots,B_n$ 的优劣名次，$d_{ij}=x_{ij}\big/\sqrt{x_{i1}^2+x_{i2}^2+\cdots+x_{in}^2}$ 是单位化的专家评分值。

专家 S_i 的决策水平越低，与理想专家 S_* 的决策结论的差异越大，$\boldsymbol{E}_i$ 的各元素越小。因为 S_i 与 S_* 对被评目标 B_j 所打的评分值相差越大，$\left|d_{*j}-d_{ij}\right|$ 越大；S_i 与 S_* 对被评目标 B_j 所排优劣名次的差异越大，$\left|N_{*j}-N_{ij}\right|$ 越大。因此，决策水平向量 $\boldsymbol{E}_i$ 可客观全面地反映专家 S_i 对目标 $B_1,B_2,\cdots,B_n$ 所做决策结论的水平。

根据现代信息论，专家 S_i 的决策水平的可靠性，可用其结论的不确定性—决策熵 H_i 来测度。H_i 等于 S_i 的决策水平向量各分量的广义熵之和：

$$H_i=\sum_{j=1}^n h_{ij} \qquad (6\text{-}14)$$

$$h_{ij}=\begin{cases}-e_{ij}\ln e_{ij},\ 1/e\leqslant e_{ij}\leqslant 1\\ \dfrac{2}{e}-e_{ij}\left|\ln\left|e_{ij}\right|\right|,\ e_{ij}\leqslant 1/e\end{cases} \qquad (6\text{-}15)$$

可以看出，熵函数 H_i 是非负减函数，决策熵 H_i 越小，表示专家 S_i 的可靠性越高，其决策水平越高。事实上，高水平专家决策时失误很少，其决策熵值 H_i 很小，决策结论的不准确性低，可靠性高，反之亦反。理想专家的不确定水平最小（达到0），可靠性最高（达到1），决策结论最公正。因此，可以利用熵来衡量专家决策结论的可靠性水平。

一般而言，当 $H_G\in(0.9,1)$ 时可认为该评价指标体系的可靠性较高，当 $H_G\in(0.8,0.9)$ 时则可认为该评价指标体系的可靠性一般，当 $H_G\in(0,0.8)$ 时则可认为该评价指标体系的可靠性较差。

（2）新群组 G^* 中各专家的权重。依据步骤一衡量各专家决策的可靠性，剔除掉群组 G 中可靠性较低的专家，这样便得到优化后的群组 G^*（含 m^* 个专家，$m^*\leqslant m$），再根据可靠性得出群组 G^* 中专家 S_{i^*} 的权重水平：

$$\omega_{i^*}=\dfrac{r_{i^*}}{\sum_{i^*=1}^{m^*}r_{i^*}} \qquad (6\text{-}16)$$

式中，r_{i^*} 为专家 S_{i^*} 的可靠性水平，可由决策熵值查表得出。

基于熵可靠性的方法，剔除了决策水平过低的专家，优化后群组的决策结果的可靠性由原来的 $r_G=\sum_{i=1}^m \omega_i r_i$ 变为 $r_{G^*}=\sum_{i^*=1}^{m^*}\omega_{i^*}r_{i^*}$。

将新群判断信息矩阵 $\boldsymbol{X} = (x_{ij})_{m \times n}$ 转化为规范化矩阵 $\boldsymbol{B} = (b_{ij})_{m \times n}$，转化方法如下：

$$b_{ij} = x_{ij} \bigg/ \sum_{j=1}^{n} x_{ij}, \quad j=1,2,\cdots,n; i=1,2,\cdots,m \quad (6\text{-}17)$$

根据如下公式求得群偏好向量 $\boldsymbol{x}_{gj}^{*} = (x_{g1}^{*}, x_{g2}^{*}, \cdots, x_{g3}^{*})$

$$\boldsymbol{x}_{gj}^{*} = \prod_{i=1}^{m}(b_{ij})^{\omega_i} \bigg/ \sum_{j=1}^{n}\prod_{i=1}^{m}(b_{ij})^{\omega_i} \quad (6\text{-}18)$$

式中，ω_i 为步骤（2）确定的专家 S_i 的决策权重。

式 $\boldsymbol{x}_{gj}^{*} = (x_{g1}^{*}, x_{g2}^{*}, \cdots, x_{g3}^{*})$ 中 $\boldsymbol{x}_{gj}^{*}$ 满足归一化条件，为各指标的主观权重。

基于熵权模型的客观赋权法

在有 m 个评价指标，n 个评价对象的评估问题中，第 i 个评价指标的熵定义为

$$H_i = -k \sum_{j=1}^{n} f_{ij} \ln f_{ij}, \quad i=1,2,\cdots,m \quad (6\text{-}19)$$

式中，$f_{ij} = \dfrac{r_{ij}}{\sum_{j=1}^{n} r_{ij}}$，$k = \dfrac{1}{\ln n}$ r_{ij} 为 x_{ij} 标准化后的评分值。

在（m，n）评价问题中，第 i 个指标的熵权定义为

$$w_i = \frac{1 - H_i}{m - \sum_{i=1}^{m} H_i} \quad (6\text{-}20)$$

（3）组合权重确定方法。①应用相对熵集结模型确定指标的主观权重 w_1。②用熵权方法确定客观权重 w_2：反映了确定决策条件下，各指标传输给决策者的信息量的大小。③确定属性权重：一个指标的相对重要程度由上两个权重平行决定，两者中任一个等于 0，即使另一个为 1，也不能说指标非常重要，只有两者取最大值时，w_i 才最大，故将第 i 个指标的指标权重 w_i 定义为

$$w_i = w_{i1} w_{i2} \bigg/ \sum_{i=1}^{n} w_{i1} w_{i2}, \quad i=1,2,\cdots,m \quad (6\text{-}21)$$

基于组合赋权法确定的权重同时考虑了主观和客观方面的信息，所以与以往的赋权方法相比这种赋权方法更为合理。

3. 指标的标准化方法

由于指标的含义不同，各指标值的计算单位、量纲也各不相同。为了能使指标数据进行综合，必须对指标数据进行标准化处理。由于传统的规范化方法，将原本的相互独立的风险之间产生了关联的关系，即通过向量规范化方法，使得各

方案之间的规范化决策指标之间产生了相互的关联关系。为了修正这种规范化方法，就是要保证各方案之间的独立性。规范化的目的就是使得各属性指标之间有可比性，统一衡量标准。可以按照一一对应的关系或效用函数的关系，获得各点的规范化指标值：$x_{ij}=f(y_{ij})$。

这里以线性变换为例，给出规范化公式：

$$x_{ij}=f(y_{ij})=\frac{y_{ij}-y_j^-}{y_j^+-y_j^-} \quad （效益型指标） \qquad (6\text{-}22)$$

$$x_{ij}=f(y_{ij})=\frac{y_j^+-y_{ij}}{y_j^+-y_j^-} \quad （成本型指标） \qquad (6\text{-}23)$$

式中，y_j^+，y_j^- 由决策者主观确定，一般有

$$y_j^+ \geqslant \max y_{ij}$$
$$y_j^- \leqslant \max y_{ij}$$

与传统方法比较，按照上述公式进行的指标规范化处理后所有的指标值都变化成了效益型指标，规范化指标值在（0，1）上，且无论是增加还是减少方案，规范化处理的指标都不会发生任何变化，也就是保持了各备选方案之间的独立性和排序的一致性。

4. 基于改进模糊 TOPSIS 法的大型客机项目供应商风险评估

项目组利用基于相对熵的改进 TOPSIS（Technique for Order Preference by Similarity to an Ideal Solution）法进行方案排序，有以下几个特点，首先该种方法具有标准化，因为用确定理想方案和负理想方案的方法有效避免了传统 TOPSIS 法增加方案造成的排序反转问题。其次，用信息距离取代实际距离解决了 TOPSIS 法难以排序的问题。最后，把传统的 TOPSIS 法扩展到模糊决策中，更符合人们的思维习惯。

项目组借用信息论中的相对熵概念，给出了一种新的排序方法。由信息理论知，两个系统 A 和 B，它们的状态 A_i 和 $B_i(i=1,2,\cdots,N)$ 之间的差别程度可用 Kullback-Leibler 距离来度量。

$$C_i=A_i\log\frac{A_i}{B_i}+(1-A_i)\log\frac{1-A_i}{1-B_i}$$

则两个系统 A 和 B 的差别程度为

$$C=\sum_{i=1}^{N}\left\{A_i\log\frac{A_i}{B_i}+(1-A_i)\log\frac{1-A_i}{1-B_i}\right\} \qquad (6\text{-}24)$$

C 越小，则系统 A 和 B 的状态差别越小。C 称为系统 A 和 B 的相对熵，由于相对

熵并不对称也不满足三角不等式，它实际上并非两个系统间的真正距离。然而将相对熵视为两个系统间的距离往往会很有用。以往距离公式都是衡量的两区间数的真正意义上的几何距离，从而无法解决两方案中垂线上点的排序问题。将相对熵距离引入，则可以有效地解决上述问题，提高决策的辨别力。

基于相对熵改进的模糊 TOPSIS 法计算步骤如下：

步骤1：根据式（6-22）和式（6-23）所介绍的标准化方法构造模糊标准化决策矩阵 $\{Z_{ij}\}_{m \times n}$。z_{ij} 表示第 i 个备选方案的第 j 个属性的标准化指标值。

步骤2：构造加权标准化决策矩阵 $\{x_{ij}\}_{m \times n}$：

$$x_{ij} = w_j z_{ij}$$

式中，w_j 为根据式（6-21）的方法所确定的组合权重。

步骤3：确定决策者的理想方案 x_j^* 和负理想方案 x_j^-。

步骤4：分别计算各方案与理想方案和负理想方案的相对熵：

$$d_i^* = \sum_{j=1}^{n} \left\{ \tilde{a}_{ij} \log \frac{\tilde{a}_{ij}}{\tilde{a}_{ij}^*} + \left(1 - \tilde{a}_{ij} \log \frac{1 - \tilde{a}_{ij}}{1 - \tilde{a}_{ij}^*}\right) \right\} \quad (6-25)$$

$$d_i^- = \sum_{j=1}^{n} \left\{ \tilde{a}_{ij} \log \frac{\tilde{a}_{ij}}{\tilde{a}_{ij}^-} + \left(1 - \tilde{a}_{ij} \log \frac{1 - \tilde{a}_{ij}}{1 - \tilde{a}_{ij}^-}\right) \right\} \quad (6-26)$$

步骤5：计算各方案与理想方案的相对贴近度 C_i^*（或 K_i^*）：

$$C_i^* = S_i^- / (S_i^* + S_i^-) \quad i \in N \quad (6-27)$$

或

$$K_i^* = S_i^- / S_i^* \quad i \in N$$

步骤6：排列各供应商风险的优先序：按照（或 K_i^*），由大到小排列相应的供应商，前面的供应商存在的风险高于后面的。

6.3.2.2 基于风险评估矩阵的供应商风险评估方法

风险评价采用风险评估矩阵对大型客机项目供应商风险进行评价。风险评估矩阵是在项目管理过程中识别项目风险重要性的一种结构性方法，它能够对项目风险的潜在影响进行评估，是一种操作简便且定性分析的方法。该方法由美国空军电子系统中心（Electronic Systems Center，ESC）的采办工程小组于1995年4月提出（表6-12）。风险评估方法在国外得到广泛的应用，主要有ECSS、NASA、霍尼韦尔等，这些公司在其项目风险评价中都应用了风险评估矩阵。

表 6-12 美国空军风险评估矩阵

风险后果	几乎不可能	很少发生	偶尔发生	有可能发生	经常发生
A.人员伤亡	高风险	高风险	高风险	严重风险	严重风险
B.任务失败	中等风险	中等风险	高风险	高风险	严重风险
C.某些性能不可靠对任务成功有影响	低风险	中等风险	中等风险	高风险	严重风险
D.某些性能不可靠对任务成功无影响	低风险	低风险	中等风险	中等风险	高风险
E.没有影响	低风险	低风险	低风险	低风险	中等风险

风险评估矩阵综合考虑了风险影响和风险概率两方面的因素，可对风险因素对项目的影响进行最直接的评估。该方法不直接由专家意见得出判断矩阵，而是通过事先对风险影响和风险概率确定等级划分，由专家通过较为直观的经验，判断出风险影响和风险概率所处的量化等级，然后应用 Borda 分析法对各风险因素的重要性进行排序，从而对项目的风险进行评估。这种方法的决策过程规范可行，较好地综合了群体的意见，因此越来越受到更广泛的重视。ECSS 2004 年发布了新版的 ECSS-M-00-03B《风险管理》标准中的风险评估矩阵（表 6-13）。

表 6-13 ECSS 风险评估矩阵

概率	1	2	3	4	5
E	L	M	H	VH	VH
D	L	L	M	H	VH
C	VL	L	L	M	H
B	VL	VL	L	L	L
A	VL	VL	VL	VL	L

注：1~5 表示严重性；VL 表示极低，L 表示低，M 表示中等，H 表示高，VH 表示很高

1. 原始风险矩阵

原始风险矩阵栏目包括风险栏、风险影响栏、风险发生概率栏、风险等级栏和风险管理栏组成。风险矩阵方法将风险对评估项目的影响分为 5 个等级，并提供了风险发生概率的解释说明。

风险影响等级和风险发生概率的说明如表 6-14 和表 6-15 所示。

表 6-14 风险影响等级的说明

风险影响等级	风险影响量化值	定义或说明
关键	4~5	一旦风险发生，将导致整个项目失败
严重	3~4	一旦风险发生，将导致项目的目标指标严重下降

续表

风险影响等级	风险影响量化值	定义或说明
中度	2~3	一旦风险发生,项目受到中度影响,但项目目标能部分达到
微小	1~2	一旦风险发生,项目受到轻度影响,但项目目标仍能达到
可忽略	0~1	一旦风险发生,对项目计划没有影响,项目目标能完全达到

表 6-15 风险发生概率的说明

风险发生概率范围	概率等级	发生的可能性
91%~100%	很高	很有可能发生,可检测性高
71%~90%	较高	可能性较大,可检测性很大
31%~70%	中等	在项目中预期发生,可检测性中等
11%~30%	较低	不可能发生,可检测性较小
0~10%	很低	非常不可能发生,可检测性低,几乎不能检测

通过将风险影响栏和风险概率栏的值输入风险矩阵来确定风险等级,风险等级对照表如表 6-16 所示。

表 6-16 风险等级对照表

风险概率范围	可忽略	微小	中度	严重	关键
0~10%	低	低	低	低	中
11%~30%	低	低	低	中	中
31%~70%	低	低	中	中	高
71%~90%	低	低	中	高	高
91%~100%	低	中	中	高	高

2. Borda 序值法

同一风险等级的多个风险模块,其重要程度可能并不相同,必须对多个风险模块进行重要性排序,以确定各级风险中最重要的风险模块,解决这一问题的方法是 Borda 序值法。

Borda 序值法是根据多个评价准则将风险按照重要性进行排序,具体原理如下:

设 N 为风险总个数,设 i 为某一个特定风险,k 为某一准则。原始风险矩阵只有两个准则:$k=1$ 表示风险影响准则 I,$k=2$ 表示风险概率准则 P。如果 R_{ik} 表示风险 i 在准则 k 下的风险等级(在风险矩阵方法中,将比风险 i 的风险影响程度大或风险发生概率大的因素的个数作为在准则 k 下的风险等级),则风险 i 的 Borda 数可由下式给出:

$$b_i = \sum_{k=1}^{2}(N - R_{ik})$$

风险等级由 Borda 数给出，某一风险因素的 Borda 序值表示其他关键风险因素的个数，如某个风险的 Borda 序值为 0，说明该风险为最关键的风险。按照 Borda 序值由小到大排列，就可以排出各风险因素的重要性。

以上介绍了两种大型客机项目供应商风险的评估风险，由于第一种操作较为复杂，得先建立大型客机项目供应商评价指标体系，然后依据指标体系应用模糊综合评价方法进行计算。所以在大型客机供应商风险管理的具体实践中建议选用第二种基于风险矩阵的供应商风险评估方法。该方法操作简便，且简单易行，也是国际风险评估所普遍采用的一种方法。

3. 分析框架

由于我国缺乏民航项目供应商管理的数据库和案例库，大型客机项目供应商风险分析时风险因素可能发生的概率和可能造成的供应商风险由专家结合有限的历史数据给出。大型客机项目供应商风险分析框架如图 6-11 所示。

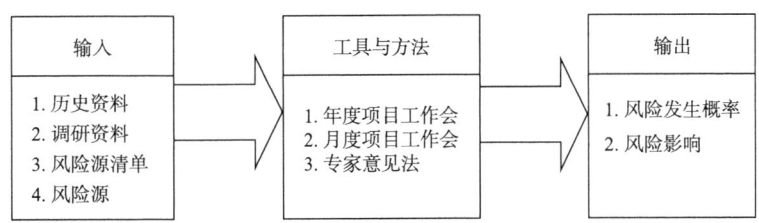

图 6-11　大型客机项目供应商风险分析框架

4. 概率分析

概率分析主要是依据航空研发项目历史资料进行分析的，根据历史上影响项目供应商的风险因素的发生频率来预测在大型客机项目中供应商风险因素的发生概率。若无历史资料可依据，则根据专家判断来确定。风险因素发生概率范围如表 6-17 所示。

表 6-17　大型客机项目供应商风险概率判断标准表

概率等级	发生的可能性	表示
很高	81%~100%，很有可能发生，可检测性高	S
较高	61%~80%，发生可能性较大，可检测性很大	H
中等	41%~60%，在项目中预期发生，可检测性中等	M
较低	21%~40%，不可能发生，可检测性较小	L
很低	0~20%，非常不可能发生，可检测性低，几乎不能检测	N

5. 风险影响分析

风险影响分析同概率分析一样,主要是依据航空研发项目历史资料进行分析,根据历史上影响项目供应商的风险因素的影响来预测在大型客机项目中供应商风险因素的影响。若无历史资料可依据,则根据专家判断来确定。

风险因素对供应商的影响如表 6-18 所示。

表 6-18　大型客机项目供应商风险影响判断标准表

风险影响	可能带来的影响或后果	表示
严重影响	一旦风险事件发生,项目完成周期延长,可能无法满足项目需求,由于供应商的原因导致滞后超过 2 个月,费用增加严重	S
较大影响	一旦风险事件发生,周期延长较大导致项目滞后 1~2 个月,费用增加较大	H
中等影响	一旦风险事件发生,周期一般性延长,导致项目滞后 15~30 天,费用增加中等	M
较小影响	一旦风险事件发生,周期延长不大,导致项目滞后 15 天以内,费用增加较小	L
可忽略影响	一旦风险事件发生,对项目进度和费用基本没有影响	N

6. 大型客机风险评价

风险评估矩阵在大型客机项目供应商风险评估中可以分为以下三个步骤:

步骤 1:根据项目供应商风险的影响程度,风险评估矩阵将风险对项目的影响程度分为 5 个等级,并对各个等级进行了解释性说明。

步骤 2:将风险发生的概率划为 5 个等级,并对这 5 个等级进行了解释性说明。

步骤 3:风险影响等级的定义,在发生概率的解释性说明的基础上,建立一个风险影响等级和风险概率的二维坐标系,从而得到各个风险的级别从给出了三个直观的风险等级,具体见表 6-19。

表 6-19　风险评估矩阵

概率	1	2	3	4	5
E	L	M	H	VH	VH
D	L	L	M	H	VH
C	VL	L	L	M	H
B	VL	VL	L	L	L
A	VL	VL	VL	VL	L

注:1~5 表示严重性;VL 表示极低,L 表示低,M 表示中等,H 表示高,VH 表示很高

在大型客机项目供应商风险管理模式上采用二级管理模式,大型客机项目行政指挥系统为大型客机项目供应商风险管理的第一级,由总经理负责重大风

险决策,供应商风险的日常管理归口于项目管理部;大型客机各大中心行政指挥系统为第二级,负责中级风险决策,其日常管理由各大中心大型客机项目管理部负责。

由此在进行项目供应商风险评价分级时,将风险等级分为三个等级正是对应于供应商风险管理的三级管理模式,这样,由总经理负责重大风险决策,由大型客机各大中心行政指挥系统负责中级风险的决策,由各大中心项目执行层负责低等级风险决策。

7. 风险可接受准则

在进行风险评价和制定风险管理控制措施时,无论是减少风险发生概率,或者降低损失,这都需要投入资金、技术和劳务,风险与收益或投资总是相互关联的,如何均衡两者之间的关系,制定科学合理的风险控制措施,这都需要有系统的分析接受准则。风险可接受准则的制定必须有明确的基本原则,其一般应遵循的基本原则是最低合理可行原则,如图 6-12 所示。

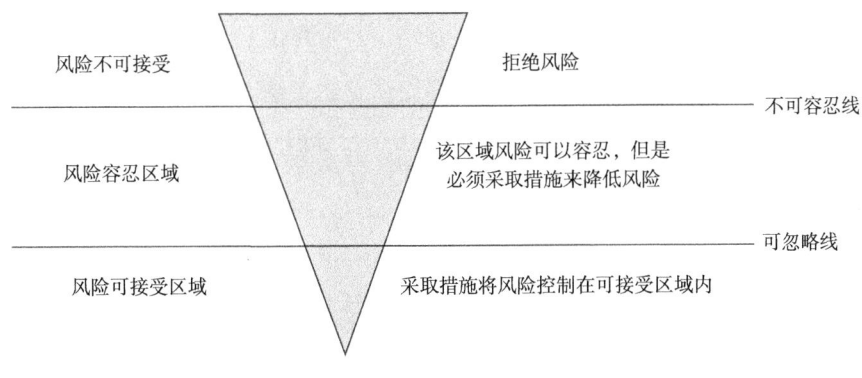

图 6-12 最低合理可行原则

(1)进行定量风险评估,如果所评估出的风险标准在不可容忍线以上,则落入不可容忍区。此时,除特殊情况外,该风险是不能被接受的。

(2)如果所评估出的风险指标在可忽略线之下,则落入可忽略区。此时,该风险是可以被接受的,无须再采取安全改进措施。

(3)如果所评估出的风险指标在可忽略线和不可容忍线之间,则落入"可容忍区",此时的风险水平符合最低合理可行原则,需要进行安全措施成本-效益分析,如果分析结果能够证明进一步增加安全措施投资。对系统的风险水平降低贡献不大,则风险是"可容忍的",即可以允许该风险的存在,以节省一定的成本。

基于评价指标体系的供应商风险评估方法和基于风险矩阵的供应商风险评估

方法都是对供应商风险评价的有效方法。比较而言，前者更适用于对具体供应商的风险等级的评价，给出某几家供应商的风险评级，而后者适用于整个供应商管理过程风险的管理和控制，识别出主要的供应商风险。前者计算较为复杂，但是结果准确可靠，后者简单明确，方法成熟，比较容易操作，在实际过程中可以根据不同的需求，选择合适的方法。

6.3.3 大型客机项目供应商风险应对

6.3.3.1 大型客机项目供应商风险应对的原则和过程

1. 大型客机项目供应商风险应对的原则

大型客机项目供应商风险应对的原则是处置落实，指在识别和分析具体的供应商风险后，能够制订有操作性的处置方案，规定具体的负责人和职能部门实施，把应对措施落到实处。

2. 大型客机项目供应商风险应对的过程

大型客机项目供应商风险应对的过程如图 6-13 所示。

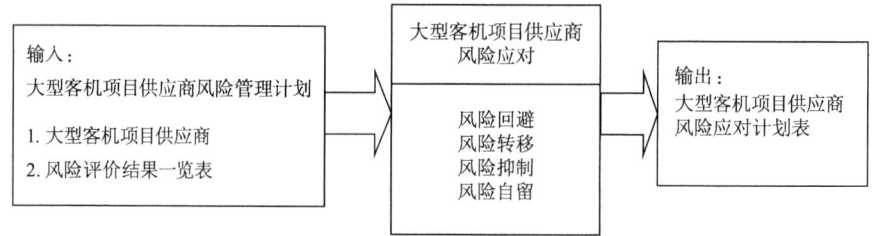

图 6-13 大型客机项目供应商风险应对的过程

大型客机对供应商的风险处理策略，主要包括风险回避、风险转移、风险抑制和风险自留。

第一，风险回避。对供应商所带来的风险采取躲闪、回避、放弃等办法，以降低或消除风险的侵害，减少或避免损失。例如，放弃与高风险等级的供应商合作，开发替代供应商。

第二，风险转移。采取各种方法将供应商所带来的风险全部或部分转移、推卸出去，使风险的承受者由一家企业变成多家企业，从而相对消除和减少风险损失。例如，保险。

第三，风险抑制。有针对性地采取防范、保全和应急措施，对供应商所带来的风险进行控制，尽最大限度消除和减少风险可能带来的损失。例如，若某供应商的技术能力风险很高,而是由于设备原因引起的,可以让其主动更新设备。

第四,风险自留。从供应商的风险管理全局考虑所做出的局部牺牲,这是一种被动的措施,由于对某项风险无法回避,或由于赢利的目的而需要冒险,所自愿地承担供应商所带来的风险及其损失后果。例如,为了保证供应商及时供应,而自愿承担供应商所带来的成本风险。

大型客机对供应商的风险评估结果、所采取的风险处理策略及相应的应对措施,都要汇总整理成标准的模板,供后续供应商风险管理之用。大型客机针对供应商的风险等级所进行的风险处理过程,可以设计成供应商的风险处理表,在此基础上能够建立供应商的风险管理案例库。

6.3.3.2 大型客机项目供应商各类风险的应对

大型客机项目供应商各类风险的来源不同,不可能采取某一固定的方法来处置项目的供应商风险,项目管理者应针对各类风险的不同特点和来源采取不同的风险控制方式,以达到最为有效、经济地控制大型客机项目供应商风险的目的。

1. 技术风险

从前面的分析可以看出,大型客机项目供应商的技术风险不但来源广泛,而且对大型客机项目的影响巨大,对技术风险的控制是大型客机项目供应商风险控制的主体。对技术风险控制的方法主要有风险控制和被动性风险控制的风险自留。风险控制的具体方法包括风险预防、风险抑制、制定风险后备措施和风险隔离等,主要以可靠性保证为主。风险自留主要是指对技术方案和配套技术方案进行必要的调整。另外,充分的预先的研究和降低风险也具有极其重要的意义。

可靠性保证是指在产品在规定的条件下和规定的时间内完成规定功能的能力。可靠性保证要求可靠性要求、可靠性设计、可靠性试验和可靠性管理等内容。通过可靠性保证可以最大限度地降低大型客机项目供应商的技术风险,提高研制的成功率。

2. 管理风险

大型客机项目供应商的管理风险不但广泛存在,而且难以完全避免,因此对于管理风险显然无法用风险回避的方法来处理。大型客机项目供应商管理风险的主要处置应该是风险控制,但风险控制不可能完全消除大型客机项目供应商的管理风险,风险控制后的残余风险仍然要通过风险自留来解决,具体说来有以下几项措施:通过建立更合理的制度来避免大型客机项目供应商管理中的推诿扯皮、控制不力等不良现象;加强预先研究工作,减少大型客机项目供应商的不确定性,为大型客机项目供应商风险管理的机会工作提供更有力的支持;建立更合理的组织形式，减少项目由于组织上的原因而产生的协调问题；制定更为严格的检查控制规章制度，并加强监督执行。

3. 人力资源风险

人力资源风险的应对方法同管理风险类此。首先，人力资源风险不可能完全避免，因此对于人力资源风险显然无法用风险回避的方法来处理；其次，通过转移的方式也只能部分的分散人力资源风险，绝大部分人力资源风险还必须有大型客机项目的主体研制单位来承担；最后，人力资源风险主要的处置方式仍是风险控制和风险自留相结合：具体措施包括加强人员的选拔培训工作，确保研制队伍的整体素质；建立更为合理的竞争激励机制，提高研制队伍的工作积极性和创造性；加强对研制队伍的宣传工作，增强员工的质量意识；提高科研人员的待遇，稳定研制队伍等。

4. 供应风险

供应风险主要包括原材料风险和物流风险等，由于主要是由市场因素引起的，所以更多的采用风险转移的方式来处理，几乎不采取风险回避。当然也可以采取控制和自留的方式来处理。

上述各种风险的应对归纳在表 6-20 中。

表 6-20 大型客机项目供应商各类风险的来源、主要特点及处置措施

风险种类	风险来源	风险的主要特点	风险处置措施
技术风险	设计方案不成熟；工艺达不到设计要求；设备落后；技术效果寿命、配套技术不确定；科技成果技术转化过程中的知识产权问题	广泛存在；造成的损失分散；具有较强的非线性	风险的控制、风险自留及转移。具体措施主要是可靠性保证、调整技术方案、加强预先研究等
管理风险	组织结构不合理，供应商企业管理层管理经验不足；对次级供应商的管理不合理；供应商对项目的研制经费、进度、技术方案等计划不合理；各供应商系统在研制和生产中协调不力	广泛存在，造成的损失通过其他风险的形式表现出来；可以通过采取措施大幅度减少	风险控制、风险转移、具体措施如下：促使供应商建立合理的制度，加强预先研究；建立更好的合理的组织形式、制度更为严格的规章制度并加强监控
人力资源风险	供应商研制人员责任心不强，人员的能力不够；研制队伍人员流动频繁，关键岗位人才流失	与管理风险密切相关；可以通过采取措施充分地降低；难以完全避免，造成的损失分散，难以估量	风险控制、风险转移。具体表现如下：加强人员的培训选拔工作；建立更为合理有效的竞争激励机制，加强宣传教育工作，提高科研人员的待遇
供应风险	供应商无法按期购买到设计要求的原材料进行生产；原材料的质量不能满足需求或达不到环保要求；供应商给顾客发运产品过程中发生的货物灭损、发货延迟、错发错运	造成损失较大；难以采取有效的措施进行控制，难以完全回避	风险转移、风险自留。具体如下：建立相应的应急措施，调整供应计划，加强对供应商产品的质量检查

6.3.4 大型客机项目供应商风险监控

6.3.4.1 大型客机项目供应商风险监控原则

大型客机项目供应商风险监控的原则是对大型客机项目供应商风险的应对效果进行监控和跟踪，对应对后剩余风险超出预期值的风险纳入国内供应商风险管理档案并继续分析应对。

大型客机项目供应商风险在监控过程中要注意动态实施和持续改进。动态指对整个的大型客机项目供应商风险的管理过程进行控制。对整个的大型客机项目供应商风险进行监控，包括对大型客机项目供应商产品质量和完成情况进行监控，对随时可能发生的风险采取预防措施。持续改进指在对大型客机项目供应商风险的处理过程中总结主要的风险源、处置方案和处置效果，并形成大型客机项目供应商风险管理文件和规整制度。

6.3.4.2 大型客机项目供应商风险战略管理

供应商管理的目标是，在供应商管理原则指导下对供应商进行评估和选择，以及平时关系的维护等，从而使整个供应链达到最大的效益和效率。在这些供应商当中，因为战略供应商是对企业来讲最重要的商业合作伙伴，而对战略供应商的管理也就在整个供应链中占据着举足轻重的位置。

大型客机现在所实行供应商管理过程，主要针对"主制造商-供应商"的管理模式，对供应商依附于制造商的共同合作，共同研发的管理模式，充分利用国内现有资源，运用市场化机制，采用招投标方式，择优选择机体部件和系统设备供应商。建立和完善供应商的选择、评价与控制管理体系。引入"风险共担、利益共享"的合作伙伴机制，与国内供应商建立长期合作伙伴关系，通过双方资源和优势的整合实现"双赢"把重点放在技术合作型战略供应商的管理。这种合作主要是技术合作，为此，专门针对大型客机项目技术合作的供应商给出相应的管理策略。

1. 技术合作型供应商战略管理

对于技术合作型的战略供应商，最重要的是他们所提供技术以及开发的支持。也就是说，对于这种供应商的评价应该主要在产品的开发阶段。有两个方面的问题是需要重点考虑到的，一个是供应商对于产品开发有一个介入时间，另外一个是供应商在开发时期的技术贡献。这两个指标应该作为技术合作型战略供应商的主要评价指标。对于技术合作型企业的管理，重要是对开发项目的过程进行管理。主要涉及下面的几个阶段。

1）第一阶段：开发前期的准备阶段

在这个阶段，主要通过技术人员与采购人员对产品开发的技术需求进行分析，然后找到现有潜在供应商中能够提供这方面技术服务的供应商。在研发进行阶段有以下几个重点需要注意。

（1）技术的保密。对于技术协助开发，最重要的就是对于技术及相关信息的保密。在和供应商进行项目合作之前先签订一份通用性的技术保密协议，这些协议中会有双方需要遵守的保密条款。

（2）知识产权的保护。对于协助开发项目，产品或技术的产权问题是非常重要的问题，而这个问题应该从两方面来看。对于已经拥有这项关键技术大型客机只是使用这项技术来提供服务的话，需要尽量和技术/产品的服务商签订一定范围内的排他性技术/产品提供协议，以保证企业产品在行业中的领先地位。对于需要供应商利用其现有技术进行新产品/技术的协助再次研发，就需要签订协议明确大型客机的供应商对于这项技术的产权拥有。当然，这些都是在双方同意的情况下进行的。

2）第二阶段：研发阶段的管理

供应商在参与到研发阶段的时候，需要企业的开发人员和项目管理人员及时对研发的进度进行跟踪反馈。这个阶段的主要重点是以下几点。

（1）确保开发项目按照事先协议的时间表进行。

（2）对于开发项目的关键阶段性结果进行验收，以确保开发进度和质量都在掌握之中。

（3）确保开发人员和项目管理人员和供应商的及时有效沟通。

3）第三阶段：研发的最后阶段

研发的最后阶段包括两个方面，一是研发进度的完成，包括最终结果的验收及评价，技术资料的转交。二是技术与生产的交接，即从研发阶段的结束到生产阶段的开始。这个阶段往往也是风险最大的阶段。验收对于研发阶段来说是非常重要的工作，其主要是根据之前的开发协议对开发完成的技术资料进行确认，对样品进行各种测试、认证等。技术与生产的交接，主要是研发成果的生产转移。在这个阶段需要注意以下几点。

第一，在主要的研发技术完成之后，需要技术人员与生产/工艺/品质（开发企业/生产企业）进行讨论和集中的交接。

第二，在正式的生产之前需要进行一次小批量的试产，这个阶段需要开发人员与生产/工艺/品质的人员（开发企业/生产企业）共同参与。

第三，这个阶段一定需要企业的项目管理人员进行跟踪/协调以使得交接能够顺利完成。

2. 技术合作型供应商的绩效评估

对于技术合作型供应商的绩效评估应该分为两种情况，一种情况是纯粹参与或者承包新产品开发项目或者提供技术咨询服务，另一种情况是除了提供技术和研发的服务之外还进行相关的生产并提供零部件供应。对于具有零部件供应的技术合作型的供应商其零部件供应部分的绩效评估可以按照大型客机现有的零部件供应商的评估方式。在这里讨论的主要是对于提供或参与新产品研发的部分的绩效评估。对于供应商参与产品开发的绩效评估主要有以下几个方面：产品本身的效益：包括产品功能、产品价格、产品质量、产品款式等；服务质量：包括开发人员的业务素质、开发人员的态度、服务周到程度、参与开发的及时性等；参与过程的评价：包括参与时间、参与渠道、参与重视程度、参与成果、参与体现等。

6.3.4.3 大型客机项目供应商风险监控过程

对供应商的风险处理，是在对供应商的风险评估的基础上，针对目前所处的风险等级水平，采取相关的措施，从而有效地回避或减轻供应商所带来的风险。其目标是通过适当的措施把风险造成的后果控制在可预料或可的范围内，通过系统方法，根据风险的起因与后果对其进行连贯一致地处理。大型客机可对供应商的风险处理，采取一般的风险处理方法，包括事先、事中和事后三个管理阶段。

首先，制订供应商的风险管理计划和针对供应商的风险预防措施，最大程度避免风险的发生(事先控制)；随着外部环境的变化，供应商的风险状态不断变化，因此要对供应商现在的风险状态进行监视，当供应商不可避免地发生风险时，采取应急措施(事中控制)；对于实施应急措施后所取得的风险处置的实际效果，进行事后运行效果评估，并在现有成果的基础上改进(事后控制)。当风险处理的事先、事中和事后三个管理阶段运行完毕后，对风险处理进行评价，得出结论，并进一步完善风险管理计划，从而形成管理上的闭环针。在供应商的风险处理过程中，所形成的经验和方法要建立成案例库，以供处理其他供应商的风险所参考。

6.3.4.4 大型客机项目供应商管理预警系统的建立

针对当前大型客机项目供应商风险管理存在的问题来看，组织应当建立一个全面的供应商风险预警机制，确保对供应商的风险进行实时而全面的监测和管理。这样组织可以以风险预警为导向，以纠正失误和隐患为手段，以预防风险为目的建立一个防错纠错机制。当前供应商风险管理存在的普遍问题包括职责分配问题，职责的重复、缺失和冲突现象，缺乏对供应商的统一协调和管理。采用风险预警机制的首要问题是要确定一个职能部门作为风险预警中心。从行业普遍的职责划分来看，采购部门最适合承担这个职能。风险预警机制的功能应当包括预警职能、纠正职能和预防职能。

1. 预警职能

要求风险预警机制能对供应商的风险进行监测、识别、分析、判断，直至发出风险警报，通过对供应商可能产生失误后果界限区域和承受风险额度，对可能出现的风险与异动状态进行识别和警告。对于大型客机项目供应商可能有的供应商风险类别，前面已经做了分析。针对每一项风险建立风险预警指标和指标监测周期，定期对这些指标进行监测和判断，若风险指标异常则发出风险警报并展开分析和调查。

2. 纠正职能

对供应商运行或者成长过程进行风险预控和行为纠错的功能。它根据风险预警过程所提供的信息，对供应商运行过程中的风险进行主动控制，及时纠正过失和错误，保障组织能够在不确定的环境中实现对供应商的最大程度管理。

3. 预防职能

预防职能是指组织对同类或者同性质的风险与危机演化过程进行预测或迅速识别，并做出有效风险防范和管理对策。当组织发现供应商运营过程中出现特殊的失误征兆或者相同的致错环境时，能准确地预测并迅速运用已有的计划有效回避或者制止风险，并且通过已有的风险经验总结预防类似风险再度发生。

6.3.4.5 大型客机项目供应商分类风险管理策略

1. Ⅰ类供应商的管理策略

大型客机在生产中使用的重要结构件、机载设备与重要系统的供应商，这对公司生产经营活动的影响非常重要。万一供应中断，公司就会停工待料，不但不能按时履行销售合同，而且会给公司带来比较大的经济损失，造成设备闲置，错失销售机会，丢失客户。这类供应商的管理重点就是要尽可能地降低供应风险，而管理策略就是要积极地与供应商合作，尽量进行产品的标准化设计，降低产品的材料特异性要求，减少或者消除此类原材料。我们可以采用以下的方法来管理Ⅰ类供应商。

1）鼓励供应商的早期参与

供应专家认为，采购活动创造价值，提高采购效率的机会70%存在于采购的前两个阶段，即确定自己的需求和选择供应源阶段，所以充分重视并且把握好这两个阶段，就可以把握住创造价值，提高采购效率的机会。在新产品研发和产品定型阶段，大型客机就应该大力鼓励供应商早期参与，根据新产品开发计划和市场推广计划，双方共同进行产品设计、材料选择和价值分析等活动，这样可以缩短公司原材料选择和质量认证的周期，减少材料的特异性，降低管理成本，提高公司的竞争力。

2）建立长期战略伙伴关系

大型客机重要零部件采购本身就具有长期计划的性质，与相关企业开展紧密的合作，建立一种战略伙伴关系是十分必要的。战略伙伴关系是"一种长期互惠的商务关系，包括独特的关系特点：签订有一个协议，详细规定了运营需求和条件，促使双方部门间、组织间成功的交互作用的机构，以及确定衡量成功的明确指标，高层次的相互义务等"。供应专家认为，质量是提高竞争优势的主要驱动力，而战略伙伴关系则是获得高质量的基本方法。战略伙伴关系可以使企业在市场竞争中获得很大的收益，给双方带来以下几方面的好处：带来稳定而有活力的经济规模及经济机会；获得新技术和新产品，获得战略性资源，发掘新的市场机会；减少制造资金的投入和风险；可以促进供应链合作并提高供应链效率；可以借助联盟力量提高双方的竞争力。

战略伙伴关系的关键因素之一就是合作双方的相互了解和彼此信任。首先，大型客机与相关公司的管理层、商务部门、技术部门等相关人员进行了充分的沟通和交流，全面回顾和评估双方的初步合作关系，主要包括自战略合作关系建立以来，双方各自的业务表现，在采购、市场调研、行业发展趋势预测以及新产品和新技术推广方面的合作情况，合作中的主要问题和存在的障碍以及持续改进的建议、措施和方法等。

3）目标定价采购

采用目标定价采购的方法，大型客机同样可以实现降低成本的目标。目标定价采购就是企业根据经验和市场供需情况评估出重要结构件的目标价格，并转告给合格供应商，能够接受这个价格的供应商就可以承接采购订单。采用这种采购方式，企业可以与供应商进行充分的信息交流，可以利用供应商的资源，尤其是研发资源，在产品的设计期融入供应商的技术。这种方式特别适合中长期的供应计划，可以缩短报价的周期，控制原材料的总成本。这种采购方式，在最初的阶段，收集和整理材料成本资料会耗费比较多的时间，公司还不能在短时间内准确地评估出材料的目标价格，特别是新材料的目标价格，公司进行目标定价采购不可能一蹴而就。如果目标价格过高，公司可能会产生过高的采购成本；如果目标价格过低，众多的供应商无法维持合理的利润，很可能不愿意提供材料，会使公司的供应风险升高。

2. Ⅱ类和Ⅲ类供应商的风险管理策略

大型客机的Ⅱ类供应商主要提供一般的零组件、锻铸件、橡胶件、扭矩螺栓、电子器件等。Ⅲ类供应商主要提供一般的原材料、标准件、漆、胶合服务等,如棒材、板材、型材、管材、紧固件、接头、工艺材料及提供测试、校验、校准等。大型客机原材料采购额占据的原材料采购总额也比较大,尤其财务重要性非常高。

许多一般性供应商都有一个最小订货量的要求,因为只有这样,供应商才能收回最基本的生产成本和一些其他的相关成本。供应商为了保证自动化生产效率,减少重要结构件的包装费用,节约运输成本,往往采用较大的包装容器,供应商在销售时一般不会轻易分包零卖。对于研发过程中的新产品和新材料,价格一般比较高。

针对以上的问题,大型客机在一般性供应商管理过程中,应该尽可能地简化采购管理流程,尽量减少供应商的数量,以提高效率,降低交易成本。可以采取一些灵活的方法来管理一般性供应商:

1)尽可能寻找固定的合作伙伴,对国外原材料实行采购

在原材料供应市场上,活跃着一些材料经销商和代理商,他们帮助国外生产厂家销售产品,其最小订货量比生产厂家低,所以在很多时候,公司可以尽量挑选服务意识强、经营方式灵活、有较强沟通能力的商家进行合作,与他们达成意向性供货协议,取得他们的信任与支持。按照这样的方式进行采购,公司可以避免与大量的生产厂家直接打交道。代理商或经销商虽然会收取一定的费用,但相比之小,公司可以节约大量的人力、大量的时间,降低了管理费用,提高了采购效率。

2)竞价

通过竞价采购,可以有效地降低原材料的采购成本。竞价采购就是企业将质量规格要求、数量和相关的商务条款等资料提供给几家合格供应商,由他们同时报价,经过综合评估后,选择最佳方案,结合供应商的材料质量和交付服务表现,确定供应商的优先供应资格或者候补资格。

大型客机通过竞价的方式,综合评审各家供应商的原材料总成本,来确定供应商的优先供应级别,选择2~3家供应商,按照一定的比例分配和平衡采购订单,以保持供应商之间的适度竞争,发现降低采购成本,提高材料边际利润贡献率的机会。这些材料的品牌差异小,大型客机更倾向选择原材料总成本低,能够提供相关增值服务,原材料占用资金比较多,大型客机通常不会保留太多的库存,所以非常重视供应商的交货和服务。

3)动态平衡的供应商名录

对大型客机项目的Ⅱ类和Ⅲ类供应商管理,比较有效的解决方法就是建立一

个动态平衡的供应商名录，选用 AB 角供应商，完成零组件或原材料的采购。AB 角供应商就是企业在采购一种原材料或零组件时，将采购订单分配给两家以上的供应商。例如 A 公司的原材料质量好一些，价格低一些，服务好一些，多买一些，其他公司的原材料就少买一些，但是要让其他公司了解订单的分配依据和标准。在满足交货期的情况下，订货量的分配应该满足下列公式：

$$订货量=（质量/价格）供应商绩效等级$$

即采购量与原材料的质量成正比，与价格成反比，不合格供应商的绩效等级为 0。只有做到公开、公平、公正，才能使其他供应商心服口服，更加注意提高质量，降低成本，改善服务，努力在竞争中取胜。动态平衡的供应商名录在常规性供应商管理中是十分重要的。动态平衡的供应商名录就意味着时常会有"新鲜血液"注入供应商队伍。企业每隔一段时间都要认证和评审一些供应商，选择合格的供应商列入供应商名录，以打破原有的供应商竞争格局，构建一种新的平衡。建立动态平衡的供应商名录实际上是建立一种优胜劣汰机制，即定期评估供应商的质量、价格和交付服务，淘汰综合成本高、绩效不好的供应商，选择一些综合成本低、质量、价格和交付服务都较好的新供应商。新供应商的出现会引起老供应商的警觉，他们会重新审视自己的质量、价格和服务，发现自己的问题，制定改进措施，提高产品的质量，降低成本，改进服务，力争保持住自己的优先供应资格，而新的供应商必须依靠过硬的质量、竞争性的价格和完善的服务，同老供应商进行竞争。四方股份公司应该让所有的供应商了解其他供应商的竞争能力，这样才能把价格的底线、服务的底线推到循环竞争的极限，把握住原材料采购中的获利机会。

6.3.4.6 大型客机项目供应商风险规划的过程

大型客机项目供应商风险管理规划过程应在项目规划过程的早期完成，因其对完成大型客机供应商风险管理的其他过程至关重要。

大型客机项目供应商风险规划过程如图 6-14 所示。

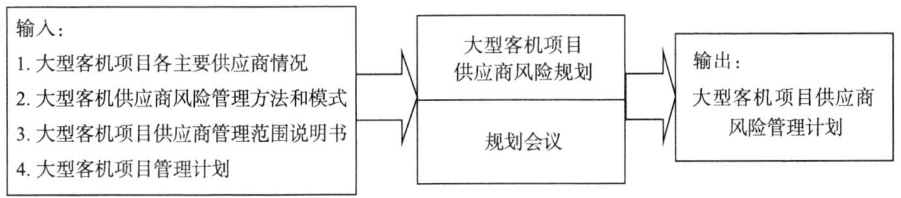

图 6-14 大型客机项目供应商风险规划过程

6.3.5 总结

综上所述,本节构建了我国首个民用航空项目供应商风险管理体系,包括大型客机项目供应商风险管理范围、资源、目标和职责分工、关键工作的划分、关键风险的应对、次要风险的跟踪监控措施等;提出从供应商的技术水平、人力资源状况、供应商管理状况和供应商供应情况四个方面开展大型客机项目供应商风险识别、分析和评价;提出了国内供应商风险评价结果的应对和管理;最终形成了一套完整的大型客机项目供应商风险管理体系。它将为大型客机项目供应商风险管理的决策和实施过程提供支持,对我国大型客机项目及对未来民用航空项目供应商风险管理将起到重要的指导作用。

参考文献

鲍业尔斯基 A. 1988. 经济分析的数学方法[M]. 陈祖明，邱菀华译. 北京：科学出版社.
蔡锁章. 2000. 数学建模原理与方法[M]. 北京：海洋出版社.
陈光亚. 1978. 关于多目标规划的逼近问题[J]. 自然杂志，（6）：341-343.
陈光亚. 1979. 多目标最优化问题有效点的性质及标量化[J]. 应用数学学报，（3）：251-256.
陈光亚. 1983. 向量极值问题的本质弱有效解[J]. 系统科学与数学，（2）：120-124.
陈良华. 2006. 成本管理[M]. 北京：中信出版社.
陈珽. 1987. 决策分析[M]. 北京：科学出版社.
达菲 N M，阿萨德 M G. 1988. 信息管理[M]. 吴贺新，蒋亚南译. 北京：科技文献出版社.
丁世飞，王启田，纪召军，等. 2007. 基于信息熵的 PCP 综合决策模型研究[J]. 小型微型计算机系统，28（1）：79-82.
董泽清. 1978. 马氏决策规划的加速逼近算法与最小方差问题[J]. 数学学报，（2）：135-150.
杜志明. 2005. 系统平衡裕度分析方法及其应用实例[J]. 北京理工大学学报，25（10）：926-930.
防务系统管理学院. 1991. 系统工程管理指南[M]. 国防科工委军用标准化中心译. 北京：宇航出版社.
防务系统管理学院. 1992. 工程项目管理手册[M]. 军用标准化中心译. 北京：航空工业出版社.
冯杰，黄力伟，王勤，等. 2007. 数学建模原理与案例[M]. 北京：科学出版社.
冯克勤，魏权龄，刘木兰. 1987. 关于 Kulkarni 问题和 Erdös 一个猜想[J]. 科学通报，（3）：164-168.
格雷厄姆 R J. 1991. 项目管理[M]. 罗东坤，王亚禧译. 北京：石油大学出版社.
古德帕斯丘 J C. 2005. 项目价值管理[M]. 北京广联达慧中软件技术有限公司译. 北京：机械工业出版社.
顾昌耀. 1990. 管理决策分析实用方法[M]. 北京：航空工业出版社.
顾昌耀，冯允成，刘龄德，等. 1990. 系统工程基础[M]. 北京：国防工业出版社.
顾昌耀，邱菀华. 1991a. 复熵及其在 Bayes 决策中的应用[J]. 控制与决策，（4）：253-259.
顾昌耀，邱菀华. 1991b. 复熵及其应用——Bayes-E 决策分析法[J]. 航空学报，12（9）：512-518.
顾昌耀，邱菀华. 1991c. 多目标决策的"费效时"分析法[J]. 系统工程，9（2）：46-50.

顾基发. 1980. 多目标决策问题[J]. 自然杂志,（2）：34-37.

顾基发,汪寿阳,黄思明. 1985. 一个新的线性规划多项式算法——Karmarkar 方法[J]. 数学的实践与认识,（2）：73-80.

桂湘云,赖炎连. 1980. 约束极值的一个可行方向法[J]. 数学学报,（2）：256-264.

国家科委政策法规司. 1993. 中国大型工程管理[M]. 武汉：华中理工大学出版社.

郝京辉,孙树栋,付平,等. 2004. 制造资源优化配置环境下用户抉择风险评判模型研究[J]. 计算机工程与应用,（26）：21-24.

何大义,陈小玲,许加强. 2017. 多属性群决策问题中基于最小叉熵的权重集成方法[J]. 控制与决策, 32（2）：378-384.

侯炳辉,程佳惠,曹慈惠. 1993. 信息系统评价体系及评价方法[J]. 中国管理科学,（3）：26-35.

胡宝清. 2004. 模糊理论基础[M]. 武汉：武汉大学出版社.

胡毓达. 1980. 综合约束双下降法[J]. 自然杂志,（1）：6-7.

胡毓达. 1981. 多目标最优化方法[J]. 上海交通大学学报,（3）：137-147.

胡毓达,翁史烈,秦士元. 1979. 一个求解非线性规划的方法及其应用[J]. 高等学校计算数学学报,（2）：150-157.

胡运权. 2007. 运筹学教程[M]. 北京：清华大学出版社.

黄敏学,王琦缘,肖邦明. 2015. 消费咨询网络中意见领袖的演化机制研究——预期线索与网络结构[J]. 管理世界,（7）：109-121.

黄永彦,杨生茂. 1991. 建设项目管理手册[M]. 北京：中国计划出版社.

计国君,张灵,杨光勇. 2016. 基于战略顾客行为的不同权力结构下供应链绩效[J]. 控制与决策,（3）：458-466.

金良超,顾基发,舒光复. 1984. 多目标决策优序法（英文）[J]. 系统科学与数学,（4）：281-293.

朗荣申,刘荔娟. 1996. 现代项目管理学[M]. 天津：天津大学出版社.

李华文,梁春华. 2006. 航空发动机研制降低费用缩短周期技术综述[J]. 航空发动机, 32(4)：54-58.

李伟钢. 1988. 复杂系统结构有序度——负熵算法[J]. 系统工程理论与实践, 8（4）：15-22.

李兴山. 1995. 现代管理学[M]. 北京：中共中央党校出版社.

刘善存,邱菀华,魏存平,等. 2001. 投资基金群决策风险-收益模型[J]. 系统工程理论与实践,（10）：9-16, 82.

刘士新. 2007. 项目优化调度理论方法[M]. 北京：机械工业出版社.

刘树林. 1997. 多属性决策理论方法与应用研究[D]. 北京航空航天大学博士学位论文.

刘树林,邱菀华. 1996. 多属性决策的TOPSIS夹角度量评价法[J]. 系统工程理论与实践, 16（7）：12-16, 94.

刘树林,邱菀华. 1998a. 多属性决策的广义双基点排序法[J]. 系统工程理论与实践, 18（2）：22-25.

刘树林,邱菀华. 1998b. 多属性决策基础理论研究[J]. 系统工程理论与实践, 18（1）：38-43.

刘树林，邱菀华.1998c.广义双基点法的灵敏度分析理论研究[J].系统工程理论与实践，18（3）：26-30.

马国丰，尤建新，杜学美.2007.项目进度的制约因素管理[M].北京：清华大学出版社.

普费弗 J.2004.人力资源方程式[M].黄长凌译.北京：清华大学出版社.

普劳斯 S.2004.决策与判断[M].施俊琦，王星译.北京：人民邮电出版社.

邱菀华.1989.常用管理的数学方法及应用程序[M].北京：航空工业出版社.

邱菀华.1994.仿真决策引论[M].南昌：江西教育出版社.

邱菀华.1995.群组决策系统的熵模型[J].控制与决策，10（1）：50-54.

邱菀华.1997.群组决策特征根法[J].应用数学和力学，18（11）：1027-1033.

邱菀华.2002.管理决策与应用熵学[M].北京：机械工业出版社.

邱菀华，等.2016.现代项目风险管理方法与实践[M].2版.北京：中国电力出版社.

邱菀华，等.2017.现代项目管理学[M].4版.北京：科学出版社.

邱菀华，冯允成，魏法杰，等.2004.运筹学教程[M].北京：机械工业出版社.

邱菀华，顾昌耀，王振烈.1982.$E_a/E_2/1$系统的近似解法[J].北京航空学院学报，（4）：117-125.

邱菀华，杨敏.1997.信息—决策分析法的改进[J].控制与决策，12（4）：353-356.

邱菀华，杨敏.2007.项目价值管理理论与实务[M].北京：机械工业出版社.

沈建明.2006a.项目风险管理[M].北京：机械工业出版社.

沈建明.2006b.中国国防项目管理知识体系[M].北京：国防工业出版社.

史开泉，崔玉泉.2006.S-粗集与粗决策[M].北京：科学出版社.

斯图尔特 R B，邱菀华.2007.价值工程方法基础[M].北京：机械工业出版社.

孙增武，刘亚丽.1995.工程项目建设管理优化学[M].太原：山西经济出版社.

孙宗虎，任平均.2007.项目管理流程设计与工作标准[M].北京：人民邮电出版社.

汪寿阳.1984.多目标最优化中的共轭对偶理论[J].系统科学与数学，（4）：303-313.

王德海，张晓婉，赵维宁.1998.现代项目管理的理论与方法——项目管理者操作指南[M].北京：中国农业出版社.

王浣尘.1980.线性离散时间最优反馈的通解形式[J].信息与控制，（3）：56-58，10.

王众托.1998.信息化与管理变革的系统观[J].系统工程理论与实践，（2）：1-7.

魏存平.2000.群决策中偏好信息集结的理论与应用研究[D].北京航空航天大学博士学位论文.

魏存平，邱菀华，杨继平.1999.群决策问题的REM集结模型[J].系统工程理论与实践，19（8）：38-41.

魏权龄，卢刚，岳明.1989.关于综合DEA模型中的DEA有效决策单元集合的几个恒等式[J].系统科学与数学，9（3）：282-288.

魏权龄，应玫茜.1980.单变量多目标数学规划解的性质及解法[J].应用数学学报，3（4）：382-388.

魏权龄，应玫茜.1981a.多目标数学规划的稳定性[J].数学学报，24（3）：321-330.

魏权龄，应玫茜. 1981b. 直接最优化方法的收敛性与不动点[J]. 系统科学与数学，（2）：81-98.
吴敬业，汤川. 1992. 评价专家的可靠性预分析[J]. 系统工程，10（5）：46-50.
吴沦浦. 1980. 多指标动态规划[J]. 中国科学，（4）：388-395.
席酉民，汪应洛，李怀祖. 1989. 系统状态和谐性诊断模型[J]. 管理工程学报，3（1/2）：1-10，26.
新疆维吾尔自治区科学技术协会. 1988. 熵与交叉科学[M]. 北京：气象出版社.
徐福祥. 2002. 卫星工程[M]. 北京：中国宇航出版社.
徐国华，赵平. 1998. 管理学[M]. 北京：清华大学出版社.
徐海明. 2001. 浅谈运用 P3 工程项目管理软件进行工期、资源平衡[J]. 建设管理，（2）：63-64.
徐玖平，胡知能. 2006. 运筹学——数据·模型·决策[M]. 北京：科学出版社.
徐泽水. 2004. 不确定多属性决策方法及应用[M]. 北京：清华大学出版社.
许国志，顾基发，经士仁，等. 1990. 系统工程的回顾与展望[J]. 系统工程理论与实践，（6）：1-15.
阎植林. 2006. 管理决策中的熵理论及应用研究[D]. 北京航空航天大学博士学位论文.
姚长辉，金萍. 1994. 投资项目评估[M]. 北京：企业管理出版社.
应玫茜，徐瑞恩，魏权龄. 1975. 数学规划的稳定性[J]. 数学学报，18（2）：123-135.
张德. 2001. 人力资源开发与管理[M]. 北京：清华大学出版社.
张嵩. 2006. 信息执行力[M]. 北京：经济管理出版社.
张文泉，张世英，江立勤. 1995. 基于熵的决策评价模型及应用[J]. 系统工程学报，10（3）：67-74.
张文修，吴伟志，梁吉业，等. 2001. 粗糙集理论与方法[M]. 北京：科学出版社.
赵恒峰. 1998. 决策信息价值及信息获取的研究与应用[D]. 北京航空航天大学博士学位论文.
钟义信. 2000. 知识论框架：通向信息-知识-智能统一的理论[J]. 中国工程科学，2（9）：50-64.
周士富. 1980. 经济管理中的决策分析方法[J]. 经济管理，（9）：56-60.
周小桥. 2005. 项目管理工具与模板[M]. 北京：清华大学出版社.
左军. 1991. 多目标决策分析[M]. 杭州：浙江大学出版社.
左美云，周彬. 2002. 实用项目管理与图解[M]. 北京：清华大学出版社.
Allen H. 1987. Justice Unbalanced: Gender, Psychiatry and Judicial Decisions[M]. Bristol: Open University Press.
Anderson D R, Sweeney D J, Williams T A. 1996. Management Science[M]. New York: West Publishing Company.
Apte U A, Mason R O. 1995. Global disaggregation of information-intensive services[J]. Management Science, 41（7）：1250-1262.
Armstrong R D, Cook W D, Seiford L M. 1982. Priority ranking and consensus formation: the case of ties[J]. Management Science, 28（6）：638-645.
Banzhaf J F. 1964. Weighted voting doesn't work: a mathematical analysis[J]. Rutgers Law Review,

19: 317-343.

Barnes W F. 1975. Test information: an application of the economics of search[J]. Journal of Economic Education, 7(1): 28-33.

Batchelder W, Romney A. 1988. Test theory without an answer key[J]. Psychometrika, 53(1): 71-92.

Bearden D A. 2003. A complexity-based risk assessment of low-cost planetary missions: when is a mission too fast and too cheap?[J]. Acta Astronautica, 52(2/6): 371-379.

Bezdek J C, Spillman B, Spillman R. 1979. Fuzzy relation spaces for group decision theory: an application[J]. Fuzzy Sets and Systems, 2(1): 5-14.

Blain R R. 1985. The information chain theory of cooperation[J]. International Journal of Comparative Sociology, 26(1/2): 75-89.

Blas C S D, Martin J S, Gonzalez D G. 2018. Combined social networks and data envelopment analysis for ranking[J]. European Journal of Operational Research, 266(3): 990-999.

Bodily S E. 1979. A delegation process for combining individual utility functions[J]. Management Science, 25(10): 1035-1041.

Bogart K P. 1973. Preference structure I: distance between transitive preference relations[J]. Math Social, 3(1): 49-67.

Bogart K P. 1975. Preference structures II: distances between asymmetric relations[J]. SIAM Journal on Applied Mathematics, 29(2): 254-262.

Booz, Allen & Hamilton Inc. 1991. 美国系统工程管理[M]. 王若松, 章国栋, 阮镰, 等译. 北京: 航空工业出版社.

Bordley R F. 1982. The combination of forecasts: a Bayesian approach[J]. Journal of the Operational Research Society, 33(2): 171-174.

Bordley R F, Hazen G B. 1991. SSB and weighted linear utility as expected utility with suspicion[J]. Management Science, 37(4): 396-408.

Calpine H C, Golding A. 1976. Some properties of Pareto-optimal choices in decision problems[J]. Omega, 4(2): 141-147.

Cleland D L, King W R. 1983. Project Management Handbook[M]. New York: Van Nostrand Reinhold Company.

Cook W D, Kress M. 1985. Ordinal ranking with intensity of preference[J]. Management Science, 31(1): 26-32.

Cook W D, Kress M, Seiford L M. 1996. Data envelopment analysis in the presence of both quantitative and qualitative factors[J]. Journal of the Operational Research Society, 47(7): 945-953.

Cook W D, Seiford L M. 1978. Priority ranking and consensus formation[J]. Management Science,

24（16）：1721-1732.

Dalkey N. 1972. An impossibility theorem for group probability functions[R]. Rand Corporation.

Dawes R M. 1964. Social selection based on multidimensional criteria[J]. Journal of Abnormal Psychology, 6（1）：104-109.

de Condorcet M. 1785. Essai sur l'application de l'analyse a la probabilite des decisions rendues 'a la pluralite de voix[D]. Paris.

de Groot M H. 1974. Optimal Statistical Decision[M]. New York：McGraw-Hill Book Co.

Dornheim M A. 2000. Aerospace corp. study shows limits of faster-better-cheaper[J]. Aviation Week and Space Technology，152（24）：47-49.

Dubey P，Shapley L S. 1979. Mathematical properties of the Banzhaf power index[J]. Mathematics of Operations Research，4（2）：99-131.

Fedrizzi M, Fedrizzi M, Ostasiewicz W. 1993. Towards fuzzy modelling in economics[J]. Fuzzy Sets and Systems，54（3）：259-268.

Fishburn P C. 1989. Foundations of decision analysis：along the way[J]. Management Science，35（4）：387-405.

French S. 1985. Applied decision analysis[J]. Journal of the Operational Research Society，36（2）：173.

French S, Kickert W J M. 1981. Organization of decision making: a systems-theoretical approach[J]. Applied Statistics，30（1）：76.

Gao J, Yang X, Liu D. 2017. Uncertain Shapley value of coalitional game with application to supply chain alliance[J]. Applied Soft Computing，56：551-556.

Gelman A，Katz J N，Bafumi J. 2004. Standard voting power indexes do not work：an empirical analysiss[J]. British Journal of Political Science，34：657-674.

Genest C，Weerahandi S，Zidek J V. 1984. Aggregating opinions through logarithmic pooling[J]. Theory & Decision，17（1）：61-70.

Genest C，Zidek J V. 1986. Combining probability distributions: a critique and an annotated bibliography[J]. Statistical Science，（1）：114-148.

Geoffrion A M. 1968. Proper efficiency and the theory of vector maximization[J]. Journal of Mathematical Analysis and Applications，22（3）：618-630.

Gerl J，Elze T W，Ower H，et al. 1983. Rotation-vibration interaction strength in 232Th [J]. Physics Letters B，120（1/3）：83-87.

Good I J，Fishburn P C. 1964. Decision and value theory[J]. Econometrica，35（2）：375.

Grofman B，Owen G，Feld S L. 1983. Thirteen theorems in search of the truth[J]. Theory and Decision，15（3）：261-278.

Guiaşu S. 1977. Information theory with applications[M]. New York：McGraw Hill.

Guo C X，Shi R L，Jin M Z. 2017. Group decision opinion evolution and simulation based on community and individual importance power[J]. Journal of Intelligent and Fuzzy Systems, 33: 2667-2676.

Han Y Y, Park J S. 1984. A study on the recursive parameter estimation density function algorithm of the probability[J]. The Journal of the Korean Institute of Communication Sciences, 9 (4): 163-169.

Harry M R, Haimes Y Y. 1983. Risk/dispersion index method[J]. IEEE Transactions on Systems, Man, and Cybernetics, 13 (3): 317-328.

Harsanyi J C. 1955. Cardinal welfare, individualistic ethics, and interpersonal comparisons of utility[J]. Journal of Political Economy, 63 (4): 309-321.

Hipple E V. 1994. Sticky information and the locus of problem solving: implications for innovation[J]. Management Science, 40 (4): 429-439.

Howard J H, Kazar M L, Menees S G, et al. 1988. Scale and performance in a distributed file system[J]. ACM Transactions on Computer Systems, 6 (1): 51-81.

Howard R A. 1966. Information value theory[J]. IEEE Transactions on Systems Science and Cybernetics, (11): 72-80.

Hwang C L, Lin M J. 1987. Group Decision Making Under Multiple Criteria[M]. New York: Spring-Verlag.

Jaynes E T. 1957. Information theory and statistical mechanics[J]. Physical Review, 106 (4): 620-630.

Jensen R. 1988. Information cost and innovation adoption policies[J]. Management Science, 34 (2): 230-239.

Jin L C, Gu J F, Shu G F. 1984. Order number methods for MCDM[J]. Journal of Systems Science & Mathematical Sciences, 4 (4): 281-293.

Johnson S B. 2002. The Secret of Apollo: Systems Management in American and European Space Programs[M]. Baltimore: The Johns Hopkins University Press.

Johnson S B. 2004. White paper on engineering culture and complex system failure[R]. NASA Office of Exploration Systems.

Kacprzyk J. 1986. Group decision making with a fuzzy linguistic majority[J]. Fuzzy Sets and Systems, 18 (2): 105-118.

Kemeny J G, Snell L J. 1962. Mathematical Models in the Social Sciences[M]. New York: Ginn.

Klapp O E. 1982. Meaning lag in the information society[J]. Journal of Communication, 32 (2): 56-66.

Lee H, Padmanabhan V, Whang S. 1997. The bullwhip effect[J]. Management Science, 43 (4): 1875-1886.

Levy W, Delic B. 1994. Maximum entropy aggregation of individual opinions[J]. IEEE Transactions on Systems, Man, and Cybernetics, 24 (4): 606-613.

Liu S L, Qiu W H. 1995. An optimization model for group decision making for project selection[C]// Proceeding of the 1st International Symposium on Project Management. Xi'an: Northwest Polytechnic University Press: 208-210.

Liu S L, Qiu W H, Deng X D. 1997. A generalized risk-return model for project selection[J]. Journal of Systems Science and Systems Engineering, 6（4）: 385-388.

Luce R D. 1956. Semiorders and a theory of utility discrimination[J]. Economica, 24（2）: 178-191.

Madansky A. 1978. Introduction to symposium on forecasting with econometric methods[J]. The Journal of Business, 51（4）: 549-564.

Maglaras C. 2014. A maximum entropy joint demand estimation and capacity control policy[J]. Production & Operations Management, 24（3）: 438-450.

Mario F.1994. Nonlinear dynamic system identifiers to consensus across different group organization structure[J]. Information Sciences, 35（3）: 888-897.

Marley A A J. 1991. Context dependent probabilistic choice models based on measures of binary advantage[J]. Mathematical Social Sciences, 21（3）: 201-231.

McCardle K F. 1985. Information acquisition and the adoption of new technology[J]. Management Science, 31（11）: 1372-1389.

Morris P A. 1974. Theory series ‖ decision analysis expert use[J]. Management Science, 20（9）: 1233-1241.

Morris P A. 1977. Combining expert judgments: a Bayesian approach[J]. Management Science, 23（7）: 679-693.

Morris P A. 1986. Combining probability distributions: a critique and an annotated bibliography[J]. Statistical Science, 1（1）: 141-144.

Mueller D C. 1976. Public choice: a survey[J]. Journal of Economic Literature, 14（2）: 395-433.

Myung I J, Ramamoorti S, Bailey A D. 1996. Maximum entropy aggregation of expert predictions[J]. Management Science, 42（10）: 1420-1436.

Nakagawa Y, Ross J W. 2014. Entropy-based optimization of nonlinear separable discrete decision models[J]. Management Science, 60（3）: 695-707.

Nilakanta S, Scamell R W. 1990. The effect of information sources and communication channels on the diffusion of innovation in a data base development environment[J]. Management Science, 36（1）: 24-40.

Nitzanl S, Paroush J. 1982. Optimal decision rules in uncertain dichotomous choice situations, International Economic Review, 23（2）: 289-297.

Nunamaker J F, Dennis A R, Valacich J S, et al. 1991. Information technology for negotiating groups: generating options for mutual gain[J]. Management Science, 37（10）: 1325-1346.

Nurmi H. 1981. Approaches to collective decision making with fuzzy preference relations[J]. Fuzzy

Sets and Systems, 6（3）: 249-259.

Nurmi H, Kacprzyk J. 1991. On fuzzy tournaments and their solution concepts in group decision making[J]. European Journal of Operational Research, 51（2）: 223-232.

Nurmi J E. 1991. How do adolescents see their future? A review of the development of future orientation and planning[J]. Developmental Review, 11（1）: 1-59.

Owen G, Shapley L S. 1989. Optimal location of candidates in ideological space[J]. International Journal of Game Theory, 18（3）: 339-356.

Paelinck J H P. 1976. Qualitative multiple criteria analysis, environmental protection and multiregional development[J]. Papers of the Regional Science Association, 36（1）: 59-74.

Plott C R. 1976. Axiomatic social choice theory: an overview and interpretation[J]. American Journal of Political Science, 20（3）: 511-596.

Poisson S D. 1837. Recherches sur la probabilité des jugements en matières criminelles et matiere civile[R]. Paris.

Qiu W H. 1997. An eigenvalue method on group decision[J]. Applied Mathematics and Mechanics, 18（11）: 1099-1104.

Roy S A. 1998. The origin of the smaller, faster, cheaper approach in NASA's solar system exploration program[J]. Space Policy, 14（3）: 153-171.

Samuelson P A. 1977. Reaffirming the existence of "reasonable" Bergson-Samuelson social welfare functions[J]. Economics, 44（167）: 81-88.

Savage L. 1954. The foundations of statistics[M]. London: John Wiley & Sons.

Seo F, Sakawa M. 1984. An experimental method for diversified evaluation and risk assessment with conflicting objectives[J]. IEEE transactions on Systems, Man, and Cybernetics, 14(2): 213-223.

Shannon C E. 1948. A mathematical theory of communication[J]. Bell Labs Technical Journal, 27（4）: 379-423.

Shapley L S, Shubik M. 1954. A method for evaluating the distribution of power in a committee system[J]. American Political Science Review, 48（3）: 787-792.

Silviu G. 1977. Information theory with application[M]. New York: McGraw-Hill.

Simma H, Eilam G, Wyler D. 1991. On the rate asymmetries in charged decays[J]. Nuclear Physics B, 352（2）: 367-384.

Simon H A. 1958. A behavioral model of rational choice[J]. Quality Journal of Economics, 69(1):99-114.

Smith S A. 1974. A derivation of entropy and the maximum entropy criterion in the context of decision problems[J]. IEEE Transactions on Systems, Man, and Cybernetics, 4(2): 157-163.

Son J, Kim S B. 2017. Content-based filtering for recommendation systems using multiattribute networks[J]. Expert Systems with Applications, 89: 404-412.

Spillman B, Bezdek J, Spillman R. 1979. Development of an instrument for the dynamic measurement of consensus[J]. Communication Monographs, 46（1）: 1-12.

Tanino T. 1984. Fuzzy preference orderings in group decision making[J]. Fuzzy Sets and Systems, 12（2）: 117-131.

Tanino T. 1990. On group decision making under fuzzy prefe-rences[C]//Kacprzyk J, Fedrizzi M. Multiperson Decision Making Models Using Fuzzy Sets and Possibility Theory. Dordrecht: Springer: 172-185.

Thaler R H, Johnson E J. 1990. Gambling with the house money and trying to break even: the effects of prior outcomes on risky choice[J]. Management Science, 36（6）: 643-660.

von Hippel E. 1994. "Sticky information" and the locus of problem solving: implications for innovation[J]. Management Science, 40（4）: 429-439.

von Neumann J, Goldstine H H. 1947. Numerical inverting of matrices of high order[J]. Bulletin of the American Mathematical Society, 53（11）: 1021-1100.

Winkler R L. 1981. Risk assessment: consulting the experts[J]. Environmental Professional, 3（3/4）: 265-276.

Wu J, Dai L, Chiclana F, et al. 2018. A minimum adjustment cost feedback mechanism based consensus model for group decision making under social network with distributed linguistic trust[J]. Information Fusion, 41: 232-242.

Yager R R. 2018. On using the Shapley value to approximate the Choquet integral in cases of uncertain arguments[J]. IEEE Transactions on Fuzzy Systems, 26（3）: 1303-1310.

Yang J B, Singh M G. 1994. An evidential reasoning approach for multiple-attribute decision making with uncertainty[J]. IEEE Transactions on Systems, Man, and Cybernetics, 24（1）: 1-17.

Young A W, Mcweeny K H, Hay D C, et al. 1986. Matching familiar and unfamiliar faces on identity and expression[J]. Psychological Research, 48（2）: 63-68.

Young H P. 1974. An axiomatization of Borda's rule[J]. Journal of Economic Theory, 9（1）: 43-52.

Zadeh L A. 1963. Optimality and non-scalar-valued performance criteria[J]. IEEE Transactions on Automatic Control, 8（1）: 59-60.

附录 A 熵函数的性质

首先考察一下函数 $\varphi(x) = -x\lg x$ 的性质，显然对于 $x>0$，均有 $\varphi''(x)<0$，因此 $\varphi(x)$ 是 $(0,+\infty)$ 上的上凸函数，即对于任意的 $P>0$，$q>0$，且 $P+q=1$，不等式

$$P\varphi(x_1) + q\varphi(x_2) < \varphi(Px_1 + qx_2)$$

对一切 $0 < x_1 < x_2 < \infty$ 成立。

一般地，不难用归纳法证明如下分析引理。

引理 A-1（Jensen 不等式） 设 $\varphi(x)$ 是 $[a,b]$ 上的上凸函数，而 $x_1, x_2, \cdots, x_n$ 是 $[a,b]$ 中的任意点，$\lambda_1, \lambda_2, \cdots, \lambda_n$ 是和为 1 的正数，则

$$\sum_{i=1}^{n} \lambda_i \varphi(x_i) \leqslant \varphi\left(\sum_{i=1}^{n} \lambda_i x_i\right)$$

等号成立，当且仅当 x_i 相等。

下面证明熵的若干性质：

（1）当且仅当 $P(A_i)$，$i=1,2,\cdots,n$ 之中的一个等于 1 时，熵 $H=0$，其他情况下，熵恒为正。

（2）在有 n 个可能结果的试验中，等概试验具有最大熵，其值为 $\lg n$。

证明：在引理中，取 $\varphi(x) = -x\lg x$，$x_i = P(A_i)$，$\lambda_i = \dfrac{1}{n}$ 代入上面公式，得到

$$\frac{-1}{n}\sum_{i=1}^{n} P(A_i) \lg P(A_i) \leqslant \frac{-1}{n} \lg \frac{1}{n}$$

即 $H(P(A_1), \cdots, P(A_n)) \leqslant \lg n = H\left(\dfrac{1}{n}, \cdots, \dfrac{1}{n}\right)$

下面考虑两个试验 α 及 β，设它们的结果及概率如下

$$\alpha: \begin{bmatrix} A_1, \cdots, A_m \\ P(A_1), \cdots, P(A_m) \end{bmatrix} \quad \beta: \begin{bmatrix} B_1, \cdots, B_m \\ P(B_1), \cdots, P(B_m) \end{bmatrix}$$

又以 α 及 β 这两个试验联合起来所构成的新试验，于是试验 α 及 β 的可能

结果为 $A_k B_l$，$k=1,2,\cdots,m$，$l=1,2,\cdots,n$ 相应的概率为 $P(A_k B_l)$，按定义

$$H(\alpha\beta) = -\sum_{k,l} P(A_k B_l) \lg P(A_k B_l)$$

（3）若试验 α 与试验 β 独立，则

$$H(\alpha\beta) = H(\alpha) + H(\beta)$$

证明： 在这种场合，$P(A_k B_l) = P(A_k) P(B_l)$，因此

$$\begin{aligned} H(\alpha\beta) &= -\sum_{k,l} P(A_k) P(B_l) \lg P(A_k) P(B_l) \\ &= -\sum_{k,l} P(A_k) P(B_l) \left[\lg P(A_k) + \lg P(B_l) \right] \\ &= H(\alpha) + H(\beta) \end{aligned}$$

附录 B　熵函数定义的证明

假设满足下列概率表的实验 a 的熵 $H(a)$（不确定性程度的度量），只依赖于 $P(A_1), P(A_2), \cdots, P(A_k)$（是这些量的函数）。这里，我们用 $P_1, P_2, \cdots, P_k$ 分别表示概率 $P(A_1), P(A_2), \cdots, P(A_k)$，而用 $\varphi(P_1, P_2, \cdots, P_k)$ 表示熵 $H(a)$。

实验结局	A_1	A_2	$\cdots$	A_k
概率	$P(A_1)$	$P(A_2)$	$\cdots$	$P(A_k)$

现在我们简要地陈述函数 $\varphi(P_1, P_2, \cdots, P_k)$ 所需要满足的那些条件。首先很明显，这个函数不应该依赖于各数 $P_1, P_2, \cdots, P_k$ 的次序。要知道改变这些数的次序，只表示在概率表中改变列的次序，而和实验 a 本身无论怎样的改变无关。因此，第一个条件如下：

（1）函数 $\varphi(P_1, P_2, \cdots, P_k)$ 的值当任意交换各数 $P_1, P_2, \cdots, P_k$ 时不变。这样也自然有下面第二个条件。

（2）函数 $\varphi(P_1, P_2, \cdots, P_k)$ 是连续的，即当各概率 $P_1, P_2, \cdots, P_k$ 改变很小时，这个函数也改变很小——因为当各概率改变很小时，实验的不确定性程度也应该只有很小的改变。

我们要引入的第三个条件是比较复杂的，为了对它的意义有比较清楚地理解，我们先假设所考虑的实验 a 只有三个结局 A_1，A_2，A_3，即这个实验的概率应具有如下形式：

实验结局	A_1	A_2	A_3
概率	P_1	P_2	P_3

这个实验的不确定性的度量 $H(a) = \varphi(P_1, P_2, P_3)$；这个不确定性是由于不知道实验 a 的三个结局中正好是哪一个结局出现所造成的。现在将分两个阶段来查明实验 a 的哪一个结局实际出现。也就是首先查明前两个结局 A_1 和 A_2 之一或最后一个结局 A_3 是否出现。这意味着用具有概率表的新实验 b 来代替实验 a。b 这个新

实验的不确定性的度量等于 $H(b)=\varphi(P_1+P_2,P_3)$。显然，实验 a 的不确定性的度量应该比实验 b 的不确定性的度量大。这是由于知道实验 b 的结局后不能完全确定实验 a 的结局的缘故，因为实验 b 的结局确定后，实验 a 的结局还可能有某种不确定性。

实验结局	B	A_3
概率	P_1+P_2	P_3

我们来指出实验 a 的不确定性的度量比实验 b 的不确定性的度量应该正好大多少，这个是不困难的。显然，假如我们多次重复实验 a，并且每次都着手查明实验 b 是否有结局 B 或 A_3，那么，如果确实存在结局 A_3 的那些实验场合，这种查明的结果就可解决实验 a 的结局问题。在另一些场合，即实验 a 有结局 A_1 或 A_2，确定实验 b 的结局后，我们还应该决定实验 a 正好有这两个结局中的哪一个，这等价于查明具有概率表的新实验 b' 的结局。显然，这个实验 b' 的不确定性的度量等于 $H(b')=\varphi\left(\dfrac{P_1}{P_1+P_2},\dfrac{P_2}{P_1+P_2}\right)$。因为在实验 b 实现之后尚需进一步查明实验 b' 结局的场合的概率（即平均频率）等于 P_1+P_2，所以自然认为：实验 a 的不确定性的度量应该比实验 b 的不确定性的度量多一个量 $(P_1+P_2)H(b')$，即下列等式应该成立：

$$\varphi(P_1,P_2,P_3)=\varphi(P_1+P_2,P_3)+(P_1+P_2)\varphi\left(\dfrac{P_1}{P_1+P_2},\dfrac{P_2}{P_1+P_2}\right)$$

实验结局	A_1	A_2
概率	$\dfrac{P_1}{P_1+P_2}$	$\dfrac{P_2}{P_1+P_2}$

把同样的考虑应用到具有前面的概率表（实验结局 $A_1,A_2,A_3,\cdots,A_k$ 的概率分别为 $P_1,P_2,P_3,\cdots,P_k$）的实验 a，就可导出函数 $\varphi(P_1,P_2,\cdots,P_k)$ 的第三个性质。

（3）函数 $\varphi(P_1,P_2,\cdots,P_k)$ 满足关系式

$$\varphi(P_1,P_2,P_3,\cdots,P_k)=\varphi(P_1+P_2,P_3,\cdots,P_k)+(P_1+P_2)\varphi\left(\dfrac{P_1}{P_1+P_2},\dfrac{P_2}{P_1+P_2}\right)$$

这个关系式表示：把实验的前两个结局合并在一起而得到的，具有概率表的实验 b 的不确定性 $H(b)$，比这个实验的不确定性 $H(a)$ 要小一个数，这个数等于实验 b' 的不确定性的度量乘以 P_1+P_2。其中实验 b' 是假如实现了这两个结局中的某一个的话，查明实验 a 的前两个结局中正好哪一个出现。

实验结局	B	A_3	$\cdots$	A_k
概率	P_1+P_2	P_3	$\cdots$	P_k

可以证明：上述三个条件(1)、(2)和(3)已经完全确定了函数 $\varphi(P_1,P_2,P_3,\cdots,P_k)$ 的形式：满足这三个条件的唯一的函数，具有如下形式：

$$\varphi(P_1,P_2,P_3,\cdots,P_k)=c(-P_1\lg P_1-P_2\lg P_2-,\cdots,-P_k\lg P_k) \quad (B-1)$$

然而这个事实的证明十分复杂。还将利用一个条件，一般地说，它可以从条件1~3导出，然而，引入这个条件显然可使全部讨论简化。

函数 φ 是一个具有 k 个等概结局的实验 a_0，其不确定性的度量将起重大作用，显然，根据实验 a_0 的全部结局的等概性，它的不确定性程度 $H(a_0)$ 只应依赖于结局的个数：$\varphi(1/k,1/k,\cdots,1/k)=f(k)$，其中函数 f 正是表示 H 对于数 k 的这种依赖性。同样明显的是，实验的不确定性程度应该是当这个实验的个数越大时也越大。因此，可以断言：

（4）函数 $\varphi(1/k,1/k,\cdots,1/k)=f(k)$ 随着 k 的增大而增大。

现在我们来证明，满足条件1~4的函数 $\varphi(P_1,P_2,\cdots,P_k)$ 一定具有（*）式的形式。为此，我们需要稍稍推广条件（3）中的式（B-1），首先证明

$$\varphi(P_1,\cdots,P_k)=\varphi(P_1+\cdots+P_i,P_{i+1},\cdots,P_k)+(P_1+\cdots+P_i)$$
$$\times\varphi\left(\frac{P_1}{P_1+\cdots+P_i},\frac{P_2}{P_1+\cdots+P_i},\cdots,\frac{P_i}{P_1+\cdots+P_i}\right) i<k$$

显然，这个等式的意义和原来的式（B-1）类似，差别只在于这里是合并实验 a 的 i 个结局 $A_1,A_2,\cdots,A_i$ 成一个结局 B。当 $i=2$ 时，这个等式就和式（B-1）相同，因而由条件（3）知，它是正确的。现在假设，对某个值 i，已经证明了它的正确性。在此情况下，同样利用当 $i=2$ 时，它的正确性就可得到

$$\varphi(P_1,P_2,\cdots,P_k)=\varphi(P_1+P_2\cdots+P_i,P_{i+1},\cdots,P_k)+(P_1+P_2\cdots+P_i)$$
$$\times\varphi\left(\frac{P_1}{P_1+\cdots+P_i},\cdots,\frac{P_i}{P_1+\cdots+P_i}\right)$$
$$=\varphi(P_1+P_2\cdots+P_i+P_{i+1},P_{i+2},\cdots,P_k)+(P_1+P_2\cdots+P_i+P_{i+1})$$
$$\times\varphi\left(\frac{P_1+P_2\cdots+P_i}{P_1+P_2+\cdots+P_i+P_{i+1}},\frac{P_{i+1}}{P_1+P_2+\cdots+P_i+P_{i+1}}\right)$$
$$+(P_1+P_2\cdots+P_i)\varphi\left(\frac{P_1}{P_1+\cdots+P_i},\frac{P_2}{P_1+\cdots+P_i},\cdots,\frac{P_i}{P_1+\cdots+P_i}\right)$$

如果要求系数 c 是正数，那么还必须说，函数 $\varphi(P_1,P_2,\cdots,P_k)$ 应该是正的〔如把

某一个量 $\varphi\left(\dfrac{1}{2}, \dfrac{1}{2}\right)$ 是正的这个要求加入基本条件]。还应指出，若不预先规定对数的基底系数，则在式（B-1）中可以去掉因子 c（因为 $c\lg aP = \lg bP$，其中 $b = a^{1/c}$）

因为对于值 i，认为等式已证明过，所以

$$\varphi = \left(\dfrac{P_1}{P_1 + \cdots + P_{i+1}}, \cdots, \dfrac{P_i}{P_1 + \cdots + P_{i+1}}, \dfrac{P_{i+1}}{P_1 + \cdots + P_{i+1}}\right) = \varphi\left(\dfrac{P_1 + \cdots + P_i}{P_1 + \cdots + P_{i+1}}, \dfrac{P_{i+1}}{P_1 + \cdots + P_{i+1}}\right)$$

$$+ \dfrac{P_1 + \cdots + P_{i+1}}{P_1 + \cdots + P_{i+1}} \varphi\left(\dfrac{P_1}{P_1 + \cdots + P_i}, \dfrac{P_2}{P_1 + \cdots + P_i}, \cdots, \dfrac{P_i}{P_1 + \cdots + P_i}\right)$$

由此后式代入上式就立刻得到所要证明的等式对于值 $i+1$ 也成立

$$\varphi(P_1, P_2, \cdots, P_k) = \varphi(P_1 + P_2 + \cdots + P_{i+1}, P_{i+2}, \cdots, P_k)$$

$$+ (P_1 + P_2 + \cdots + P_{i+1})\varphi\left(\dfrac{P_1}{P_1 + \cdots + P_{i+1}}, \cdots, \dfrac{P_i}{P_1 + \cdots + P_{i+1}}, \dfrac{P_{i+1}}{P_1 + \cdots + P_{i+1}}\right)$$

根据数学归纳法原理，现在可以确信所要求的等式对任何值都成立。

因为函数 $\varphi(P_1, P_2, \cdots, P_k)$ 与自变量 $P_1, P_2, \cdots, P_k$ 的次序无关，那么，从所证明的结果可以得

$$\varphi(P_1, P_2, \cdots, P_{i-1}, P_i, P_{i+1}, \cdots, P_j, P_{j+1}, \cdots, P_k)$$
$$= \varphi(P_1, P_2, \cdots, P_{i-1}, P_i + P_{i+1} + \cdots + P_j, P_{j+1}, \cdots, P_k)$$
$$+ (P_i + P_{i+1} + \cdots + P_j)\varphi\left(\dfrac{P_i}{P_i + \cdots + P_j}, \dfrac{P_{i+1}}{P_i + \cdots + P_j}, \cdots, \dfrac{P_j}{P_i + \cdots + P_j}\right)$$

$1 \leqslant i \leqslant j \leqslant k$

一般地

$$\varphi(P_1, \cdots, P_{i_1}, P_{i_1+1}, \cdots, P_{i_2}, P_{i_2+1}, \cdots, P_{i_s}, P_{i_s+1}, \cdots, P_k)$$
$$= \varphi(P_1, \cdots, P_{i_1}, P_{i_1+1}, \cdots, P_{i_2}, P_{i_2+1}, \cdots, P_{i_s}, P_{i_s+1}, \cdots, P_k)$$
$$+ (P_1 + \cdots + P_{i_1})\varphi\left(\dfrac{P_1}{P_1 + \cdots + P_{i_1}}, \cdots, \dfrac{P_{i_1}}{P_1 + \cdots + P_{i_1}}\right)$$
$$+ (P_{i_1+1} + \cdots + P_{i_2})\varphi\left(\dfrac{P_{i_1+1}}{P_{i_1+1} + \cdots + P_{i_2}}, \cdots, \dfrac{P_{i_2}}{P_{i_1+1} + \cdots + P_{i_2}}\right) + \cdots \quad \text{（B-2）}$$
$$+ (P_{i_s+1} + \cdots + P_{i_k})\varphi\left(\dfrac{P_{i_s+1}}{P_{i_s+1} + \cdots + P_{i_k}}, \cdots, \dfrac{P_k}{P_{i_s+1} + \cdots + P_{i_k}}\right)$$

$1 \leqslant i_1 < i_2 < i_3 < \cdots < i_s \leqslant k$

这个形式上十分复杂的等式，是在很一般的形式下表示出了熵的加法法则。

我们所需要的并不是从式（B-1）的推广到式（B-2），而只是它对函数 $f(k)$ 的应用。设 $k=lm$，其中 l 和 m 都是任意的整数，因在式（B-2）中出现的 $k=lm$ 个概率 $P_1, P_2, \cdots, P_k$，全都彼此相等（因而都等于 $\frac{1}{lm}$）。在这种情况下，这个等式的左端等于 $f(lm)$。假设在这同一个等式（B-2）中出现的各组 $(P_1+\cdots+P_{i_1})$，$(P_{i_1+1}+\cdots+P_{i_2}), \cdots, (P_{i_3+1}+\cdots+P_k)$，每组都由 l 个数组成。这时，这些组的个数等于 m，所以我们得

$$P_1+\cdots+P_{i_1}=P_{i_1+1}+\cdots+P_{i_2}=P_{i_3+1}+\cdots+P_k=l\frac{1}{lm}=\frac{1}{m}$$

因而，式（B-2）右端的第一行就成为 $\varphi\left(\frac{1}{m}, \frac{1}{m}, \cdots, \frac{1}{m}\right)=f(m)$。至于式（B-2）右端的其他各项，则这些项的项数等于 m，且它们全都等于：

$$\left(P_1+\cdots+P_{i_1}\right)\varphi\left(\frac{P_1}{P_1+\cdots+P_{i_1}}, \cdots, \frac{P_{i_1}}{P_1+\cdots+P_{i_1}}\right)$$
$$=\frac{1}{m}\varphi\left(\frac{1/ml}{1/m}, \cdots, \frac{1/ml}{1/m}\right)$$
$$=\frac{1}{m}\varphi\left(\frac{1}{l}, \cdots, \frac{1}{l}\right)$$
$$=\frac{1}{m}f(l)$$

因此，在所考虑的情形，式（B-2）就具有如下简单的形式：

$$f(lm)=f(m)+m\frac{1}{m}f(l) \tag{B-3}$$
$$=f(m)+f(l)$$

特别地，从式（B-3）可得

$$f(k^2)=f(k\cdot k)=f(k)+f(k)=2f(k)$$
$$f(k^3)=f(k^2\cdot k)=f(k^2)+f(k)=3f(k)$$
$$f(k^4)=f(k^3\cdot k)=4f(k)$$

一般地有

$$f(k^n)=nf(k) \tag{B-4}$$

我们知道，关系式（B-3）对于函数 $f(k)=c\lg k$ 是成立的。也不难证明，函数 $c\lg k$ 是满足关系式（B-3）和条件（4）的唯一函数，事实上，设 k 和 l 是两个任意的正整数，我们再选任意大的整数 N，并取如此的数 n，使

$$l^n \leqslant k^N < l^{n+1}$$

根据条件（4），应有

不难相信：若 $i_1 = i$，$i_2 = 2i$，$i_3 = 3i, \cdots, k = (s+1)i$，而各个量 $P_1, P_2, \cdots, P_{i_1}$；$P_{i_1+1}, P_{i_1+2}, \cdots, P_{i_2}$；$\cdots$ 是复合实验 $\alpha\beta$ 的各结局 $A_1B_1, A_1B_2, \cdots, A_1B_i$；$A_2B_1, A_2B_2, \cdots, A_2B_i \cdots$ 的概率（因此，各和式 $P_1 + P_2 + \cdots + P_{i_1}$，$P_{i_1+1} + P_{i_1+2} + \cdots + P_{i_2}, \cdots$ 将等于实验 a 的各结局 $A_1, A_2, \cdots$ 的概率），则等式（B-2）就成为熵的加法法则。

$$f(l^n) \leqslant f(k^N) \leqslant f(l^{n+1})$$

或者由式（B-4），得

$$nf(l) \leqslant Nf(k) \leqslant (n+1)f(l)$$

由此即可推出

$$\frac{n}{N} \leqslant \frac{f(k)}{f(l)} \leqslant \frac{n+1}{N}$$

现在指出，从不等式 $l^n \leqslant k^N \leqslant l^{n-1}$ 可以得

$$n \lg l \leqslant N \lg k \leqslant (n+1)\lg l$$

$$\text{或 } \frac{n}{N} \leqslant \frac{\lg k}{\lg l} \leqslant \frac{n+1}{N}$$

由此可见，比式 $\dfrac{f(k)}{f(l)}$ 和 $\dfrac{\lg k}{\lg l}$ 都包括在同一个范围内，因而应该彼此接近

$$\left|\frac{f(k)}{f(l)} - \frac{\lg k}{\lg l}\right| < \frac{1}{N}$$

因为最后这个不等式对任何值 N 都成立，所以

$$\frac{f(k)}{f(l)} = \frac{\lg k}{\lg l}$$

$$\frac{f(k)}{\lg k} = \frac{f(l)}{\lg l}$$

这个关系式对于 k 和 l 这两个数的每一个都成立，因而

$$\frac{f(k)}{\lg k} = \frac{f(l)}{\lg l} = c$$

式中，c 与 k 和 l 都无关，这就表示

$$f(k) = c \lg k$$

因为函数 $f(k)$ 是递增的，所以 $c>0$。

现在假设 $P_1, P_2, \cdots, P_k$ 是任意的真分数，使得 $P_1+P_2+\cdots+P_k=1$，$P_1 = \dfrac{q_1}{P}$，

$P_2 = \dfrac{q_2}{P}, \cdots, P_k = \dfrac{q_k}{P}$，$P$ 是这些分数的公分母，根据式（B-2）可得

$$f(P) = \varphi\underbrace{\left(\dfrac{1}{P}, \dfrac{1}{P}, \cdots, \dfrac{1}{P}\right)}_{k\uparrow} = \varphi\left(\underbrace{\dfrac{1}{p}, \cdots, \dfrac{1}{p}}_{q_1\uparrow}, \underbrace{\dfrac{1}{p}, \cdots, \dfrac{1}{p}}_{q_2\uparrow}, \cdots, \underbrace{\dfrac{1}{p}, \cdots, \dfrac{1}{p}}_{q_k\uparrow}\right)$$

$$= \varphi\left(\dfrac{q_1}{P}, \dfrac{q_2}{P}, \cdots, \dfrac{q_k}{P}\right) + \dfrac{q_1}{P}\varphi\underbrace{\left(\dfrac{1}{q_1}, \dfrac{1}{q_1}, \cdots, \dfrac{1}{q_1}\right)}_{q_1\uparrow} + \dfrac{q_2}{P}\varphi\underbrace{\left(\dfrac{1}{q_2}, \dfrac{1}{q_2}, \cdots, \dfrac{1}{q_2}\right)}_{q_2\uparrow} + \cdots$$

$$+ \dfrac{q_k}{P}\varphi\left(\dfrac{1}{q_k}, \dfrac{1}{q_k}, \cdots, \dfrac{1}{q_k}\right) = \varphi(P_1, P_2, \cdots, P_k) + P_1 f(q_1) + P_2 f(q_2) + \cdots + P_k f(q_k)$$

由此可得

$$\varphi(P_1, P_2, \cdots, P_k) = f(P) - P_1 f(q_1) - P_2 f(q_2) - \cdots - P_k f(q_k)$$
$$= (P_1 + P_2 + \cdots + P_k) f(P) - P_1 f(q_1) - P_2 f(q_2) - \cdots - P_k f(q_k)$$
$$= P_1(f(P) - f(q_1)) + P_2(f(P) - f(q_2)) + \cdots + P_k(f(P) - f(q_k))$$

因为

$$f(P) - f(q_1) = -c\lg P - c\lg q_1 = -c\lg \dfrac{q_1}{P} = -c\lg P_1$$
$$f(P) - f(q_2) = -c\lg P_2, \cdots, \ f(P) - f(q_k) = -c\lg P_k$$

于是最后得

$$\varphi(P_1, P_2, \cdots, P_k) = c(-P_1 \lg P_1 - P_2 \lg P_2 - \cdots - P_k \lg P_k)$$

最后的等式暂且只对有理数 $P_1, P_2, \cdots, P_k$ 证明了。但因为函数 $\varphi(P_1, P_2, \cdots, P_k)$ 是连续的，于是就可得到它对任何的 $P_1, P_2, \cdots, P_k$ 都正确的结论。

证毕。

附录 C 4.4.1.3 节中模型（M_6）、（M_7）及引理 4-4~引理 4-6 的证明

在 4.4.1.3 中，模型（M_5）为

$$\begin{cases} \min\left\{P_0\left(d_0^+ + d_0^- + \sum_{i=1}^{N+1} d_i^-\right), P_1\left(d_{N+2}^- + \lambda_0 d_{N+3}^+\right), P_2\left(d_{N+4}^+\right)\right\} \\ G_0: \sum_{i=1}^{N+1} x_i + d_0^- - d_0^+ = 1, d_0^- \geq 0, d_0^+ \geq 0, d_0^- d_0^+ = 0 \\ G_i: x_i + d_i^- - d_i^+ = 0, d_i^- \geq 0, d_i^+ \geq 0, d_i^- d_i^+ = 0 \\ i = 1, \cdots, N+1 \\ G_{N+2}: \sum_{i=1}^{N+1} x_i R_i + d_{N+2}^- - d_{N+2}^+ = R_0, d_{N+2}^- \geq 0, d_{N+2}^+ \geq 0, d_{N+2}^- d_{N+2}^+ = 0 \\ G_{N+3}: E\left|\sum_{i=1}^{N} x_i r_i - \sum_{i=1}^{N} x_i R_i\right| + d_{N+3}^- - d_{N+3}^+ = W_0, d_{N+3}^- \geq 0, d_{N+3}^+ \geq 0, d_{N+3}^- d_{N+3}^+ = 0 \\ G_{N+4}: \sum_{i=1}^{N} K_i \left|x_0 - x_i^0\right| + d_{N+4}^- - d_{N+4}^+ = C_0, d_{N+4}^- \geq 0, d_{N+4}^+ \geq 0, d_{N+4}^- d_{N+4}^+ = 0 \end{cases}$$

设已知数据 r_{it}，$i=1,2,\cdots,N$；$t=1,2,\cdots,T$，则

$$E\left|\sum_{i=1}^{N} x_i r_{it} - \sum_{i=1}^{N} x_i R_i\right| = \frac{1}{T-1}\sum_{t=1}^{T}\left|\sum_{i=1}^{T} x_i r_{it} - \sum_{i=1}^{T} x_i R_i\right|$$

令

$$l_t = \frac{1}{2}\left[\left|\sum_{i=1}^{N} x_i r_{it} - \sum_{i=1}^{N} x_i R_i\right| + \left(\sum_{i=1}^{N} x_i r_{it} - \sum_{i=1}^{N} x_i R_i\right)\right]$$

$$m_t = \frac{1}{2}\left[\left|\sum_{i=1}^{N} x_i r_{it} - \sum_{i=1}^{N} x_i R_i\right| - \left(\sum_{i=1}^{N} x_i r_{it} - \sum_{i=1}^{N} x_i R_i\right)\right]$$

则 l_t、m_t 的等价表达为

附录 C 4.4.1.3 节中模型（M_6）、（M_7）及引理 4-4~引理 4-6 的证明

$$l_t \geq 0, m_t \geq 0, l_t m_t = 0, l_t + m_t = \left| \sum_{i=1}^{N} x_i r_{it} - \sum_{i=1}^{N} x_i R_i \right|$$

$$l_t - m_t = \sum_{i=1}^{N} x_i r_{it} - \sum_{i=1}^{N} x_i R_i$$

同样令

$$a_i = \frac{1}{2}\left(\left|x_1 - x_i^0\right| + \left(x_1 - x_i^0\right)\right), \quad b_i = \frac{1}{2}\left(\left|x_i - x_i^0\right| + \left(x_i - x_i^0\right)\right), \quad i = 1, 2, \cdots, N$$

则 a_i，b_i 的等价表达为

$$a_i + b_i = \left|x_i - x_i^0\right|, \quad a_i - b_i = x_i - x_i^0$$

$$a_i \geq 0, b_i \geq 0, a_i b_i = 0$$

因此，目标规划（M_5）可等价转换为

$$\begin{cases} \min\left\{P_0\left(d_0^+ + d_0^- + \sum_{i=1}^{N+1} d_i^-\right), P_1\left(d_{N+2}^- + \lambda_0 d_{N+3}^+\right), P_2\left(d_{N+4}^+\right)\right\} \\ G_0: \sum_{i=1}^{N+1} x_i + d_0^- - d_0^+ = 1, d_0^- \geq 0, d_0^+ \geq 0, d_0^- d_0^+ = 0 \\ G_i: x_i + d_i^- - d_i^+ = 0, d_i^- \geq 0, d_i^+ \geq 0, d_i^- d_i^+ = 0 \\ i = 1, 2, \cdots, N+1 \\ G_{N+2}: \sum_{i=1}^{N+1} x_i R_i + d_{N+2}^- - d_{N+2}^+ = R_0, d_{N+2}^- \geq 0, d_{N+2}^+ \geq 0, d_{N+2}^- d_{N+2}^+ = 0 \\ G_{N+3}: \frac{1}{T-1} \sum_{t=1}^{T}(l_t + m_t) + d_{N+3}^- - d_{N+3}^+ = W_0, d_{N+3}^- \geq 0, d_{N+3}^+ \geq 0, d_{N+3}^- d_{N+3}^+ = 0 \\ l_t \geq 0, m_t \geq 0, l_t - m_t = \sum_{i=1}^{N} x_i r_{it} - \sum_{i=1}^{N} x_i r_i, l_t m_t = 0, t = 1, 2, \cdots, T \\ G_{N+4}: \sum_{i=1}^{N} K_i(a_i + b_i) + d_{N+4}^- - d_{N+4}^+ = C_0, d_{N+4}^- \geq 0, d_{N+4}^+ \geq 0, d_{N+4}^- d_{N+4}^+ = 0 \\ a_i \geq 0, b_i \geq 0, a_i b_i = 0, a_i - b_i = x_i - x_i^0, i = 1, 2, \cdots, N \end{cases} \quad (M_6)$$

式中，$R_i = \frac{1}{T} \sum_{t=1}^{T} r_{it}$，$i = 1, 2, \cdots, N$。

在模型（M_6）中，含有非线性约束，$d_i^- d_i^+ = 0$，$l_t m_t = 0$，$a_i b_i = 0$，这些约束可省略，变为如下目标规划问题

$$\min\left\{P_0\left(d_0^+ + d_0^- + \sum_{i=1}^{N+1} d_i^-\right), P_1\left(d_{N+2}^- + \lambda_0 d_{N+3}^+\right), P_2\left(d_{N+4}^+\right)\right\}$$

$G_0 : \sum_{i=1}^{N+1} x_i + d_0^- - d_0^+ = 1, d_0^- \geqslant 0, d_0^+ \geqslant 0,$

$G_i : x_i + d_i^- - d_i^+ = 0, d_i^- \geqslant 0, d_i^+ \geqslant 0,$

$i = 1, 2, \cdots, N+1$

$G_{N+2} : \sum_{i=1}^{N+1} x_i R_i + d_{N+2}^- - d_{N+2}^+ = R_0, d_{N+2}^- \geqslant 0, d_{N+2}^+ \geqslant 0,$ \quad (M_7)

$G_{N+3} : \dfrac{1}{T-1} \sum_{t=1}^{T} (l_t + m_t) + d_{N+3}^- - d_{N+3}^+ = W_0, d_{N+3}^- \geqslant 0, d_{N+3}^+ \geqslant 0,$

$l_t \geqslant 0, m_t \geqslant 0, l_t - m_t = \sum_{i=1}^{N} x_i r_i - \sum_{i=1}^{N} x_i r_i, t = 1, 2, \cdots, T$

$G_{N+4} : \sum_{i=1}^{N} K_i (a_i + b_i) + d_{N+4}^- - d_{N+4}^+ = C_0, d_{N+4}^- \geqslant 0, d_{N+4}^+ \geqslant 0,$

$a_i \geqslant 0, b_i \geqslant 0, a_i - b_i = x_i - x_i^0, i = 1, 2, \cdots, N$

引理 4-4 证明： 对于规划问题

$$\min\left\{P_0\left(d_0^+ + d_0^- + \sum_{i=1}^{N+1} d_i^-\right)\right\}$$

$G_0 : \sum_{i=1}^{N+1} x_i + d_0^- - d_0^+ = 1, d_0^- \geqslant 0, d_0^+ \geqslant 0$

$G_i : x_i + d_i^- - d_i^+ = 0, d_i^- \geqslant 0, d_i^+ \geqslant 0, i = 1, 2, \cdots, N+1$

若（$x_1, \cdots, x_{N+1}, d_0^-, d_0^+, d_i^-, d_i^+, i=1,\cdots,N+1$）为最优解

则 $d_0^- = 0, d_0^+ = 0, d_i^- = 0, d_i^+ = \dfrac{1}{N+1}$

证明： 因为 $x_1 = x_2 = \cdots = x_{N+1} = \dfrac{1}{N+1}$，$d_0^- = 0, \cdots, d_i^- = 0, d_i^+ = \dfrac{1}{N+1}$ 为最优解，所以，该目标的最优值为 0，即 $d_i^- d_i^+ = 0$，$i = 1, 2, \cdots, N$ 可以省略。

引理 4-5 证明： 对于规划问题

附录 C 4.4.1.3 节中模型 (M_6)、(M_7) 及引理 4-4~引理 4-6 的证明

$\min\{P_1(d_{N+2}^- + \lambda_0 d_{N+3}^+)\}$

$G_{N+2}: \sum_{i=1}^{N+1} x_i R_i + d_{N+2}^- - d_{N+2}^+ = R_0, d_{N+2}^- \geqslant 0, d_{N+2}^+ \geqslant 0$

$G_{N+3}: \dfrac{1}{T-1}\sum_{t=1}^{T}(l_t + m_t) + d_{N+3}^- - d_{N+3}^+ = w_0, d_{N+3}^- \geqslant 0, d_{N+3}^+ \geqslant 0$

$l_t \geqslant 0, m_t \geqslant 0, l_t - m_t = \sum_{i=1}^{N} x_i r_{it} - \sum_{i=1}^{N} x_i R_i, t = 1, \cdots, T$

$(x_1, \cdots, x_{N+1}) \in X = \left\{\sum_{i=1}^{N+1} x_i = 1, x_i \geqslant 0\right\}$

若 $(x_1, \cdots, x_{N+1}, d_{N+2}^-, d_{N+2}^+, d_{N+3}^-, d_{N+3}^+, l_1, m_1, \cdots, l_T, m_T)$ 为最优解

则一定存在 $(\tilde{d}_{N+2}^-, \tilde{d}_{N+2}^+, \tilde{d}_{N+3}^-, \tilde{d}_{N+3}^+, \tilde{l}_1, \cdots \tilde{m}_T)$

使 $(x_1, \cdots, x_{N+1}, \tilde{d}_{N+2}^-, \tilde{d}_{N+2}^+, \tilde{d}_{N+3}^-, \tilde{d}_{N+3}^+, \tilde{l}_1, \tilde{m}_T)$ 为最优解，其中 $\tilde{d}_{N+2}^- \tilde{d}_{N+2}^+ = 0$，$\cdots$，$\tilde{l}_1 \tilde{m}_1 = 0$，$\cdots$，$\tilde{l}_T \tilde{m}_T = 0$

证 明：令 $\tilde{l}_t = \begin{cases} l_t - m_t, 若 l_t > m_t > 0 \\ 0, 若 m_t > l_t > 0 \end{cases}$，令 $\tilde{m}_t = \begin{cases} m_t - l_t, 若 l_t > m_t > 0 \\ 0, 若 l_t > m_t > 0 \end{cases}$ $\tilde{m}_t = \begin{cases} m_t - l_t, m_t \cdots l_t > 0 \\ 0, l_t > m_t > 0 \end{cases}$

$\begin{pmatrix} \tilde{l}_t \\ \tilde{m}_t \end{pmatrix} = \begin{pmatrix} l_t \\ m_t \end{pmatrix}$，若 $l_t m_t = 0$

则显然，$\tilde{l}_t \geqslant 0, \tilde{m}_t \geqslant 0, \tilde{l}_t - \tilde{m}_t = l_t - m_t = \sum_{i=1}^{N} x_i r_{it} - \sum_{i=1}^{N} x_i R_i$

$\tilde{l}_t \tilde{m}_t = 0, \tilde{l}_t \geqslant l_t, \tilde{m}_t \leqslant m_t$

令 $d_{N+2}^- = \begin{cases} d_{N+2}^- - d_{N+2}^+, d_{N+2}^- > d_{N+2}^+ = 0 \\ 0, d_{N+2}^+ \geqslant d_{N+2}^- > 0 \end{cases}$

$\tilde{d}_{N+2}^+ = \begin{cases} d_{N+2}^+ - d_{N+2}^-, d_{N+2}^+ \geqslant d_{N+2}^- > 0 \\ 0, d_{N+2}^- > d_{N+2}^+ > 0 \end{cases}$

$\begin{pmatrix} \tilde{d}_{N+2}^- \\ \tilde{d}_{N+2}^+ \end{pmatrix} = \begin{pmatrix} d_{N+2}^- \\ d_{N+2}^+ \end{pmatrix}$，若 $d_{N+2}^- = d_{N+2}^+ = 0$，则 $\tilde{d}_{N+2}^- \geqslant 0$，$\tilde{d}_{N+2}^+ \geqslant 0$，$\tilde{d}_{N+2}^- \tilde{d}_{N+2}^+ = 0$

$\tilde{d}_{N+2}^- - \tilde{d}_{N+2}^+ = \tilde{d}_{N+2}^- - \tilde{d}_{N+2}^+, \tilde{d}_{N+2}^- \leqslant \tilde{d}_{N+2}^+, \tilde{d}_{N+2}^+ \geqslant \tilde{d}_{N+2}^-$

令 $\tilde{d}_{N+3}^{+} = \begin{cases} w_0 - \frac{1}{T}\sum_{i=1}^{T}(\tilde{l}_t + \tilde{m}_t), w_0 > \frac{1}{T-1}\sum_{i=1}^{T}(\tilde{l}_t + \tilde{m}_t) \\ 0, w_0 \leq \frac{1}{T-1}\sum_{i=1}^{T}(\tilde{l}_t + \tilde{m}_t) \end{cases}$

$\tilde{d}_{N+3}^{+} = \begin{cases} \frac{1}{T-1}\sum_{i=1}^{T}(\tilde{l}_t + \tilde{m}_t) - w_0, w_0 \leq \frac{1}{T-1}\sum_{i=1}^{T}(\tilde{l}_t + \tilde{m}_t) \\ 0, w_0 \leq \frac{1}{T-1}\sum_{i=1}^{T}(\tilde{l}_t + \tilde{m}_t) \end{cases}$

则 $\tilde{d}_{N+3}^{+} \geq 0$，$\tilde{d}_{N+3}^{-} \geq 0$，$\tilde{d}_{N+3}^{-}\tilde{d}_{N+3}^{+} = 0$，因为 $\tilde{l}_t + \tilde{m}_t \leq l_t + m_t$

所以，$\tilde{d}_{N+3}^{+} = \begin{cases} \frac{1}{T-1}\sum_{i=1}^{T}(\tilde{l}_t + \tilde{m}_t) - w_0, w_0 \leq \frac{1}{T-1}\sum_{i=1}^{T}(\tilde{l}_t + \tilde{m}_t) \\ 0, w_0 > \frac{1}{T-1}\sum_{i=1}^{T}(\tilde{l}_t + \tilde{m}_t) \end{cases}$

$\leq d_{N+3}^{+} = \begin{cases} \frac{1}{T-1}\sum_{i=1}^{T}(l_t + m_t) - w_0, w_0 \leq \frac{1}{T-1}\sum_{i=1}^{T}(\tilde{l}_t + \tilde{m}_t) \\ 0, w_0 > \frac{1}{T-1}\sum_{i=1}^{T}(l_t + m_t) \end{cases}$ 因此，$(x_1, \cdots, x_{N+1}, \tilde{d}_{N+3}^{+},$
$\tilde{d}_{N+3}^{-}, \tilde{d}_{N+2}^{+}, \tilde{d}_{N+2}^{-}, \tilde{l}_1, \tilde{m}_1, \cdots, \tilde{l}_T, \tilde{m}_T)$ 为该规划的可行解，且满足互补性条件。

又因，$\tilde{d}_{N+3}^{+} \leq \tilde{d}_{N+3}^{-}$，$\tilde{d}_{N+2}^{+} \leq \tilde{d}_{N+2}^{-}$ 所以 $(x_1, \cdots, x_{N+1}, \tilde{d}_{N+3}^{+}, \tilde{d}_{N+3}^{-}, \tilde{d}_{N+2}^{+}, \tilde{d}_{N+2}^{-}, \tilde{l}_1, \tilde{m}_1, \cdots, \tilde{l}_T, \tilde{m}_T)$ 为该规划的最优解。

由该引理知，该规划可以省略非线性约束（互补性条件）

引理 4-6 证明：对于规划问题

$\min\{P_2(d_{N+4}^{+})\}$

$G_{N+4}: \sum_{i=1}^{N} K_i(a_i + b_i) + d_{N+4}^{-} - d_{N+4}^{+} = C_0, d_{N+4}^{+} \geq 0, d_{N+4}^{-} \geq 0,$

$a_i \geq 0, b_i \geq 0, a_i - b_i = x_i - x_i^0, i = 1, 2, \cdots, N$

$(x_1, \cdots, x_{N+1}) \in X = \{\sum_{i=1}^{N+1} x_i = 1, x_i \geq 0\}$

若 $(x_1, x_2, \cdots, x_{N+1}, a_1, b_1, \cdots, a_N, b_N, d_{N+4}^{-}, d_{N+4}^{+})$ 为最优解，则一定存在若 $\tilde{a}_1, \tilde{b}_1, \cdots, \tilde{a}_N, \tilde{b}_N, \tilde{d}_{N+4}^{-}, \tilde{d}_{N+4}^{+}$ 使得 $a_i b_i = 0$，d_{N+4}^{-}，$d_{N+4}^{+} = 0$ 且 $(x_1, x_2, \cdots, x_{N+1}, a_1, b_1, \cdots, a_N, b_N, d_{N+4}^{-}, d_{N+4}^{+})$ 为最优解。

证明类似于引理 4-5，证明略。

引理 4-4 引理 4-6 可得求解目标规划问题（M_6）可转换为求解目标规划问题

(M_7),而(M_7)问题是典型的线性目规划问题。可以通过现有的商业软件进行求解。由于超级目标 G_0 的最优值为 0(引理 4-4),因此,求界目标规划问题可以等价于求解如下两个线性规划问题(P_1)和(P_2)。